文 化 名 家 暨
"四个一批"人才作品文库
出 版 界

琅嬛书梦

李 岩 著

中華書局

图书在版编目(CIP)数据

琅嬛书梦/李岩著.—北京:中华书局,2013.5
(文化名家暨"四个一批"人才作品文库)
ISBN 978 - 7 - 101 - 09157 - 1

Ⅰ.琅… Ⅱ.李… Ⅲ.社会科学 - 文集 Ⅳ.C53

中国版本图书馆 CIP 数据核字(2013)第 013371 号

书　　名	琅嬛书梦
著　　者	李　岩
丛 书 名	文化名家暨"四个一批"人才作品文库
责任编辑	罗华彤
装帧设计	毛　淳
出版发行	中华书局
	(北京市丰台区太平桥西里38号　100073)
	http://www.zhbc.com.cn
	E-mail:zhbc@ zhbc.com.cn
印　　刷	北京瑞古冠中印刷厂
版　　次	2013 年 5 月北京第 1 版
	2013 年 5 月北京第 1 次印刷
规　　格	开本/700×1000 毫米　1/16
	印张 20½　插页 4　字数 320 千字
国际书号	ISBN 978 - 7 - 101 - 09157 - 1
定　　价	58.00 元

出 版 说 明

    实施文化名家暨"四个一批"人才工程，是宣传思想文化领域贯彻落实人才强国战略、提高建设社会主义先进文化能力的一项重大举措。这一工程着眼于对宣传思想文化领域的优秀高层次人才的培养和扶持，积极为他们创新创业和健康成长提供良好条件、营造良好环境，着力培养造就一批造诣高深、成就突出、影响广泛的宣传思想文化领军人才和名家大师。为集中展示文化名家暨"四个一批"人才的优秀成果，发挥其示范引导作用，文化名家暨"四个一批"人才工程领导小组决定编辑出版《文化名家暨"四个一批"人才作品文库》。《文库》主要收集出版文化名家暨"四个一批"人才的代表性作品和有关重要成果。《文库》出版将分期分批进行，采用统一标识、统一版式、统一封面设计陆续出版。

文化名家暨"四个一批"人才

工程领导小组办公室

2012年12月

李 岩

　　1962 年 7 月生于哈尔滨。1987 年毕业于东北师范大学，获历史学硕士学位。曾任中华书局有限公司总经理，现任中国出版集团党组成员、副总裁，编审，中国版协常务理事，中国版协古籍出版工作委员会主任。北京师范大学古籍所、清华大学古文献研究中心兼职教授，东北师大历史学院特聘教授、博士生导师。参与编著《简明中国古籍辞典》、《中国古典散文基础文库·史传卷》、《中国文化发展史·隋唐五代卷》等，发表有关中国唐宋文化史、文献学和出版工作的论文六十余篇。曾获"全国新闻出版业有突出贡献中青年专家"称号、第二届出版政府奖先进人物奖。是中国共产党第十七次全国代表大会代表，全国新闻出版行业领军人才，享受国务院颁发的政府特殊津贴。

目　录

卷一　唐宋文史散论

卷二　古籍出版杂感

卷三　文化评论与随笔

附录　访谈存真

卷一　唐宋文史散论

盛唐学术文化的社会学解释

文化是人的本质力量外显与体现的成果,是生命力延续的媒介。人通过创造性的主体活动部分地实现着理想目标,在生命力延续过程中完成着一次次的蜕变。人的本质对象化过程同时就是文化活动的大量存在。

历史的过程是行动的过程。在历史的长河中,人恃其感性的活动及在此基础上累积演化的一定的理知行为,寻求着选择着未来的切近或迢遥的路程。人类正是在不断增强着的主体意识的支配导向下,去实践并改造经验对象(依次递进的人化自然),最终与动物界脱离,走向文明的历程,迈向文化的阶梯。从而,人的感性和理性活动及其体系便构成了文化的核心内容。

一个时代的文化,有着因社会内容的变动所带来的个性特征和时代差异,又有承启文化发展、蕴含传统延续的内涵。这其中,哲学信仰、价值取向构成时代社会思潮和学术文化发展的中心轴和结穴点,附着于具体文化内容的文化诸形式便依此变化发展,并决定着它的目标和位置。具体考察各科学术的变动、迁移和分布,有助于更深入地在定量基础上对一时代文化做定性分析和总体评估。本文拟就唐代文化与社会环境的关系及后者对前者的导向作用做一番粗略的探讨。

一

经济繁荣政治稳固是文化发展的先决社会环境,与此内容异质同构的统治阶级的精神需求和广大民众在升平宁静的环境下广泛的文化需要都造成一种"时代精神"(也即"时代心理",黑格尔语)的出现。

　　唐初政治较为清明,政权内部纳谏之风甚盛,朝臣可直接批评前代或当朝国政,最高统治者多以容忍宽宏视之。这种政治上的宽松还表现在:1.对农民起义者和贵族造反者的态度有所宽容;2.对儒家以外思想能有所兼容,致有三教争衡;3.对边境内各少数族及边境外各国能友好往来①。这三方面对社会文化的影响是相当大的。在诗人的创作思想和创作冲动与当朝观念信仰发生冲突时,少有因致遭祸的。宋人洪迈早有论及:"唐人歌诗,其于先世及当时事,直辞咏寄,略无避隐。至宫禁嬖昵,非外间所应知者,皆反复极言,而上之人亦不以为罪。"②像白居易《长恨歌》、元稹《连昌宫词》、张祜《连昌宫》、李商隐《华清宫》以及杜甫诗等皆咏开元天宝间事,无所避隐,引出洪氏"今之诗人不敢尔"的感慨。唐室起自西北,胡化色彩较浓,少受汉族正统儒家思想的束缚,加之魏晋时的越名教而任自然、摆脱礼教束缚、追求个性自由放任不羁的社会思潮的余波未消,使唐初政治统治开放有余而收敛不足。三教争衡,儒家未取得正统独尊的地位,各种思想纷呈涌现,反映在文化政策上必然具有多样化特征。人们有一定程度上的信仰和价值选择的自由,而"文化上的每一进步,都是迈向自由的一步"③。正是在这种较为自由开放的社会环境下,盛唐文化得以有长足发展。

　　这种开放的文化政策同样表现在对外来文化的吸收融汇上。印度的佛教以及伴之而来的中亚南亚的音乐、舞蹈、绘画、建筑、雕塑、科学技术工艺等纷至沓来,在长安这个国际大舞台上,各国商人、僧侣、使者、留学生和访问学者与中国各阶层文化人士广泛接触交往,使中外文化加速交汇步伐。开元天宝之际,长安胡化盛极一时,市民径取胡服、胡食、胡乐等,极于社会各个方面④。诚如鲁迅先生所云:"汉唐虽然也有边患,但魄力究竟雄大,人民具有不至于为异族奴隶的自信心,或者竟毫未想到,凡取用外来事物的时候,就如将彼俘来一样,自由驱使,绝不介怀。"⑤正是这种内外的全面开放带来文化繁荣的勃勃生机。

　　在文化开放的社会氛围中,唐帝及将帅官员的文化修养也有所提高。

---

① 廖仲安《唐代文学繁荣的政治思想背景》,《北京师院学报》1980 年第 4 期。

② 《容斋续笔》卷 2"唐诗无讳避"条,上海古籍出版社 1996 年版。

③ 恩格斯《反杜林论》,《马克思恩格斯选集》第 3 卷 154 页,人民出版社 1995 年版。

④ 向达《唐代长安与西域文明》第 41 页,三联书店 1986 年版。

⑤ 《鲁迅全集》第 1 卷《坟·看镜有感》,人民文学出版社 1981 年版。

太宗尝著《帝范》，武氏著《臣轨》，玄宗有《开元训戒》并三教经典的注疏；诸帝书法对一代书学风气的形成有一定影响，太宗自为草书屏风，又购求王羲之真品以为殉葬，令民间善书者征入弘文馆，国子监并开书学专科，他如高宗的真草隶飞白，睿宗的草隶，玄宗的八分章草，肃宗、代宗、宣宗等的行书等皆较有名①；善音乐者亦众，高宗自制《庆云之曲》示群臣，令太常行之②，玄宗通晓音律，每与音乐家讨论律度，安禄山进献也投其所好，献白玉箫管数百只③；能诗者更多，太宗能诗，邓隆请编录御制诗集④，《玄宗皇帝集》收诗十九首，他如文宗、宣宗、德宗等皆有御制诗传世⑤；再如高宗好《孝经》⑥，睿宗爱文字训诂之书⑦，代宗专《礼》《易》⑧，文宗喜读《贞观政要》，每颂杜甫《曲江行》⑨。玄宗的文化素养最高，音乐书法诗歌绘画皆有所好，著述也多，听政之暇常读儒道经书⑩，并颁布了许多文化政策方面的诏令。皇族中像章怀太子注《后汉书》，魏王泰开文学馆，集人撰《括地志》，惠文太子多聚书画珍品等⑪，皆表明一时风尚⑫。唐代将帅多系武功起家，但多重视读书，将帅中熟读《左传》及《孙子兵法》的很多，如哥舒翰、高霞寓、李靖、裴行俭、樊泽、马季龙等⑬，像大将郭元振有文集二十卷传世，天雄军节度使罗绍威聚书万卷，好招延文人⑭。上行下效，群臣士大夫乃至民间百姓，也都有程度不同的文事活动。饮谈歌赋，行卷温卷，请托求知己，互认座主门生，网罗文学之士，民众对俗讲、百戏、歌舞的偏尚，对道教、佛教及民间诸神的不同信仰，和对传统伦常的不同态度和体认等等，异彩纷呈，促使一代崇文风气

①　祝嘉《书学史》第136—139页，成都古籍书店1984年版；《册府元龟》卷43，帝王部，多能。
②　《旧唐书·高宗纪》。
③　《太平广记》卷204，乐类。
④　《册府元龟》卷40，帝王部，文学。
⑤　赵翼《廿二史札记》卷19"德宗好为诗"条。
⑥　《旧唐书·高宗纪》。
⑦　《册府元龟》卷40，帝王部，文学。
⑧　《旧唐书·代宗纪》。
⑨　《旧唐书·文宗纪》。
⑩　《唐大诏令集》卷106《亲试四子举人敕》。
⑪　《新唐书·三宗诸子传》。
⑫　胡震亨《唐音癸签》卷27，谈丛三，对诸帝宗室诗与文学风尚的关系有所论列，可参考。
⑬　《册府元龟》卷388，将帅部，儒学。
⑭　《册府元龟》卷388，将帅部，儒学。

的形成。

也应看到,文化发展仍存在着地区不平衡性。学术发展与中外文化交流的热点大都集中在长安、洛阳和有文化基础的城市以及西域沿线交通便利地区,边缘地区仍少有学校,学术尚不发达。我们所理解、解释和评述的唐代学术文化多是指中心地区的代表时代最高水平的知识分子所创造的文化,即主要是指由知识分子对民间文化进行提炼、组合并再创造,对先代累积的文化成果承续发展,对外来文化转换应用的那一种文化。

二

较为开放的社会环境和上下崇文的时代风气,提供了文化发展的良好条件。唐代统治阶级现实的和技术的需要所由采取的相应制度政策,又对学术文化发展起了重要的导向作用,科举制度为其突出代表。

科举作为始于隋、盛于唐的选举制度,是学子们和知识分子入仕参政的主要门径。通过考试科目和录取标准的规定,左右并影响着士子们对各科学术的选择取舍。其中的"制举",系由统治者的意愿和临时需要所设,不固定考试时间和人数,总计约有60余种科目。"常举"主要有秀才、明经、进士、明法、明书、明算六科,此外尚有俊士、一史、三史、三传、开元礼、道举、童子举、弘文崇文生举等不常设的科。秀才科等第最高,应试者极少,高宗永徽二年废绝。明法、明书、明算三科专门性很强,应试者亦有限,故六科中"士族所趋向,唯明经、进士二科而已"。调露二年刘思立奏二科并加帖经,进士又加试杂文(即诗赋),此后为定制。明经科每年录取在百人以上,进士科少时一年几人,多时也只三四十人,但进士科出身多起草诏告文书和任职清显,仕途优于明经科①。知识分子们群趋竞集于进士一科,以期一举"登龙门",影响着社会风尚和一般人士的人生价值选择。据统计,唐一代289年,共取进士6077人,而明经、秀才诸科远不及此数②。人们普遍视登进士科为荣耀。"进士为时尚久矣。是故俊乂实集其中,由此出者终身为闻人,故争名常切而为俗

---

① 进士科尊贵原因,参见盛奇秀《唐科举研究》一文(载《研究生论文选集·中国历史分册》),和左益寰《唐代科举制度述略》一文(载《复旦学报》1983年第6期)。

② 据《文献通考·选举二·举士》统计。

亦弊。"①张倬初落第,"两手捧登科记顶之曰'此千佛名经也',其企羡如此"②。"进士策名,向来所重,由此从官,第一出身。"③诸如此类,皆为崇尚之表征。

诗歌的繁荣与科举中试杂文不无关系,经由南朝以来声律形式的发展,以及陈子昂等人去豪华见真淳的更新,加上骈文与这种韵律形式的接近,都促进了唐代诗歌的发展。调露二年刘思立的建议得到实施,起初是为提高应试举人的文字水平,所试杂文多为箴、表、铭、赋之类,但由于以诗歌应制、奉答、酬和已在宫廷和上层社会上形成一种风气,故诗歌在投刺干谒、制造声誉方面起着愈益重要的作用,以诗歌为进士录取主要标准,便在天宝年间最后确定下来④。中晚唐诗歌在艺术技巧表现手法方面的娴熟运用,不无其推力的作用。而为进士登科及第请托准备的行卷温卷等形式也在一定程度上促进了唐代诗歌、传奇等文学形式的发展⑤。

统治者利用科举中考试科目的增设来达到崇尚或推行某种学术和思想的目的。如明经科目中不时增试老、庄、文、列四子策文⑥,德宗时又令举人习开元礼⑦,上元二年,加试贡举《老子策》,明经二条,进士三条,开元七年也有同样诏令⑧。他如开三史、三传科等,对举子习业有一定的导向作用。特别是文学为时所重,"文学足以经务"⑨,"缙绅闻达之路惟文章"⑩,形成了"五尺童子耻不言文墨"⑪的社会风气。这些都推动了唐代文学特别是诗歌的高度繁荣。但也因此造成"主司褒贬,实在诗赋,务求巧丽","故士林鲜体国之论"⑫,"进士以声韵为学,多昧古今;明经以帖诵为功,罕穷旨趣"⑬等弊端。

① 《唐国史补》卷下第41条。
② 《唐语林》卷4"企羡"条。
③ 《唐大诏令集》卷106《厘革新及第进士宴会敕》。
④ 吴宗国《唐代进士考试科目和录取标准的变化》,《历史研究》1986年第4期。
⑤ 详见程千帆《唐代进士行卷与文学》一书,上海古籍出版社1980年版。
⑥ 《唐大诏令集》卷106《亲试四子举人敕》。
⑦ 《全唐文》卷51《令举选人习开元礼诏》。
⑧ 均见徐松《登科记考》卷28,别录上。
⑨ 《旧唐书·卢怀慎传》。
⑩ 《毗陵集》卷11《顿丘李公墓志》。
⑪ 《通典》卷15《选举三·历代制下》。
⑫ 《文献通考》卷29《选举考二》洋州刺史赵匡议论。
⑬ 《全唐文》卷31玄宗文《条制考试明经进士诏》。

以致代宗广德元年(763年)礼部侍郎杨琯上疏条举贡举之弊,请废科举,但遭宰臣和翰林学士们的反对而作罢①。进士科愈益重要,并成为重要官员的主要来源②。进士比重逐年增多,左右着唐代士大夫的选择,进而对与明经进士诸考试科目有关的儒家经典、道家书籍、礼法、律令等的习读及文学诗赋等的发展都有较大的影响。

唐代学校教育是科考的准备过程。唐学校分两大系统:中央官学主要有六学(加广文馆为七学)、二馆。其中国子、太学、四门学、广文馆、弘文馆、崇文馆等属大学性质,律、书、算学为专科。另一系统是地方州县学和乡学。学校课程中除儒家经典外,还有律、书、算等专门学术,以及医学、崇玄学等,司天台、太仆寺、太医署、文学馆(习艺馆)等有专门的学习业务③。科举正是取中央官学中的生徒和各州县考选荐举的乡贡。所学科目一方面为科举准备④,另方面也为满足政府中各种专门职业和技术的要求。贞观时官学中学生人数达八千余人,州县学生六万多人。开元中达到极盛,虽无具体数字,但从教育的普及上可见一斑。"开元二十一年许百姓任立私学,其欲寄州县受业者亦听"⑤,二十六年,又命天下州县"每乡之内,各里置一学,仍择师资,令其教授"⑥。实际效果因安史之乱生徒流散而废,此后继有缓慢发展。

当时的教育内容和体制特点,以及全国考试制度中的畸轻畸重,加上统治阶级依现实的需要所制定的一些文化政策,都造成了唐代学术发展中的偏颇,表现为文学艺术史学等人文文化的高度繁荣和科学文化的相对迟滞。下面具体予以论述。

三

唐初撰定《五经正义》,颜师古又考定五经文字,由谶纬的解释到"有无"的讨论而定于一尊,完成了汉魏六朝经学的总结工作。倡言疏不破注,推崇

---

①　《旧唐书·杨琯传》。
②　参见李树桐《唐代的科举制度与士风》,收入李著《唐史新论》,台湾中华书局1972年版。
③　顾树森《中国历代教育制度》第106—115页,江苏人民出版社1984年版。
④　具体科目,详见两唐书职官志、百官志。
⑤　《唐会要》卷35,学校。
⑥　《全唐文》卷24 玄宗文《春郊礼成推恩制》。

首丘归根。传统哲学的信仰天地被对佛道的沉溺所浸染。只是到了后期，古文运动借儒学更新取胜，哲学家们更着力于宇宙本体和自然观的建构，进一步完善了传统哲学的诸命题和范畴，并向宋明理学过渡。

史学在唐代有所发展。政府不断通过对散佚古籍的搜求购募①，使国家秘籍收藏日富。设史馆，修前朝及当代史，开国家修史定制，于集体编修史书方法原则也多有创获。值得注意的是唐代首重当代史的纂修，从高祖至武宗前后共修实录23种，757卷②，长寿二年经姚璹建议，又于每朝修时政记，以记军国大事，每月封送史馆③。又召集史官据起居注、实录等纂修当朝国史，著名的有吴兢《唐书》100卷、《唐春秋》30卷④，韦述《国史》130卷并史例1卷⑤，柳芳《国史》130卷、《唐历》40卷⑥，崔龟从《续唐历》30卷⑦，王彦威《唐典》⑧、陈岳《唐统纪》100卷⑨等。开元五年玄宗令史官每月条奏所应行事⑩，开元二十五年五月又令将开元以来名臣事迹付史馆⑪，玄宗本人还于每年夏秋的孟月朔日在正殿读时令⑫，"听政之暇，每览史籍。事关理道，实所留心"，"宜选耆儒博学一人，每日入内侍读"⑬。唐室还分别于武德九年、载初元年和开元十年下诏禁断民间的各种龟筮占相卜祝之类迷信活动⑭。注重当朝各种具体实务和事关理国大政的史事记载，表明强盛时期的政治活力和对群体记忆保持的重视，这是强盛时的文化景象和传统致用倾向的现实表现。与此内容同构，便是文学艺术音乐舞蹈的发达。

昌明盛世，文学艺术成为最佳的情感表达方式。高祖时曾有诏令，以

---

① 《旧唐书·于休烈传》；《文苑英华》卷694常衮《请置官买书疏》。
② 《廿二史札记》卷16"唐国史实录凡两次散佚"条。
③ 《旧唐书·姚璹传》。
④ 《新唐书·艺文志》。
⑤ 《旧唐书·韦述传》。
⑥ 《旧唐书·韦述传》。
⑦ 《旧唐书·崔龟从传》。
⑧ 《旧唐书·王彦威传》。
⑨ 《新唐书·陈岳传》。
⑩ 《唐大诏令集》卷89《令史官条奏每月所应行事诏》。
⑪ 《唐大诏令集》卷81《录开元以来名臣事迹付史馆敕》。
⑫ 《全唐文》卷21《迎春东郊制》。
⑬ 《全唐文》卷21《选耆儒侍读制》。
⑭ 《唐会要》卷44，杂录。

太常乐人多因罪谪入营署,公卿子孙一旦变为伶官,或爱好此事,婚姻便与士族相绝,名籍异于编民,乃命世代艺人已改行多年的蠲除同于一般百姓,做官的各从品秩,不加追究,并多求音律之伎等专门人才[①],提高了乐人的社会和经济地位,这无疑也是唐代音乐歌舞发达的一个重要因素。唐时皇宫有乐伎、军队有营伎、地方政府有官伎、官僚富户有家伎、一般士人之家也养有一定数量的乐伎,涌现了一大批表演艺术人才。像舞剑之公孙大娘,作曲家李龟年,歌唱家米嘉荣、许和子(永新),笛手李谟、许云封,琵琶演奏者康昆仑、雷海青等[②]。绘画、建筑、雕塑更作为佛教教义的形象化表现方式而有大的发展。

与这种人文文化的繁荣景象相比照,自然科学的发展却黯然减色且发展极不均匀,这同样与统治阶级的政治需要和唐代社会的技术需要密切攸关。"社会上一旦有技术上的需要,则这种需要就会比十所大学更能把科学推向前进。"[③]中国古代许多科技发明和技术进步多与统治阶级和统治者个人的喜好以及民众直接的生产生活相伴而行。人们对死亡的恐惧所产生的对生的渴望的逆反心理,对永恒的追求的物态体现,使道教的炼丹炉火长燃不熄,化学致有些微发展;天文历法作为论证天人关系的准科学和对灾异人祸的附会解释,得到官方的支持并加以垄断;由于工程水利等实用计算的需要,使传统的代数学有突出发展,同时又因其更多作为演算论证天文历法的工具而不得独立发展。中国文化传统中致用性很强,没有纯科学的发展,更少有人从方法论的高度、从长远角度去提示、规划并预测自然科学的发展前景。方伎之士历来地位低下,被斥为"方伎庸流"[④],视为小道末技。新旧唐书列入《方伎(技)传》的人物有 39 位,按专业分天文历算 5 人,医药 7 人,音律 2 人,占卜迷信 13 人。科学理论的薄弱加上重直觉的经验思维方式,使得科学往往与占卜迷信联姻。卜相术士占 13 人,为入传人数的 33% 强,很能说明问题。许多科学家每每以偏颇的感知去弥补实验的匮乏。像李淳风附会《秘记》所谓"女主武王代有天下"的谣传,僧一行推衍《周易》大衍之义显有糟粕。中唐

① 《全唐文》卷1《太常乐人蠲除一同民例诏》。
② 孙景琛《女乐倡优》,《文史知识》1984 年第 7 期。
③ 《恩格斯致瓦·博尔吉乌斯》,《马克思恩格斯选集》第 4 卷第 505 页。
④ 《旧唐书·桓彦范传》。

作家牛肃《纪闻》一书中有一篇唐笔记传奇中少见的科技史料,更为说明这一问题的佐助。开元初年,玄宗欲修车舆法驾,家居东海的发明家马待封,改造了指南车、计里鼓、相风鸟等机械以奉上,又为皇后造一精美的梳妆台,带有机械装置。几年后,玄宗仅下令供给他生活费和制造费用,而不封他任何官职,使他挟技入仕的愿望破灭。仍不甘心,又制造精巧的欹器、酒山、扑满等器皿,皆不为所用,愤懑之余,更姓埋名隐居西河山中。开元末又从晋州来,自称为道士名吴赐,为崔邑令李劲重复制造上列器具,不得而终①。马待封入仕不得、赍志而没的遭遇,充分说明了唐朝甚至中国封建社会对科技发明的轻视。科学发明、技术创制仅仅受制于皇帝个人的喜欢,为皇族的豪奢生活做点缀,这正是古代科学文化的悲剧。

唐代自然科学发展中可称道的有两项:医学和天文历法。医学作为关系国计民生、维持身体素质和战争需要的一门学科,历来有传统的延继。从扁鹊、华佗、张仲景,到李时珍、王清任等医学大家代不绝书。唐代同样认识到它的作用,贞观三年九月十六日下诏诸州治医学;至开元十一年七月五日又令天下诸州各置职事医学博士一员,阶品同于录事,每州本草及百一验方,与经史同贮②;开元二十七年二月七日又命十万户以上州置医生 20 人,十万户以下置 12 人,各于当界巡疗。开元十一年九月七日又亲制《广济方》五卷颁示天下③。德宗贞元十二年二月制《贞元集要广利方》五卷,计 586 方④。高宗时的《新修本草》是我国也是世界上由国家颁行的最早一部药典。唐政府组织了 22 人集体编修,分药图、药经、本草三部分,收药物 844 种。颁行后很快流行全国。医学专科学校从中央到地方几乎遍布全国,分医学、针灸、按摩、咒禁四科,医学一科又分五门,各科学程二至七年不等⑤。唐时太医署有三百多官员和专业人员,尚药局负责宫廷中医务,太医署掌政府中医政,机构已相当完善。由于官方的提倡,医学发展蔚然可观。

天文学历来是传统科学中的"显学"。奥地利科学家弗兰茨·屈纳特竟

① 又见《太平广记》卷 226,伎巧类。

② 《全唐文》卷 29《令诸州置医学博士诏》,又《唐大诏令集》与此同。

③ 《唐会要》卷 82,医术。

④ 《旧唐书·德宗纪》。

⑤ 顾树森《中国历代教育制度》第 109 页。

以中国人把天文学家放在部长和国务卿一级职位上,视为野蛮人的行为①。中国古代天文观测记录众多,仅日食记录约 1100 多次,太阳黑子记录也有 100 多次。唐代正史中关于日月食的记录也少有遗漏。唐代历法共改订 8 次,每次皆由皇帝亲自颁行,视为朝中大事。初唐王希明所作《步天歌》,以七字一句的诗歌形式通俗地介绍天文知识。敦煌发现的约绘于 8 世纪初的绢质星图,是世界上现存最早的星图,这些都表明天文学的发展②。唐代诸政府机构中特别是文化管理机构中司天监人数最多,各级管理人员和候天、造历、计时、司鼓、校书、学生等各种专业人员合计有一千六百多人③,可见其发达。

农学因与直接的农业生产相联,也有所发展。唐代农书约有 20 多种,如《兆人本业》三卷(已佚)、《保生月录》(已佚)、《四时纂要》、《茶经》、《耒耜经》等④。由于对各地山川、物产、户口、风俗的重视和漕运的需要,地理学屡有新作,地图著作亦有问世,更多的是人文地理经济地理方面的,而对地质地貌的认识等自然地理内容有所欠缺。仅颜真卿任抚州刺史时对海陆变迁有直观认识⑤,和后期窦叔蒙《海涛志》对潮汐变化有些科学认识⑥。化学的发展仍借助于炼丹家的炼丹、制药实践中。

唐代数学发展较为缓慢。显庆元年(656 年)国子监添设算学馆,设有博士、助教,指导学生 30 人学习,庶民子孙也可入学。李淳风等人奉命审定历代数学著作,作为算学馆的教科书,书共十部:《周髀算经》、《九章算术》、《孙子算经》、《海岛算经》、《五曹算经》、《夏侯阳算经》、《张丘建算经》、《五经算术》、《缀术》、《缉古算经》,后人称为《算经十书》。数学教学分两组进行,每组 15 人,课程不同、学习年限有别。考试每组各十条,有六条通过才算及格,还要附加《数术记遗》和《三等数》二书,十得九才得通过及第,落经者虽通六也不第⑦。考试通过者都要交吏部录用⑧。但由于国子学中将算学列入末位,学生 30 人,后减为 10 人,算学博士列九品下,地位偏低;进士明经科盛行,

---

① 李约瑟《中国科学技术史》第 3 卷卷首引,科学出版社 1978 年版。
② 杜石燃等著《中国科学技术史稿》上册第 224 页,科学出版社 1985 年版。
③ 据《旧唐书·职官志》、《新唐书·百官志》统计。
④ 杜石燃等著《中国科学技术史稿》上册第 300 页。
⑤ 《颜鲁公文集》卷 13《抚州南城县麻姑山仙坛记》。
⑥ 杜石燃等著《中国科学技术史稿》上册第 319—320 页。
⑦ 《新唐书·选举志》;《唐六典》卷 2;《登科记考》卷 28,别录上。
⑧ 《唐会要》卷 35,学校。

算学的学生出路很窄,从习者很少。十部算经中只一部是唐初王孝通《缉古算经》,其余皆为前代著作,唐代数学以注释为主。

综上所述,由于政治统治的需要和具体政策的导向作用,使唐代学术文化出现不均衡的发展倾向,造成学术文化总体裂变。从深层角度言,则这种倾向的形成更与中国传统重人伦的价值观、重实用的思维特性以及传统学术文化的结构特点密不可分。这也是导致近代中国科技文化落后和现代人文学科发展相对缓慢的原因。

四

儒家起初作为原始礼仪巫术活动的组织者领导者①,承继周以来的重民思想和具有原始人民性的敬老爱幼等秩序规定的习惯性行为原则,其思想活动只是众多思想流派之一,并不占独尊的地位。中经历代学者从宇宙自然、道德伦理、政治理论、人性论等方面的多重论证,逐渐被统治阶级选择并认定为主要的价值原则和伦理政治思想。统治阶级对理论的选择过程决定了一个理论的发展前景,思想和行为构成一个双向的社会互动过程。从而,儒学便成为传统文化的主体,佛道为其补充,大量的民间俗文化为其重要来源②。

学术文化主要是由知识分子群体创造的,吸收各方面精华、代表时代文化发展水平的文化,是文化中的主体。儒家思想成为占统治地位的意识形态,必然影响制约着知识分子理想人格的塑造和文化心理的建构,从而对学术文化发展产生正面和负面的影响,甚或对具体学科的发展有一定的规约作用,而它对传统学术最明显的影响便是人文文化与科学文化不平衡发展的倾向的出现。

以农业社会为根基,以血缘关系为纽带的传统文化,由于农业生产和生活的需要,十分注重现实的人际关系的协调,农业靠天吃饭的特点,又使得人们更多地期望于天、自然的通于人性,保证其生活的稳定。农业小生产的特点使其一方面强调个人的利益,同时更强调整体的利益,把个人的义务纳入整体的权力之中,过分强调个人对群体的义务。中国哲学貌似重人,实则更

---

① 李泽厚《中国古代思想史论》第11页,人民出版社1985年版。
② 此问题前贤论述较多,尤以张岱年、李泽厚二先生所论为允当,笔者引为立论的基点。

注重的是作为类本质的人的需要,个体价值的实现寓于群体价值之中。农业生产中过多地依赖于经验的积累,靠一种经验外推来解决具体实际问题,巫觋活动与历史意识的发达便与这种经验积累有关。中国文化的深层体现便是重人伦重价值的观念,价值论占首位,美、真为附属,皆为了"尽善",思想和行动带有明显的实用性和功利性。这种重人伦重价值的实用性特点对传统学术发展产生了很大的影响。

传统哲学中伦理学最为发达。对农业社会下的日常生活和人际交往的肯定和执着,将朴素的道德意识升华为人伦秩序的严格规定,并化国为家,家国同构,把亲子之爱扩展为视君王为神圣的社会政治思想。对祖先的神圣祭祀统统交与最大祭司——君王来完成,使宗教情感与对世俗家长的遵从合而为一。甚至远离人类的自然经过阴阳五行特别是宋明理学家们的精心论证,使"道"和"理"成为宇宙的本原和主宰,通过援佛道入儒完成了原本缺乏的本体论的理论建树。法律更是这种礼仪规约的制度化,"唐律一准于礼"[1],"礼义以为纲纪,养化以为本,明刑以为助"[2]。以礼法为主,以刑罚为辅,传统的法律含义只是刑法[3],而少有民法的内容。这种伦理观念也反映在政治制度和人才选拔上,魏晋以来重九品,忠孝为先,唐代仍有孝廉举,循史清官代不绝书,选人上首重德行。把修身和伦理作为增加社会财富取得社会地位的首要手段。

对日常生活经验积累的高度重视,强化了巫史的职业保障,史官的职能也较为神圣。唐代帝王皆重视史书的编修和对前朝治迹的借鉴。传统正史中都以人物为中心,以帝王活动为主轴,唐中后期出现的政典、通典、会要等典制体史书,仍多集中在朝廷大政的记述和排列上。唐代的笔记传奇中也有相当一部分专以帝王活动为主要内容。传统史学,从司马迁、刘知幾、司马光到顾、黄、王都注重经世致用的社会功能。

注重人际间的感情的描述和歌赞,注重经验和道德意识的传输,是传统文学表达的主要内容和文学理论提倡的主要思想。唐代文学作品中更多的是抒发作者内心的情绪体验,自然山水同样成为诗人画家描写内在心灵世界

---

① 《四库全书总目提要》"唐律疏议"条。
② 《隋书·刑法志序》。
③ 《管子·心术》:"杀戮禁诛之谓法。"《盐铁论·诏圣》:"法者,刑罚也,所请禁强暴也。"

的题材。唐代小说多以社会现实生活为题材,且多用第一人称,每每于结尾处作垂诫语,下价值判断,忽视读者的主体接受功能,传奇中喜欢表现善人与恶人体现的道德力量的冲突,注重美善相兼的伦理原则等等。

这种重人伦重价值论的致用思想,同样对自然科学发展产生了影响。传统的重社会轻自然的文化特征,主要研究人事和社会,从来是儒学中的传统。诸子中只墨学稍具科学内容,《墨经》六篇有很多物理学(光学、力学)、数学几何学和形式逻辑的内容。传统文化观使科学问题往往作为对哲学伦理的论证,遂使墨学中绝①。同时,社会上对理论的需要程度不够,技术转移只能在封建大一统的需求框架下进行,使科技发展与王朝盛衰波动相一致②,技术更多是为了满足统治者的享乐,且多靠私人传授,往往是一项技术重复发明。农业生活中的经验论特点,重视直观外推,往往以人的直观感受和行为去解释自然现象,导致论述人事与自然的联系而热衷于巫术和星占术等虚妄成分。把科学的东西和基本上是迷信的东西混为一谈的情况比比皆是③。不重实验,方法上重综合轻分析,多整体论述,少精密分析。如历史上彗星记录达31次,却未分析出其平均出现周期(这一结论由哈雷完成)。导致科学技术内部结构中实验、技术、理论三者之间的结构不合理,技术比例偏高,常在80%以上④。缺乏实验和数据基础,更轻视抽象理论的发展。这一切皆与直接实用的学术价值观有联系。

治病养伤,国计民生所系,使传统医学相当发达,如诊断学、病因症候学、药物学等,有普遍设置医学的可能性。就天文学而言,"没有一个机构比中国宫廷更需要它了,因为宫廷要按照古老的习惯公布历法,让它为天下人所接受"⑤。官方还垄断了对天文的解释权,唐代曾颁布法令禁止民间采用非官方历法,还对民间观测天象、解释自然灾异的人加以惩处⑥。宋代"召天下伎术有能明天文者试隶司天台,匿不以闻者幻罪论死"⑦,明代也有类似禁令。管

---

① 毕剑横《中国科学技术史概述》第170—172页,四川社会科学院出版社1985年版。

② 刘青峰《让科学的光芒照亮自己》第187页,湖南人民出版社1986年版。

③ (美)N·席文《为什么中国没有发生科学革命》,载李国豪主编《中国科技史探索》一书第80—106页。

④ 刘青峰《让科学的光芒照亮自己》第10—11页。

⑤ 李约瑟《中国科学技术史》第3卷第382页。

⑥ 《宋史·天文志一》。

⑦ 刘禹锡《天论》。

理国家划分政区、征收贡赋和对各地方风俗物产的重视,使地理学著述较多,而且多由宰相等朝廷大员利用职权之便主持此类书的编修,如李泰《括地志》、李吉甫《元和郡县图志》、杜佑《通典·州郡典》等。偏于沿革、经济、户口等人文地理,对地形地貌地质等自然地理方面多所忽略。特别是为满足奢侈生活的需要,大量征集能工巧匠,垄断控制最新的发明成果和最精美产品,少有外传。而百姓中也以家人秘传为主要的传播手段,不利于科技的发展。

　　数学的发展更能说明这种实用特征。数学的重要性主要在于它与历法有关,在《畴人传》中很难找到一个数学家不受诏参与或帮助他那个时代的历法革新工作①。并且多与统治需要和实际现实问题有关。诸如土地丈量、谷库容积、堤坝、河渠修建、税收等最基本的实际问题,"为数学"而数学的场合很少②。从《九章算术》开启这一传统,历代数学著作多沿袭未改。十部算经中唯一的一部唐人著作王孝通《缉古算经》,包括20道题,其中天文方面1道,土木工程6道,地窖和仓库容积7道,勾股问题6道,多为解决实际问题③。中晚唐,人们对简化筹算计算过程的要求较为迫切,出现了不少实用算术的书籍,如龙受益《算法》、江本《一位算法》、陈从运《得一算经》等④。到宋代,传统的实用数学的发展达到了高峰。

五

　　一种高度发达的文化,主要并不在于它占有的知识总量,而首要的是那种传统的创造精神和创造力,即它对子孙后代文化发展的延续作用。唐代学术文化发展中的不平衡性较为显著,短期内片面的深刻导致专门学术的兴盛。这种深刻的片面发展和加速运行,则于文化演进少有补益,造成文化整体的分裂(人类精神的分裂)。这种精神生活中日益分裂出的两个极端集团,一是文学知识分子,一是科学家。英国作家 C·P·斯诺称之为"两种文

---

①　李约瑟《中国科学技术史》第3卷第339页。
②　李约瑟《中国科学技术史》第3卷第342页。
③　李迪《中国数学史简编》第127—128页,辽宁人民出版社1984年版。
④　杜石燃等著《中国科学技术史稿》上册第326页。

化"①。他认为两者都只配称"子文化"（subculture），表征我们人类本性和天赋，都是作为人类学范围内的文化而存在。一方面是文化发展中的分支强化，另方面是作为人类本质力量的文化的整合功能的必要，这似乎是一个悖论，但正是这种辩证的双向互动过程构成人类文化演进的历史模式。

恩格斯在《反杜林论》中按照自古已知的方法把整个认识领域分成三大部分：第一部分包括研究非生物界以及或多或少能用数学方法处理的一切科学，即数学、天文学、力学、物理学、化学（也称精密科学）。第二类是研究包括生物机体的那些科学（主要是生物学、生理学、动物学等）。第三类，即按历史顺序和现在的结果来研究人的生活条件、社会关系、法律形式和国家形式以及它们的哲学、宗教、艺术等等这些观念的上层建筑的历史科学等（主要是人文社会科学）②。这基本是将人类的各种学术予以概括分类。第一类以自然为对象，第三类以社会和人为对象，第二类介于前二类之间，往往是各种横断学科和交叉学科活跃的空间，是未来发展兴盛的学科，诸如人类学、心理学以及统合的文化学等等。学术正是在不断分化和综合的二律背反中获得发展。分化中的深化并保持相应的比例，是综合的前提，是整个民族文化乃至人类文化发展的重要加速条件。古代科学文化多偏离于学术价值的中心，学术文化结构中不合理的分布，在宋元科学文化的一时繁荣后，即归于鸭行鹅步的缓慢发展。这确实值得我们思考学术文化的整合功能和效应。现代学术发展，特别是人文学科的发展状况，从另一角度印证了这一问题③。马克思曾预测未来必将实现人同自然的统一也即科学和人文文化的统一，反观唐代学术发展乃至传承至今学术文化发展的倾向，应使我们深长思之。

（原载《社会科学家》1988 年第 6 期）

---

① 详见斯诺《两种文化及其再考察》（*The two culture and second look*，Cambridge University Press，1965）以及《走向未来》丛书中《对科学的傲慢与偏见》一书。

② 《马克思恩格斯选集》第 3 卷第 126—128 页。

③ 由于对近代落后的反思，以教育和实业救国，学习西方科学技术成为五四时期知识分子们的中心取向。传统重人文轻自然的价值观有所改变，但其根基仍是以实用理性为主，追求切近的功利目标，满足于一统思想模式的引导，大量的直觉经验、感性判断代替了深层的理性思考和文化感受，以致当自然科学的高精尖研究捷报频传时，人文社会学界却开始了对西方近当代学说和理论的大批量输入，而自身少有建树。其成因、其弊端、其表现以及解决的途径，笔者将另文详述。

唐代区域文化析论

　　唐代文化是封建时代的高峰文化,既有中外文化融合、物态变迁的时代特征,又有继承古老传统以通变求新意的民族特质。不仅在时间流程上展示了它恢宏的气势,而且也在空间的广袤上显现了它的雄姿。本文试图从空间上鸟瞰唐代文化的区域概貌,以期能对盛唐文化有一个总体的把握和认识。由于各地文化发展程度上的差异,加上封建文人记载时详略失当,都影响着对这一课题的研究。笔者将重点放在对两京文化生活的描述和认识上。

一

　　地理及自然生态环境所界定的文化属性和所造成的文化隔离机制,文化初始起源上的微异而致后来文化特性中排异力量的增大,因文化传播而出现的先后传承关系和加速发展,以及社会经济发展对文化变迁的制约影响,都造成了文化的地区差异。唐代文化大抵是以两京为中心向外辐射的有地区差异的文化复合体。不唯南北,每一区域在户口、物产、饮食文化、文化景观、习俗、学术发展诸方面都有着显微不等的差异。

　　《通典·食货典》记载了天宝十四年即"安史之乱"前唐代极盛时期户口分布情况。黄盛璋由此分析认为:1.黄河中下游仍为经济重心,户口分布最密;2.江南道开发渐和黄河流域相伯仲;3.汉时最盛的关中地区已渐趋衰落;4.南方沿海地区,尚未尽开发,岭南户口不多[①]。此后情势稍变,黄河中下游

---

　　①　黄盛璋《唐代户口的分布与变迁》,《历史研究》1980 年第 6 期。

户口骤减,沿海港市激增。经济开发区的扩大带来人口的迁徙,而人口与人文的兴盛成正比,教育与文学及其他学术形成连锁效应。文化的发展,人口不为主要因素,但因人口分布变化所带来的教育、人才资源、知识阶层的分布流动却在某种程度上影响并制约文化的发展规模。

各地自然地理环境和气候差异,产生不同的植被区和物产。李吉甫《元和郡县图志》专门列举了开元和元和间十道的物产(贡赋),极便我们考察。不同的物产带来不同的饮食、服饰、生产、游艺、祭祀等习尚。这些行为迁沿日久,共同传承为一定规约。正是依靠这些心理信仰和传袭力量,将大量生活事象转化为渐趋稳定的观念来制约规范着人们的行为,浸染为一种普遍的社会文化现象。由饮食习俗发展而来的烹调工艺、饮食习惯、饮食行业的行规俗约等,都是最具民族特色的地方风物。

文化景观是区域文化差异和时代变迁的恒常界标,是自然人化的显明标志。前代留存及唐代新建的各种寺庙观宇楼台及牌坊、仪具、雕塑等建筑样式千姿百态。除去诏令统一规定的孔庙、玄元皇帝庙及各式佛教建筑外,还有因各地风俗习尚及信仰神灵的不同而出现的迥然有别的建制,构成林林总总、万千姿态的文化景观①。作为文化的物化形态,内里充盈布列了人类生命活动的痕迹,含蕴着十分丰富的文化内容。对这些建筑形制、色彩、图案以及山川寺庙掌故传说的研究,会使我们更全面地理解古代文化中潜文化层面的意义和价值。

社会习俗是最具地方性和民族性的,它反映了不同地区和时代人们的经济生活、宗教情感和习惯性行为方式。对唐代地域性习俗的考察有益于对传统文化历史变迁的理解。中唐宰相杜佑就对各地风俗进行了历史的直观描述:像关陇道之多尚武节;荆州之善贾趋利;山东之人性缓尚儒仗气任侠;山西人之勤俭;河东文学之兴盛;扬州人性轻扬而尚鬼好祀;以及岭南不知教义以富为雄等等②。此外,从大量的方志地理书和笔记中还可查到更丰富的例证以供考察这种习俗的地区差异③。忽视对各种地方习尚的研究会导致认同传统文化的浮浅和片面,而各种习俗的相容性特点又使得今天从整体上把握

————

① 《元和郡县图志》罗列各道府诸如马祖坛、柏梁台等甚详,兹不悉具。

② 《通典·州郡典》。

③ 《元和郡县图志》、两唐书地理志、《太平寰宇记》等。

传统文化特征成为可能,从而使对现实的思考不致落空,而带有深沉的内容。

最后,还应看到,各地区学术发展也因信息传输的强弱、人才分布上的特点以及文化累积程度上的差异而产生不均衡的发展状况。大体上,两京因系政治文化中心,人才最集中,图书丰富,因而著述也多,文人学者间的交流和往来也较为频繁,此皆有利于学术发展。诚如谭其骧先生所言:多出卿相、名儒、文人学者的地方,一般当然就是儒术礼教最昌盛的地方①。地处文化边缘的南海数十州,多不立文宣王庙,而刺史也不识宣尼、亚圣为何人,闹出种种笑话②。从基本趋向看,学术文化发展是以两京为中心轴,向外呈辐射状,离中心文化越远,与正统文化的差异也就越大。

二

两京特别是长安,是唐代的文化中心,是士子应试、朝颁大典、接待外宾、举办大型文化活动的所在地,也是中外文化交流融汇的集结点。唐政府的各种文化机构设施和多样化的文化政策,反映着时代的需要和统治的要求。大批优秀的知识分子麇集于此,创造着代表时代文化发展最高层次水平的"精英文化"。市民百姓们一般心理、观念和习尚更是不可低估的基础潜文化,影响制约着唐代文化总的进程和倾向。下面就通过对唐代文化的中心文化区——长安的五种文化类型的描述,来窥视京都文化的总貌。

京都文化主要有五大类型:

1. 唐政府的文化机构和各种文化活动。

唐承隋制,但文化管理机构也有自己的特点,概分为教育、研究和服务性机构三类。诸如国子监、弘文馆、崇文馆、史馆、集贤殿书院、翰林院、著作局、司天台、习艺馆、内教坊、崇玄署、太乐署、太医署、鼓吹署、两京郊社署、鸿胪寺等。唐政府的各种文化活动正是通过这些机构得以实施。各种朝庆活动主要有皇帝诞辰纪念③,还有将士凯旋、进士及第、边塞出使、渡过灾异等,都要举行规模不等的庆贺活动。各种散乐百戏大型歌舞更是炫耀文治武功的

---

① 谭其骧《中国文化的时代差异和地区差异》,《复旦学报》1986 年第 6 期。

② 《太平广记》卷 261,嗤鄙类。

③ 详见《册府元龟》帝王部,诞圣。

必要点缀。此外,唐代的各种礼仪制度更是繁缛杂冗,诸如封禅、后土、南郊、明堂、社稷、藉田、九宫贵神、岳渎山川、杂祀、宗庙、祧迁、省侍、服纪、陵寝、谥议、国忌之礼等,不一而足。

上述文化活动皆属官方举办,系历代正史及典制体史书记述的主要内容,颇能反映时代的内容和统治阶级的现实需要,并受政治环境、经济实力和文化发展程度的制约。

2. 文人士大夫的文事活动。

当时的许多文人学者,都在长安居留过①。他们的一系列活动成为京都文化的一部分。唐文人多能饮酒,嗜酒者甚众②。文人书法、弈棋等更成为一代风尚③。尚有游历、占卜相面、挟妓歌舞、吹笛鼓琴、击鞠、看斗牛等④。加上当时科举取士,招引天下文士竞相赴京赶考,围绕科举而进行的行卷温卷、闲谈歌赋、以诗文会友、曲江饮宴、雁塔题名等盛事佳话,更成为京都文化的重要内容。此外学者们参加政府组织的学术活动以及居家和在任所的著述和学术交流等,都是具有较高水平的。

3. 一般市民百姓的民间俗文化。

有关节日习俗中,唐代最盛的是元宵、上巳和寒食节,及前后各一日的休闲活动。它们正式成为国家法定例假日,各官署都停止办公。寒食上墓拜扫,玄宗时更编入五礼中⑤。上巳节则盛行斗鸡,民谣"生儿不用识文字,斗鸡走马胜读书"⑥,正为真实写照。民众主要娱乐活动有:围棋、投壶、博、蹴鞠、角抵、象戏、杂技、斗鸡走马、养鹰等。唐时尚赌博,上自天子,下及庶人,不以为讳⑦。李翱著《五木经》即专记其事。唐时饮宴之风亦盛,长安市里风俗,每岁至元日后,互以饮食相邀,号为"传坐"。此外,都人士女,每至春时,各乘车跨马,供帐于园圃或郊野,名为探春之宴。当时,长安城内许多寺庙经常有讲经活动,市民们多徜徉其中。这种俗讲、变文、话本、俗赋、词文等民间说唱

---

① 见韦述《两京新记》和徐松《唐两京城坊考》。
② 《太平广记》卷174,俊辩类。
③ 参见《册府元龟》卷861,总录部,笔札类;卷869,博弈类。
④ 《太平广记》卷201,好尚类。
⑤ 《全唐文》卷30《许士庶寒食上墓诏》。
⑥ 《古谣谚》卷18。
⑦ 张亮采《中国风俗史》第三编,商务印书馆1947年版。

文学的出现,代表了民间文学的精华。

4.宗教情感与信仰习俗。

宗教作为一种颠倒了的世界观和对现实世界的虚幻反映,以其满足民众的安全、归属和价值实现的需要,以补偿由苦难、灾异和面对自然的无力而造成的失落感,得到了深广的传播。外来佛教教义宣传对唐人心理发生作用。作为基本读物的《涅槃经》、《维摩经》、《楞伽经》、《法华经》等更为士大夫所选读①。白居易明言"佩服世教,栖心空门,外为君子儒,内修菩萨行"②,颇能代表唐代士大夫的心态和价值选择。道教更多地在民间乃至统治上层发生影响,它的长生不老的观念和对丹药的炼制颇能迎合人们求生的欲望。加上唐政府的尊崇,一时掀起崇道热潮。与民众生产生活密切攸关的占卜迷信、崇拜神灵活动颇盛。开元间早已有把钟馗画像赐给大臣们作为新年礼物的惯例③,民间信鬼及捉鬼之风尤盛。至于民间对雷神、风伯、雨师、门神、灶神、药王等民间神的信仰更是复杂多样,此不赘述④。

5.中外人士在长安的文化交往。

在长安的各类外国人士主要有来往使臣、流寓长安的外国王侯、在长安供职的外国官员、外国留学生、学问僧和求法僧、乐工和舞士、西域商贾等。各民族和各国人士汇聚长安,展开广泛的多样化的文化交流。长安作为一个国际性的大都会,各族人民,各种宗教,无不可于长安得之;长安胡化盛极一时,服饰、饮食、宫室、乐舞、绘画等方面都深受西域的影响⑤。各国使团中不少学者和专门人才,他们在长安与中国官员、僧侣和文人相互切磋往来。日本留学生与诗人们的交往,历数家与医学家之间的学术交流,都构成了文化交往的一部分。

长安这个国际都会和文化交流的大舞台,成为7、8世纪各国文化传播的集结地和中心点。每一种文化都在这里得到了效法、继承、扬弃和光大,这是京都文化中最具流动性、变迁最快的一种。

---

① 参看郭绍林《唐代佛典在士大夫中的流传情况》,《史学月刊》1986年第3期。
② 《白氏长庆集》卷60《祭中书韦相公文》。
③ 《全唐文》卷123张说《谢赐钟馗及历日表》。
④ 详阅宗力、刘群编《中国民间诸神》,河北人民出版社1986年版。
⑤ 向达《唐代长安与西域文明》第41页。

三

　　照察唐代文化的地区差异和剖析京都文化的不同层次类型,可使我们更清晰、更深入地认识三种文化形态的存在及其相互关系。

　　"统治阶级的思想在每一个时代都是占统治地位的思想"①,这句经典式的断语,标明统治阶级所提倡宣传的文化模式,作为一个时代的主导文化,决定着文化发展的总方向和目标。这其中,有与统治者个人和统治集团利益攸关的一整套礼仪制度、法律规定、狭隘的宫廷文化及以官方书面形式流传下来的传统,这种传统得到上层统治集团的支持。与这种官方正统文化相对应,便是与一般民众的生产、生活密切相关,反映民众的思想观念、社会心理和一般需求的文化。主要包括散乐百戏歌舞实物造型图案等形象文化;说话变文俗讲传奇歌辞词文俗赋等实体文化;习俗信仰乡土名胜风物传说等传承文化。民俗学为民间俗文化的主要内容,"它是普通民众始终保存的,未受当代知识和宗教影响的,以片断的、变动的或较为稳固的形式继续存在至今的传统信仰、迷信、生活方式、习惯及仪式的总称"②。介乎官方正统文化与民间俗文化之间的是真正代表一个国家或民族以及一个时代文化发展的最高层次和水平的,由文人学者们所创造的精英文化。它们以大量的流传久远的著述体现它的成果,以留存的精神产品的书籍形式作为载体,表明其社会文化的发展进程。认识这一种文化形态,可以更准确地把握各个不同的社会文化类型的特质。

　　法国年鉴派史学家从双向交流过程的角度论证了精英文化与大众文化的关系。精英文化不断吸收提取大众文化,代表着时代文化的总方向;后者作为接受主体,也按主体的需要对前者加以变异和发展,反过来又被精英文化所接受、同化。大众文化标志着文化发展的规模,并在一定程度上影响着对时代文化的总体估价。社会底层的民众掌握文化的数量和质量越高,则该社会的文化程度也就越高。欧洲自文艺复兴以后,日本在江户时代,中国则在唐代传奇变文俗讲,特别是宋元话本戏曲等市井文学发达后,表明了该地

---

① 马克思、恩格斯《德意志意识形态》,《马克思恩格斯全集》第3卷第52页。
② 本文所采的"民俗学"定义取自《大英百科全书》。

文化的早熟特征。

　　另方面,在一个高度集权的社会里,文化的层次结构特点往往表现为上层建筑对意识形态和社会心理的强化控制上。无论是统治者个人抑或是统治集团的些微举动,会导致一种学术或一种文化活动的兴衰起落。精英文化的学术活动和民众的行为观念等皆被纳入一个统一的文化模式中。使学术缺乏独立发展,对社会变迁的影响也较小。唐代创造文化的群体和学术派别的出现以及市民文化的兴起,打破了官方的垄断,这是一个值得注意的现象。

　　特定历史时代的文化是一个整体,各层次之间不存在绝对的差异。确认唐代文化中的三种形态只是为了把握总体文化时更清晰明了,其中涉及的理论问题,尚需进一步探讨。

　　　　　　　　　　　　　　　　（原载《松辽学刊》1989 年第 1 期）

唐代人才群体的特征及其局限

文化是人的本质力量外显与体现的成果,是生命力延续的媒介。人通过创造性的主体活动部分地实现着理想目标,在生命力延续过程中完成着一次次蜕变。人的本质对象化过程同时就是文化活动的大量存在。人类正是在不断增强着的主体意识的支配导向下,去实践并改造经验对象(依次递进的人化自然),最终与动物界脱离,走向文明的历程,迈向文化的阶梯。这个过程的承担者主要是一批文人学者,他们构成了创造传播学术文化的群体。下面就具体研究唐代社会文化的创造群体的构成特点、类型、社会功能及其局限,借以考察古代知识分子延续至今的某些传统。

唐代学校教育较发达,文化普及程度较高。据徐松《登科记考》著录推算,唐代科举各科考生不少于 5.5 万余人。"这些人是一个可观的文化知识层,他们既能著书立说,又能传播文化,为文献典籍积累提供了深厚的社会基础。"①唐六部二十四司的郎官都是中央政府中的文职官员,仅据赵钺、劳格《郎官石柱题名考》,计有 4159 人,自玄宗至唐亡,供奉翰林者约计 260 多人,此外加上各馆院博士、学士、直学士、大学士、修书详正学士等,估计唐代从事高级文化工作的人员至少不下千人②。《全唐诗》收 2200 多家,合王重民等《全唐诗外编》共计 3211 家,去重约有 3000 人,《全唐文》收作者 3042 人。由上述数字看,唐代从事文化创造与传播工作的人数斐然可观。他们以不同的政治和社会地位、学术水平共同创造丰富繁荣缤纷多彩的唐文化。

唐代学术文化发展的一个特点,便是出现了一批以学术师承交往为方向

---

① 详见吴枫《试论唐代文献典籍的构成》,载《古籍整理研究学刊》1985 年第 1 期。
② 详见吴枫《试论唐代文献典籍的构成》。

的专门性学派的学术活动。翰林学士院备顾问、草拟诏告文书等职能的出现表明了知识专家们在社会中和政权结构中的地位有所提高,学术地位部分地独立于人的等级身份,加上科举这一形式上平等的考选制度的确立,使知识分子阶层的人数和地位有所提高和扩大。代表这一阶层利益的言论、学说、思想相继不同程度地涌现,宋明理学实质就是知识分子群起后对新学说的建树①,虽然它的内容仍是以传统儒学为中心取向。

　　随着学术的分化发展,具有相同或相近艺术或科学风格,信仰基本一致的人才因子,在几乎相同的时代背景和社会生活条件下,往往产生某些共同的特征:类似的思维方式、价值准则和趋于一致的追求目标②。唐代科举盛行,大批文人士子投门干谒、求知己,往往在考前或考后结识一批同类,逐渐形成学派。开元中大学士张说常与徐坚评议当代文士的文章优劣,诸如李峤、崔融、薛稷、宋之问、富嘉谟、阎朝隐、韩休、许景先、张九龄、王翰等,皆有品评,互为臧否③。再如柳璨专纠当代史家刘知幾《史通》讹失,别为一卷,号《柳氏释史》传世④。不断的交往中文人们自由组合为各种关系,高士廉、薛道衡、崔祖濬结为忘年之好;华阳人杨纂与琅邪颜师古、敦煌令狐德棻相友善;薛登与徐坚、刘知幾常讨论文史,纵横古今;开元中韦陟、王维、崔颢、卢象等唱和友善⑤。李谟为开元中吹笛第一高手,独孤生与之讨论笛法,遂使之拜服⑥。大诗人杜甫一生游踪海内,相识几遍天下⑦。郑世翼撰有《交游传》,颇行于时⑧。一时间以文词连誉甚众,诸如初唐四杰(王勃、杨炯、卢照邻、骆宾王)、北京三杰⑨(富嘉谟、吴少微、谷倚)、竹溪六逸⑩(李白、孔巢父、韩沔、裴政、张叔明、陶沔)、大历十才子⑪(卢纶、吉中孚、韩翃、钱起、司空曙、苗发、崔

① (日)岛田虔次《朱子学与阳明学》第9页,陕西师范大学出版社1986年版。
② 参阅王通讯《宏观人才学》第110—111页,人民出版社1986年版。
③ 《旧唐书·文苑上》。
④ 《旧唐书·柳璨传》。
⑤ 《册府元龟》卷882,总录部,交友。
⑥ 《太平广记》卷204,乐类。
⑦ 李云逸《杜甫交游补笺》,《西北大学学报》1986年第4期。
⑧ 《旧唐书·文苑上》。
⑨ 《旧唐书·文苑中》。
⑩ 《旧唐书·文苑下》。
⑪ 《新唐书·文艺中》。

峒、耿沸、夏侯审、李端)、天宝时人语"殷(寅)颜(真卿)柳(芳)陆(据)、萧(颖士)李(华)邵(轸)赵(骅)"①,以及文章四友(杜审言、李峤、崔融、苏味道)、吴中四士(贺知章、刘眘虚、包融、张旭)、庐山四友(杨衡、符载、崔群、宋济)、咸通十哲(许棠、张乔、喻坦之、剧燕、任涛、吴罕、张蟆、周繇、郑谷、李栖远、温宪、李昌符,谓之十哲,实十二人)等等②。

　　除了这种自愿交往和他人比附连称外,官方举行的一些文化活动也有利于人才之间的交往和形成相近风格的学派。像开设各种馆院等教学研究机构、主持三教论衡、诗文唱和等活动,以及官修实录、正史、类书、族谱等也有利于学术交流。如武则天命张昌宗、李峤、宋之问等26人分门撰集《三教珠英》③;李贤召张大安等7人共注范晔《后汉书》④;吕向、吕延济、刘良、张铣、李周翰等《文选》"五臣注";孟简、刘伯刍、归登、萧俛等就礼泉佛寺共译《大乘本生心地观经》等,皆有利于互相发现共同特征以形成学术派别。

　　唐代学派的集群成团现象,以文学、艺术、史学领域为多,他们有比较切近的目标,形成没有组织形式的宏观发散式人才群体。诗歌创作中形成的田园山水诗派、边塞诗派、清淡诗派⑤以及风格相近的大历十才子诗歌,山水画中的南北派,楷书中的颜、柳、欧三大派等,规模不一,特点有异。并有横向交往,像杜甫与诸丹青国手切磋画马技艺并每有赠诗。史学中的学派更为典型。据《史通·自叙》篇提到,刘知幾有徐坚、朱敬则、刘允济、薛谦光、元行冲、吴兢、裴怀古等几个学友,除裴怀古外,其余六人皆参史局。同时代的司马贞与刘氏是学术上的论敌,两人论难之文,载《文苑英华》论议文类⑥。当时韦巨源、杨再思、宗楚客、萧至忠等人皆以宰相监修国史,不学无术,刘氏不服,以辞职相抗衡,提出"五不可",反对设馆修史以揭露监修弊端⑦。刘知幾与这几位同好不断交换意见,并持有接近共同的学术观点,他们事实上曾形

　　① 《旧唐书·赵晔传》。
　　② 《唐音癸签》卷28,谈丛四。此外《旧唐书》卷52为马怀素、褚无量、刘知幾、徐坚、元行冲、吴兢、韦述等史学家的类传,表明晚唐五代人对史学家人才群体的认同。
　　③ 《旧唐书·张行成传》。
　　④ 《旧唐书·高宗中宗诸子传》。
　　⑤ 《唐音癸签》卷9:"张子寿(九龄)首创清淡之派。盛唐继起,孟浩然、王维、储光羲、常建、韦应物本曲江之清淡而益以风神者也。"
　　⑥ 刘节《中国史学史稿》第174—175页,中州古籍出版社1984年版。
　　⑦ 朱杰勤《中国古代史学史》第138—139页,河南人民出版社1980年版。

成一个史学上的流派①。这个学派有共同的主张和目标,表现有二:一是提出直笔宗旨,吴兢、徐坚都提出直笔主张②,朱敬则、刘允济也都把直笔作为选择良史的重要指标③。二是主张"独断"之学。王元感注经稍存己意,祝钦明等人讥其掎摭旧义,魏知古、徐坚、刘知几、张思敬雅好疑闻,每为元感申理其义,反对章句之学④,《史通·辨职》篇更明确提出一家独断之学是自古的优良传统。元行冲等成《礼记义疏》五十卷,张说指责其"与先儒第乖,章句隔绝",元著《释疑》一文以答之⑤。这是唐代真正具有创新精神和进步思想的一个学派。

　　然而,其他学科特别是自然科学方面却少有学派的存在,仍以私人传授或个体独立的学术活动为主,或依官方的需要而有不同的治学倾向。在重诗文的社会氛围中,驱使人们几乎同时思考一类问题并调试治学方向,使学术目标相接近,而形成大大小小的学派,正因这种成团现象,减少了来自外在的阻力,促进了学术的发展。

　　唐代学派的另一特点是形成高能为核的人才团聚的基本模式,它往往是学派形成的强力剂。学术精英、学术权威的活动能够吸引更多的人向此汇聚。典型的如药王孙思邈,屡召不仕,独以采方医病为业,当时名士宋令文、孟诜、卢照邻皆师事之⑥,特别是孟诜,受益最大,并多有继承,著有《食疗本草》三卷,为我国第一部饮食疗法方面的专著⑦。萧颖士更为知名,尹征、王恒、卢异、卢士式、贾邕、赵匡、阎士和、柳并等皆执弟子礼,以次授业,号萧夫子。又以推引后进为己任,如李阳、李幼卿、皇甫冉、陆渭等数十人,皆经其举荐,人称萧功曹。又尝兄事元德秀,而友殷寅、颜真卿、柳芳、陆据、李华、邵轸、赵骅,天宝时人语曰:"殷颜柳陆、萧李邵赵。"与他交游的还有孔至、贾至、源行恭、张有略、族弟季遹、刘颖、韩拯、陈晋、孙益、韦建、韦收等,又与李华齐名,世称"萧李"⑧,其学术网络可谓庞大。再如后期的韩愈,韩氏引致后辈,

①　白寿彝《学步集》第 203 页,三联书店 1978 年版。
②　《初学记》卷 21"史传"项。
③　《唐会要》卷 63"修史官"条。
④　《唐会要》卷 77"论经义"条。
⑤　《旧唐书·元行冲传》。
⑥　《旧唐书·方伎传》。
⑦　李矢禾等编《历代名医传略》第 45 页,黑龙江科技出版社 1983 年版。
⑧　均见《旧唐书·文苑中》。

为举科第,多有投书请益者,时人谓之韩门弟子①。韩本人曾从独孤及、梁肃等游学,与柳宗元、刘禹锡等相互推重,李观、欧阳詹为其同榜朋友,当时名人张籍、樊宗师、李贺、孟郊、李翱、皇甫湜、贾岛等皆为其弟子,名列门墙的尚有卢仝、刘叉、沈亚之等,同时又与十五六位道士、和尚诗文往来②,此即是明显的学术权威分层结构。这种不以政治等级身份而以学术地位为聚核点的倾向,是学术派别形成的一个标志。

能够反映这种学派兴起的是后期书院的出现。唐书院,异于后代,是官方藏书和校书机构,聚集了一批名流学者,形成一个个学术中心。但其功能与后来意义的书院有所不同。据《嘉庆四川通志》记载,遂宁县张九宗书院建于太宗贞观九年(635年),唐时私学书院已有12所③。这与魏晋以来佛教徒每依山林名胜建立丛林勤修禅道而形成的禅林制度有关系。此外唐代多有隐逸之士,居名山大川,聚徒讲学,也有助于书院的形成。后来的宋明清书院,便有了以一院为一学术派别的倾向。

也应看到,学派的出现仅局限于很小的学术领域,大多数学术仍受官方左右和支配。与学派群体创造传播文化的功能互补的私人传授,仍占很大比重。唐代许百姓任立私学,因而私人传授仍很盛。像曹宪聚徒讲授《文选》;王恭教授乡间,弟子数百人④;马嘉运,退隐白鹿山,诸方来受业者至千人⑤。私人科技传授更成为科学文化传播的主要方式⑥。此外家学传统也是唐代学术文化延续的一个重要方面,如李德林、李百药父子,姚察、姚思廉父子的家传史学;李播、李淳风、李谚、李仙宗四代皆长于天文历算⑦,更是家学典型,类似例子不胜枚举⑧。为使家学延续,很多学者自我封闭,不让技艺外传。以画家们为例,初唐杨契丹作画时常用席遮蔽起来,怕别人学去;吴道子,绘画之精

---

① 《太平广记》卷202,怜才。

② 陈克明《韩愈述评》第五章《韩愈师友关系》,中国社会科学出版社1985年版。

③ 吴晓明《唐代的书院制度》一文,《上海师范大学学报》1985年第3期;另张正藩《中国书院制度考略》称有20多所。

④ 《旧唐书·儒学上》。

⑤ 《新唐书·儒学传》。

⑥ 详见程方平《隋唐五代私人科技传授札记》,《华东师大学报》(教育科学版)1984年第3期。

⑦ 《旧唐书·李淳风传》。

⑧ 《唐音癸签》卷28,谈丛四,详列父子、兄弟、祖孙知名者,可参考。

妙，"当有口诀，人莫知之"①。此皆表明唐代学术交往和文化发展中的阈限。

学者们群体的文化创造活动，对唐代学术发展有很大作用，往往影响士子百姓的趋尚。像蒋乂世以儒史称，"京师云《蒋氏日历》，士族靡不家藏焉"②。诗人李贺长于歌辞，当时文人多所仿效，所作乐府词数十篇，云韶乐工无不讽诵③。张鷟下笔敏速，言颇恢谐，凡应八举，皆登甲科，文名更远播新罗、日本，每遣使入朝，必重出金贝购其文④。至于李杜、元白的诗章更是妇孺皆知。当时长安少年都仿效元稹、白居易的元和体诗，二十年间，官署、寺观、驿站墙壁上无不题元白诗，王公、妾妇、牧童、走卒无不吟元白诗⑤。白诗以其通俗，易为更多的读者接受。以诗歌为例，主要通过亲友传写、选本保存、学校取为教材、歌妓和乐工的演唱等方式得到社会的传播，而书肆出现，出售当代诗人的诗卷，才是诗歌传播社会化的真正标志⑥。

古代知识分子群体，不是作为一个独立的社会力量而存在，往往依附于某个社会政治实体。从先秦的养士和客卿制，秦汉的太学生与后来的举孝廉，到隋唐的座主门生关系，皆不具有独立实体的自我意识。同时便是知识本位精神的缺乏，以统治者的个别言论作为自己的学问根基，反复为其论证。在学术界、知识界与文化界的关系中，不是以学术的本位研究来影响知识界，带动文化界。李淳风用他的科学知识为武则天上台找依据，刘孝孙可以穷半生的精力，为王世充撰《古今类序诗苑》⑦，高次采辑历代忠臣贤士罹谗毁流放事为《辨谤略》，德宗怒贬之，后宪宗雅量，令沈传师等增广为《元和辨谤略》传世⑧，统治者的一喜一怒都影响着学术成果的兴废。这同时也使知识分子更多具有以入世、载道为表现形式的消极文化参与意识，学术皆与经世有关，皆与朝廷大政相联，而得不到独立的发展。唐代出现一个新现象，一些豪富也效皇族贵族等附庸风雅，延纳文士。如长安王元宝、杨崇义、郭万全等，皆国中巨富，"各以延纳四方多士，竞于供送。朝之名僚往往出于门下，每科

---

①　冯立《隋唐画家轶事》第19页，陕西人民美术出版社1984年版。

②　《旧唐书·蒋乂传》。

③　《旧唐书·李贺传》。

④　《旧唐书·张荐传》。

⑤　元稹《白氏长庆集序》。

⑥　范之麟《唐代诗歌的流传》，《唐代文学论丛》第五、六辑。

⑦　《旧唐书·褚亮传》。

⑧　《旧唐书·高俭传》。

场文士集于数家,时人目之为豪友"①。富豪子弟刘逸、李闲、卫旷,家世巨豪,而好接待四方之士,"疏财重义,有难必救"②,一些文人多靠他们的接济而入仕,而从事学术活动。唐开科举,更吸引大批青年学子趋之若鹜,对唐人的心理状态发生影响③。以入仕为荣耀,走入仕参政的捷径,为科考服务的各种学术得到发展,而对其他学问则多鄙视。唐代绘画艺术较高,张彦远《历代名画记》收录唐代画家 206 人,但一些画家很有自卑心理。画马名手韩滉,"以绘事非急务,自晦其能,未尝传之"④。阎立本一代名家,晚年告诫其子:"吾少好读书,幸免墙面,缘情染翰,颇及侪流。惟以丹青见知,躬厮役之务,辱莫大焉! 汝宜深诫,勿习此末伎。"⑤以入仕科考为急务,视绘画为末伎,时尚如此,其中酸苦,字字真言。广大知识分子竞相疲于科考,仕进愿望十分强烈,希望得到高官显望的推引,以千里马之驱求伯乐之识,像王勃《上绛州上官司马书》、《上李常伯启》,李白《上韩荆州书》,韩愈《上张仆射书》等,皆自视甚高,并提出自己的政治主张,怀有强烈的功名思想。以互相排斥为能,结为朋党,争夺狭窄的入仕之途。知识的价值不由其他途径显现,只能靠仕进得到社会的承认。使得以学术师承交往为主体的学派规模甚小,形成不了庞然大势。以参政为终极关怀,视学术为工具,而一旦从政,便失去独立人格,做了政治上受人欺骗和自己欺骗自己的牺牲品。英国史家韦尔斯说得好:"任何社会真正思想进步的时期似乎是同一个超然独立的阶级的存在相联系的","这个阶级必须能够自由谈论而且容易交换思想","无论在什么时代哪里有大胆的哲学或显著的科学进步的记载,必有一个知识的阶级"⑥。研究唐代乃至整个古代政治与学术文化的关系,探讨学派形成机制和发展规模,当是知识社会学的一个重要课题。

(原载《呼兰师专学报》1989 年第 3 期)

---

① 《开元天宝遗事》卷上"豪友"条;卷下"结棚避暑"条。

② 《开元天宝遗事》卷上"豪友"条;卷下"结棚避暑"条。

③ 陈寅恪《元白诗笺证稿·读莺莺传》:"唐代社会承南北朝之旧俗,通以二事评量人品之高下。此二事,一曰婚,二曰宦。凡婚而不娶名家女,与仕而不由清望官,俱为社会所不齿。"

④ 《旧唐书·韩滉传》。

⑤ 《旧唐书·阎立本传》。

⑥ 《世界史纲》第 631—632 页,人民出版社 1982 年版。

唐代文化的发展趋势

　　唐代文化以其恢宏雄浑壮美的气质和魅力辉映于传统中国文化的论坛上。那是个令我们的祖先和后辈都值得骄傲的时代。既有中外文化融合、物态变迁的时代特征,又有继承古老传统、以通变求新意的民族特质。以诗歌为表征,李白、杜甫所代表的恢宏激昂的盛唐之音,高适、岑参壮志酬国的边塞诗和王维、孟浩然等诗画融于自然的田园山水诗派,奏起了时代的最强音。史地的发达、艺术形式的多样化发展、代表民间文化的传奇变文俗讲百戏,以及具有起承转合功能的科学技术的发展,都是不可或缺的音符。唐代是佛教文化渐趋融入并中国化的时段,也是唐人对古今中外各种学问知识信仰大加总结提炼融汇的时期。作为一个时间跨度较大的王朝,从文化发展趋势上说,不难看出更多地具有转变时期的特点。

　　唐代文化的发展,与封建政治经济在唐中叶的变化同频共振,走完了由封建前期向后期的过渡历程。唐前期政治较为清明,政权内部纳谏之风甚盛,朝臣可直接批评前朝或当朝国政,最高统治者多以容忍宽宏视之。在诗人的创作思想和创作冲动与当朝观念信仰发生冲突时,少有因致遭祸的①。唐室起自西北,胡化色彩较浓,少受汉族正统儒家思想的束缚,加之魏晋时的越名教而任自然,摆脱礼教束缚,追求个性自由放任不羁的社会思潮余波未消,使唐初政治统治开放有余而收敛不足。三教争衡,佛道大发展,佛经梵典的翻译注释成为盛行一时的学术风潮。老庄文列皆升为经,为考试科目,儒学失去了正统独尊的地位。文学艺术的高度繁荣掩盖了经学的强大身躯,使

---

　　①　参见(宋)洪迈《容斋续笔》卷2"唐诗无讳避"条。

其变成龟缩一隅的精神槐树。各种思想纷呈涌现，反映在文化政策上必然具有多样化特征。人们有一定程度上的信仰和价值选择的自由，而"文化上的每一进步，都是迈向自由的一步"①。正是在这种较为自由开放的社会环境下，加上满朝文武的崇文风气，从而创造了封建时代丰富多彩的高峰文化。

唐后期经过"安史之乱"的社会动荡，统治阶级对经济与社会关系重新予以调整。一种对秩序的要求，传统儒学生命力再度显现，逐步上升为压倒其他社会思潮、占统治地位的价值取向。经过对天人关系的重新论证和援佛道以入儒的历时性转化，补充了儒家哲学的传统命题和范畴，实开宋明理学之先河。

如果说，唐前期文学艺术所表现的时代精神是对空前高涨的社会繁荣的乐观展望，那么经此大动乱，则发展为相对深刻的揭露抨击现实的内容。它打破了诗人们乐观的期望，而变为对现实人生的重新审视。中晚唐经历了由中兴热望到有感于社会矛盾的激化和政权没落的哀感。带有伤感的审美情趣，使诗歌的直切与哲理向纵深发展了。到宋代诗歌更以思骨深邃富有哲理见长。

与官方思想控制相反而互补，是中经动乱后士大夫们都在寻求填补心灵空白的填充剂，退守独善其身的人生哲学，兼济的热情和仕进的愿望让位于对宗教神灵的信仰②。同时，佛学本身的发展也走过与儒学殊途同归的历程，完成了中国化的演进过程。前期的天台宗、三论宗、唯识宗等由于过分拘泥于印度宗教的形式，在中唐便相继消殒，而继起的华严特别是禅宗，由于变异为中国式的宗教因而得以有长足的发展。宋明理学正是以传统儒学为主体吸收禅宗精神和道教思想，成为封建后期思想的主流。

由前期的较为开放，到后期的逐渐收敛，正经历一个由放而收的时间历程。唐后期更像是唐型文化与宋型文化的过渡期和波谷，因而真正具有唐代社会的时代特征和个性特点的应是前期的盛唐文化。唐代文化的种种特征在前期都已充分显示，无论从文化的层面还是文化的部类上看，都已带有区别于其他朝代的独特内容。

唐代再经南北文化的融汇时期，并且完成了南北文化的合流。先秦时期

---

① 恩格斯《反杜林论》，《马克思恩格斯选集》第3卷第154页。
② 《新唐书》卷35《五行志二》："天宝后，诗人多为忧苦流寓之思……寄兴于江湖僧寺。"

百家争鸣,老庄及屈原等代表的南方楚文化,主要与北方以孔子孟子为代表的齐鲁文化形成对峙局面。秦汉时国家的统一,南北文化也加快合流步伐,汉文化更多地表现出南方楚文化的特征①。东汉特别是魏晋,北方文化有所发展,曹魏时的建安文学为其代表。西晋末年战乱,文人纷纷南迁,北方多被落后的少数民族统治,南方文化发展迅速,并从总体上超过北方。以致当时无论南北都认南方文化为华夏正统。隋炀帝由北方统一南方,仍大量推崇南方文学②。唐初一切公私文书,皆用四六文。后来古文运动渐起,北方文风取得优势。同时唐前期宰相十分之九以上皆为北人③,后期渐多,宋以后以南方人为众。地主官僚的地域特征亦对文化上的消长变化起着一定的干预作用。《五经正义》的编撰,虽多用南方人的义疏,同样表明经学上的南北统一。外来佛教文化的冲击,也加速了本土地方文化的合流过程。

　　一方面是南北文化融汇统合为一整体之大势,另方面由于文化的普及与教育的推广,文化的地域拓展更为广泛。唐代的文化可以说是以两京为中心向外呈辐射状的有地区差异的文化复合体④。不唯南北,每一区域都有着显微不等的差异。这一方面可以通过户口的分布情况、人才的迁徙、知识阶层的分布比例、文化景观、饮食丧葬等社会习俗的不同以及各地著述数量的差异而显示其区域特征。大致说来,唐后期差异愈益缩小,中经五代十国的地方割据后,北宋复归统一,这其中的文化整合也是一个重要的统一因素。

　　唐代也是传统文化中文化创造传播者身份地位发生变化,分层文化明显化的时期。汉代以经术取士,使文化创造传播更多地为累世家学和诸经博士所掌握,魏晋时的高门世族同时也是文化的正统继承者和垄断人,文人学者的社会地位只决定于他的门第和官爵,而不在于学问本身⑤。因此他们对于后来研究者观察时的影响是:时代的差异多于个性的差异。反映的是大致相同的社会阶层和地位的人们的思想、观念和行为方式,因而反映文化层面必然较少。唐以科举取士,使寒素文人知识分子皆可凭其文才学问近似平等地取得政治社会地位,从而改变了政权结构。大量代表知识分子阶层的文化的

---

①　韩养民《〈秦汉文化史〉导论》,陕西人民教育出版社1986年版。
②　《全隋文》卷5《敕责窦威崔祖浚》中详载。
③　陈正祥《中国文化地理》第22页,三联书店1983年版。
④　参见拙文《唐代区域文化析论》,《松辽学刊》1989年第1期。
⑤　王瑶《中古文学史论》第26—27页,北京大学出版社1986年版。

出现,学派的产生、人才群体的涌现便是明证①。中晚唐时期市民文化有所发展,反映着文化中的不同层次内容,颇具个性明显的特征,使文学艺术流派纷呈,颇为繁茂。这种大众文化标志着文化发展的规模,并在一定程度上影响着对时代文化的总体评估。社会底层的民众掌握文化的数量和质量越高,则该社会文化程度也就越高。欧洲自文艺复兴以后,日本在江户时代,中国则自唐代传奇变文俗讲,特别是宋元话本戏曲等市井文学发达后,表明了该地文化的早熟特征。

另方面,在一个高度集权的社会里,文化的层次结构特点往往表现为上层建筑对意识形态和社会心理的强化控制上。无论是统治者个人抑或是统治集团的些微举动,都会导致一种学术或一种文化活动的兴衰起落。文人学者的学术活动和民众的行为观念等皆被纳入一个统一的文化模式中,学术发展更缺乏独立,对社会变迁的影响也较小。唐代创造文化的群体和学术派别的出现以及市民文化的兴起多少打破了官方的垄断,这是一个值得注意的现象。

唐代又是传统学术文化不均衡发展的极致表现时期和科学文化的转折过渡期。较为开放的社会环境和上下崇文的时代风气,提供了文化发展的良好条件。唐代统治阶级现实的和技术的需要所由采取的相应制度政策,又对学术文化发展起了重要的导向作用,科举制度为其突出代表。统治集团通过考试科目的设置和录取标准的规定,左右并影响着士子们对各科学术的选择取舍,来达到崇尚或推行某种学术和思想的目的。如明经科目中不时增设老、庄、文、列四子策文②,德宗时又令举人习开元礼③,他如开设三史、三传科等,对举子习业有一定的导向作用。进士科愈益重要,并成为重要官员的主要来源④。进士比重逐年增多,左右着唐代士大夫的选择,进而对与明经进士诸科考试科目有关的儒家经典、道家书籍、礼法、律令等的习读及文学诗赋等的发展都有较大的影响。

唐代学校教育主要分中央官学和地方州县学、乡学两大系统。当时的教

---

① 见拙文《唐代人才群体的特征及其局限》,《呼兰师专学报》1989 年第 3 期。
② 《唐大诏令集》卷 106《亲试四子举人敕》。
③ 《全唐文》卷 51《令举选人习开元礼诏》。
④ 参阅李树桐《唐代的科举制度与士风》,收入李著《唐史新论》(台湾中华书局 1972 年版)。

育内容和体制特点,以及全国考试制度中的畸轻畸重,加上统治阶级依现实的需要所制定的一些文化政策,都造成了唐代学术发展中的偏颇,表现为文学艺术史学等人文学科的高度繁荣和科学文化的相对迟滞。从深层角度言,则这种倾向的形成更与中国传统重人伦的价值观、重实用的思维特性以及传统学术文化的结构特点密不可分。这也是导致近代中国科技文化落后和现代人文学科发展相对缓慢的原因。

中国古代许多科技发展和技术进步多与统治阶级和统治者个人的喜好以及民众直接的生产生活相伴而行。人们对死亡的恐惧所产生的对生的渴望的逆反心理,对永恒的追求的物态体现,使道教的炼丹炉火长燃不熄,化学致有些微发展;天文历法作为论证天人关系的准科学和对灾异人祸的附会解释,得到官方的支持并加以垄断;由于工程水利等实用计算的需要,使代数学有突出发展,同时又因其更多作为演算论证天文历法的工具而不得独立发展。唐代自然科学发展中可称道的有两项:医学和天文历法。农学因与直接的农业生产有关,也有所发展。数学的发展则较为缓慢。作为算学馆中的十部教科书,其中只有一部是唐初王孝通《缉古算经》,其余皆为前代著作,唐代数学著述以注释为主,且只有三四部,宋代则多达五十余种。唐代人文学科的片面深化,缺乏哲学和科学技术的相应成比例发展。

唐代文化作为创造主体除了对前代的传统文化加以继承、诠释、理解,依时代的需要和统治的要求进行创造性的转化,使其具有显明的个性特征外,还对各种外来文化进行融汇、消化,并弘扬以为己用,使其成为中国文化的一部分,这是唐代文化发展的另一个重要特征。唐初是中外交通最频繁、来往最密切的时代,并且每次往来都多少与文化有关。以宗教为例,除佛教外,尚有多种宗教传入。从唐代中外文化交流情况看,每个文化主体多是立足于主体的需要,依本体的文化结构有选择地吸收外来文化,具有较强的实用性。唐对日本、朝鲜、越南等国输出的多是佛教理论、儒学思想、经学、史地、文学艺术、教育制度乃至政治制度。对印度输出的多是药物、纸张、炼丹术、丝织品和算术等。对阿拉伯国家则多是造纸、纺织、炼丹术、陶瓷制造技术、医学中的脉学等等。唐对外国文化吸收的多是乐舞、宗教、医学、天文历法、算术、珍宝器皿、饮食、建筑雕刻等内容,具有选择式、互补式的特点,总体上与自身学术文化发展的轻重比例相协调。

　　与唐朝处于同时代,尚有几个较大的文明区。周围的附属性小国,从属于这个大的文化系统。它们有着不同的认知、价值、规范和审美系统,使其各具不同特点,对它们各自的文化内容和相互影响的研究,可以完成对中古世界文明的总体把握和认识,从而更清楚地认识唐代文化的地位。南亚的印度文化区,文化的中心内容是佛教和婆罗门教,所有的专门学术皆由神学发展而来①。阿拉伯地区以其优越的地理方位,吸收了中国、印度、希腊的文化遗产,从 7 世纪到 13 世纪创造了高度发达的科学文化,在世界科学史上起着继往开来的重要作用。中世纪西欧政治上的分裂局面,使基督教以教皇为中心取得了至高无上的地位。世俗学术哲学、科学、文学等都成了神学的附庸。"自然知识只有在它是一种启发的工具,可以证明教会的教义与《圣经》的章节时,才被重视。"②由于地域遥隔,与唐的交往很少,基督教的一支景教在唐时传入,但影响不大。

　　当时的唐朝作为与这三大文明区并列的东方文化中心,深深影响着周边各国的政治制度和文化的发展。像当时日本、朝鲜的学校教育从课程设置到考试内容和教材,都与唐代相同③。正如日本当代史学家井上清颇为中肯地说:"唐代的文化是与印度、阿拉伯和以此为媒介甚至和西欧的文化都有交流的世界性文化,所以学习唐朝也就间接地学习了世界文化。"唐代文化的发展趋势由于其大陆性的特点,自发性、独创性较大。古代中国只有唐代受外来文化的冲击最大,与外界接触最多,从某种意义上说也最具有开放性。本世纪 30 年代,鲁迅先生曾说:"唐代的文化观念,很可以做我们现代的参考。那时我们的祖先们,对于自己的文化抱有极坚强的把握,决不轻易动摇他们的自信力;同时对于别系的文化抱有极恢廓的胸襟与极精严的抉择,决不轻易的崇拜或轻易的唾弃。这正是我们目前急切需要的态度。"④时至 90 年代的今天,这种态度仍具有它的现实意义。

(原载《社会科学战线》1991 年第 1 期)

　　① (英)麦唐纳著,龙章译《印度文化史》第 111 页,中华书局 1948 年版。

　　② (英)W·C·丹皮尔著《科学史——及其与哲学和宗教的关系》第 116 页,商务印书馆 1975 年版。

　　③ 见郭守田主编《世界通史参考资料(中古部分)》第 115 页"新罗教育制度"一条;陶愚川著《中国教育史比较研究(古代部分)》第 273—274 页,山东教育出版社 1985 年版。

　　④ 孙伏园《鲁迅先生二三事·杨贵妃》。

三教争衡与唐代的学术发展

　　精神层次的文化是由全民创造特别是经由知识分子加以提炼组合、传播、创造并发展的,它代表一个时代文化发展的总趋向和水平。其中,哲学思想、宗教意识和价值观念真正代表了时代文化的总体特征,其影响及于社会文化的各个方面,是观察认识社会文化的个性特征的聚焦点。观察学术思想变迁之大势,将有助于更全面地理解并认识唐代学术文化的发展特点。

一

　　马克思说过:"宗教是那些还没有获得自己或者再度丧失了自己的人的自我意识和自我感觉。"①印度的佛教作为一种于有限中追求无限、于现实中求得超越的信仰和哲学诠释,作为于苦难、蹭蹬和人生遭际中寻求心理满足和慰藉的精神需要,自东汉末年传入我国后,随不同时代社会的变迁而演进,至唐代,遂浸染成磅礴的大势,成为中国固有思想和文化心理结构的一个重要补充。

　　唐代思想发展的一大特点是佛教哲学压倒儒道思想,成为占主导地位的思想文化。

　　唐代20个皇帝,除武宗李炎外,都扶植过佛教,从贞观三年到元和六年(629—811年)止,由国家组织译场,历代相沿,前后有译师36人,译经372部,2159卷②。经过历代高僧著书立说,改造并宣传佛教思想,调和减除与本

---

① 《黑格尔法哲学批判导言》,《马克思恩格斯选集》第1卷第1页。
② 《中国佛教》(知识出版社1980年版)(一)《唐代佛教》一节。

土信仰者的心理障碍,佛教教义业已深入大夫民众,对社会心理发生影响①。遂使佛教寺庙和僧尼人数激增②,寺院经济有了大发展,并威胁到了皇族的既得利益③。

佛教发展到唐代的最主要的标志便是各宗派的建立。各宗派在唐代的消长隆替,不同程度地反映了佛教文化中国化的历程,并且依与中国固有思想的结合程度和方式,决定了其存在的时间和流传的范围。

一方面佛学初传即依附于本土思想,其传播过程即是自身汉化的过程,早期的道安、慧远就是自觉努力推进汉化进程的代表人物④。另一方面本土固有文化心理和积淀又影响制约着它对外来文化的吸收,表明接受主体对外来文化与本土文化交汇中的整合功能。这是传播与选择的双向交流过程。拘泥旧有形式和内容的唯识、三论等宗派到中唐后相继消亡,而变异本体的华严,特别是禅宗得到了迅速发展。其次,政治权威对外来文化的容忍程度,也影响到对传统文化的改造。唐政府对佛教干预较少,使其能长驱直入,经由各宗派的辩论和学者们的系统整理,逐渐成为中国思想文化的一部分。最后,还应看到,佛教传播有层次之别,统治阶级上层更多是从统治的需要利用宗教维持社会秩序的功能;知识分子多从事于理论形态的吸收,如天台宗使中国哲学更系统化,三论宗(因明学)导致逻辑学和认识论的大发展,唯识宗扩大了知识领域,理学改造禅宗,更向内心本性探求;广大民众则径取最简易切近的学说,以满足日常生活中安全、归属的心理需求。因此净土宗与禅宗南宗的称名念佛与顿悟说大受欢迎,由此观之,最接近下层民众的宗教发展最快也最持久。

道教是由中国古代社会的原始宗教意识和神话传说及殷周时代鬼神崇拜发展而来的多神教。中经近千年的发展,理论教义、宗教实践等方面都得到进一步的完善,佛教的传入更成为其发展的推力,面对对自身宗教地位的威胁,为争取更多的人信仰,道教从理论、教义到争取信徒与佛教展开激烈抗

---

① 详参《太平广记》卷81—162。

② 见附表:各朝僧寺数目表。取自汤用彤《隋唐佛教史稿》第52页。

③ "丰田美利,多归寺观,吏不能制。"(《旧唐书·王缙传》)"天下之寺装盖无数,一寺当陛下一宫,壮丽之甚矣,用度过之矣,是十分天下之财,而佛有七八。"(《旧唐书·辛替否传》)

④ 参见王琰《东汉魏晋时期佛教汉化问题刍议》,《辽宁大学学报》1987年第2期;赖永海《从魏晋南北朝佛学的中国化看外来宗教与传统思想的关系》,《浙江学刊》1987年第2期。

争,并且得到了政治权威的有力支持。使其虽然在理论的精致程度和信仰层面上远不及佛教,但至少在政治上取得了与佛教分庭抗礼的席位①。开元年间,天下道观有1667所,道士776人,女冠987人②,而到中和四年(884年)十二月五日杜光庭记载,唐代从开国以来"所造宫观约一千九百余所,度道士计一万五千余人,其亲王贵主及公卿士庶或舍宅舍庄为观,并不在其数"③。

与佛道两种哲学社会思潮相表里,儒学在唐代走过了由衰微到复振的历程。唐前期,由于佛教的强大冲击和统治者对道教的推崇,儒学有所式微,并努力在佛道对立的两极中保持必要的张力;后期,经过对天人关系的重新论证和援佛道以入儒的历时性转化,儒学内容体系趋于完备,儒家学说日益升值,实开宋明理学之先河。

儒学哲学依然是唐政府认定的官方正统思想,唐代通过尊崇孔子及其学派,编纂整理儒家经典、发展学校教育等方面,维持其发展④。

贞观四年,太宗诏颜师古考定《五经》文字,七年令学者准此⑤,十二年诏孔颖达等人撰《五经正义》,凡一百八十卷⑥,十六年改定,永徽四年令每年明经考试以此为准⑦。使学术分歧归于一致。这里有对汉魏以来的经书从文字到内容统一综合的一面。但也因此造成唐人注释理解多于创新和求异,使经学中原有的对于天道、社会政治伦理的探讨变成了无可争议的教条。魏晋以来"有无"本体的探求这一对儒学原有命题的突破未能深入展开便归于寂灭,造成了思想的僵化。其次,太宗改尊孔颜⑧。不久又封先秦以来一大批儒士学者("二十一子")皆为先师⑨,玄宗又封七十弟子皆为侯伯⑩,貌似推重,实则这种滥封,恰表明孔子失去了独尊的地位。再次,刘知幾疑古惑经,得玄宗

---

① 唐室诸帝与道教的关系及史迹,详见傅乐成《李唐皇室与道教》一文(载《食货月刊》九卷十期,1980年),和卿希泰《中国道教思想史纲》第二卷,四川人民出版社1985年版。

② 《唐六典》卷4;《唐会要》卷49,僧籍。

③ 《历代崇道记》。

④ 具体内容详见《旧唐书·儒学》;《唐会要》卷35;《册府元龟》卷49、50,崇儒术。

⑤ 《旧唐书·太宗纪》。

⑥ 《旧唐书·孔颖达传》;另《旧唐书·儒学上》卷170。

⑦ 《旧唐书·高宗纪》。

⑧ 《旧唐书·儒学上》贞观二年。

⑨ 《册府元龟》卷50,帝王部,崇儒术二,贞观二十一年。

⑩ 《册府元龟》卷50,帝王部,崇儒术二,开元二十七年。

及徐坚等时人称赞,正透露出对孔子和经学的怀疑,在初盛唐时已浸染侵袭学术领域。最后,从文化总体发展看,佛道大发展,佛经梵典的翻译注释成为盛行一时的学术风潮,老子庄子文子列子等皆升为经,为考试科目,儒学失去了独尊的地位,文学艺术的高度繁荣掩盖了经学的强大身躯,使其变成龟缩一隅的精神槐树。

纵观历史,封建国家统一局面形成,中央集权巩固时,儒家思想往往占据主要的甚至是独尊的地位。"安史之乱"平定,统治阶级加强了政治控制,思想上也出现了对儒家思想的要求。儒学辨别华夷、强调忠孝,以伦理政治学说为主体的强烈的社会现实性和刚健有为的入世精神,使其在众多的思想流派中占有明显的优势,成为统治阶级慎加选择的主要价值原则,加上它本身博大的辩证系统观和包容性特点,有利于对其他思想的消融吸收,这些都决定了其地位的上升。

这种上升是经过对天人感应和谶纬迷信的旧哲学的批判完成的。唐代哲学发展的一个特点是天人关系又重新提出,成为争论的一个中心问题[1]。从王通、吕才,中经刘知幾、李华、李筌,到刘禹锡、柳宗元,最后发展了唯物主义和无神论思想,完成了这一批判过程。用"理"和"道"来代替天人感应的"天命"。另方面,又通过王通、柳宗元、李翱等人的援佛入儒,补充了儒学的命题和范畴。理学发展,正是走的这种路[2]。因此可以说,唐后期正是由前期的形式以充实新的内容来完成自己的蜕变的。

二

唐代学术思潮的一大特点是三教争衡。儒释道竞相发展自己的思想、吸引信仰者并争取政治统治的支持,三教鼎足而立,并行不废,对社会思潮产生了深刻影响。

三教争衡,表现为政治与信仰地位孰为先后的争论,从武德七年到咸通十一年,经常由朝廷主持讨论,几乎漫延有唐一代[3]。据表可知,初期尚能平

---

① 冯契《中国哲学史稿》第 207 页,河北人民出版社 1980 年版。
② 参阅尹协理《隋唐儒家哲学的变化趋势》,《哲学研究》1985 年第 5 期。
③ 见附表:唐代三教争衡时序表。

实争议,政府不加干预,任其纵横捭阖,论古议今,风气较佳,后期三教思想渐趋调和,一方面是官方思想统治的需要,另方面更是佛教作为外来文化已渐与本土文化找到了共同点,高祖时即有"三教虽异,善归一揆"的初衷,但实际难遂人愿。唐代不断有人倡言三教合一,像道士孙思邈即著书言三教会通之意①,白居易亦有《三教论衡》之文,李翱援佛入儒,所作《复性书》三篇,更为人所熟知,此种种迹象皆为宋明理学三教合一思想的先声。

　　三教论衡的排次上,只宣宗时释为道先,其余皆是道居释前(武则天时未举行)。这是唐皇室自认道教为本家,对其政治地位和宗教地位的肯定。恰如高祖所言:"老教孔教,此土元基,释教后兴,宜崇客礼。今可老先次孔,末后释宗。"②虽有上述排次,但大部分争论的结果是佛教取胜。盖因佛教以其三论、因明学的发达,重视逻辑推理与论证,有规范化了的神学理论,从世界观和方法论的高度统一信仰者的思想。佛教的信仰素质高就高在不解决任何世俗生活中的现实问题,只解决彼岸世界的问题,也因此能促使人们不会失望地永远追求它③。道教却力图通过炼丹来解决现实问题,以达到长生不死来曲意迎合民众对生的强烈依恋。唐皇帝竟有六人是死于服食丹药的④。长生而不果,必然使人们感到失望。北宋以后道教逐渐放弃外丹炼法,较重修炼精气的内丹法,表明其发展。同时,佛教的礼仪较为简便易行,如南禅的顿悟和人人有佛性的说法,便于推广流行。因此,造成有较高文化水平的人欣赏信服佛教的深奥哲理,而其较为形象化的雕塑、绘画、音乐、转变等佛教艺术形式又为一般民众所喜闻乐见。与道教相比,在理论精致程度和信仰人数上占有绝对优势。

　　佛教各派中,除法相宗外,没有不吸收儒学的。禅宗以佛教中的基本来讨论和解决儒家的心性问题;怀海《百丈清规》便把忠孝内容纳入其中,佛与道也有融和。天台宗湛然《止观辅行传弘诀》卷十中即引入了道教的服丹成仙思想;密宗不少理论与修炼术有关。儒者援佛入儒,以李翱为代表,此外王

---

①　见《韩昌黎集》卷18《答孟简书》,及《新唐书·艺文志》神仙著录:孙思邈《会三教论》一卷。

②　唐宗师西门寺释氏《集古今佛教论衡》卷丙。

③　陈麟书《宗教学原理》第155—157页,四川大学出版社1986年版。

④　参赵翼《廿二史札记》卷19"唐诸帝多饵食丹药"条。

维、柳宗元①、刘禹锡、白居易都不同程度地肯定或倾心佛教。道教学者大多吸收儒家的忠孝仁义等伦理观念,儒学者也多认为儒道同归。前者如吕岩将忠孝纳入道教教义中,后者如柳宗元的诸子之流佐世论②。道教的宇宙生成、万物化生理论也多为理学家们所吸收。这是三教争衡所带来的融摄学术思想的功能。

三教论争更有积极的社会功能,政治权威容忍各学术思想派别的论争,养成公开论衡思辨的社会风气。儒学不为一统思想居于各派学术思想之上,有利于学术思想间的交融,形成较为开放多样的文化政策,不同阶层人士有一定程度的较为自主的价值选择和不同的宗教信仰,也有利于创造出盛唐丰富多彩的文化。

三

唐代在走向文化民族化的历程中经受住了外来文化的全面冲击,充满自信地迈向新的历史发展阶段。无可否认,佛教文化对中国民众的哲学思想、价值观念、思维方式和社会心理都产生了深刻影响,这些影响深深地印证于唐代各科学术的发展。同时,道教作为本土的信仰形态的意识形式,其宗教理论和宗教实践及礼仪活动的建构都对学术文化产生了影响,兹就佛道宗教文化在唐代的表征做一概述。

1. 对哲学的影响③。

唐代佛学成为占主流的思想文化,分别在人生的本原问题、人的认识能力、世界本体问题和彼岸世界诸问题上对中国哲学有所补充④。佛教各宗派中以禅宗对中国哲学的影响最大,主要表现为追求适意自然的人生哲学和以活参、顿悟为特征的非理性的直觉体验的思维方式,这已成为铸造中国人的

---

① 《柳宗元集》卷25《送僧浩初序》:"浮图诚有不可斥者,往往与《易》、《论语》合……不与孔子异道。"

② 《柳宗元集》卷25《送元十八山人南游序》:"余观老子,亦孔子之异流也,不得以相抗……然皆有以佐世。"

③ 更详尽的内容参见苏渊雷《论佛学在中国的演变及其对社会文化各方面的深刻影响》,《华东师范大学学报》1983年第4—6期。

④ 杜继文《佛教和中国哲学》,《文史知识》1986年第10期。

文化心理结构不可缺少的内容。

道教学者中成玄英"重玄之道"思想,玉玄览分"可道"与"常道",发展了宇宙生成理论。吴筠从本体论角度来说明他的修炼方法。同时强调精神的修炼,对后来内丹方术发展有影响。开元中李筌认为战争胜负在于人事,是对先秦军事辩证法思想的发展①。

2. 对文学艺术的影响。

宗教要运用文学艺术的形象性和感染力来扩大自己的影响,文学艺术也要反映和表现人们的宗教生活和情感,像佛教的《法华经》、《维摩经》、《百喻经》等梵文经典本身的文学价值就很高,并对后代语汇、文体乃至文学创作发生了影响。变文俗讲等就对民间文学发展有很大的推动作用。唐代建筑、雕塑、绘画等无一不受佛教的影响,唐代著名画家阎立本、吴道子皆以擅画佛寺壁画出名。再如佛教乐曲的流行②,《西河诗话》收载唐乐府中佛教乐曲29种之多,在敦煌杂曲中也还保留着一部分佛曲作品③。

道乐曲调确实可考者有华夏赞及步虚词二种④。天宝十四载四月,玄宗曾于内道场亲教诸道士步虚声韵,对其韵、腔皆有所更定,宣示中外⑤。玄宗曾诏司马承祯制《玄真道曲》,李会元制《大罗天曲》,贺知章制《紫清上圣道曲》,太清宫成,太常卿韦縚又制《景云》等六曲⑥。天宝四载,又亲制《降真召仙之曲》、《紫微道仙之曲》,于太清宫演奏⑦。像著名的《霓裳羽衣曲》就是一种采用道曲音乐的法曲。这些都构成中国古曲音乐的一个组成部分。

3. 对科学技术的影响。

宗教本与科学不相容,但某些宗教活动却在客观上对科学发展有派生的促进作用。典型者如道教采用炉鼎烧炼矿石药物企求长生不死的宗教幻想,却使原始化学由此得到发展。中国的火药即由炼丹家发明。如伏硝石法,在中唐以后的炼丹书《真元妙道要略》里提到过,在理论上,它近似 $4KNO_3 + 5C$

①　详参《中国道教思想史纲》第2卷,四川人民出版社1985年版。
②　详参《中国道教思想史纲》第2卷。
③　向达有《论唐代佛曲》一文可参考,收入《唐代长安与西域文明》一书中。
④　任继愈主编《宗教辞典》第546—547页。
⑤　《道藏源流考》附录三《道乐考略稿》,中华书局1985年版。
⑥　《册府元龟》卷54。
⑦　《新唐书·礼乐志》。

$\rightarrow 2K_2CO_3 + 2N_2 + 3CO_2$ 的公式。再如"伏火矾法",元和三年(808年)清虚子在《铅汞甲辰至宝集成》里提到过,在理论上它近似 $4KNO_3 + S_2 + 6C \rightarrow 2K_2S + 2N_2 + 6CO_2$ 的公式[1]。李约瑟认为中国自然科学知识发展和各种工艺流程改进正是由于外丹术。费正清也认为"中国原始科学发展的主要部分是同热爱自然的道家相联系的,而不是同死读书的儒家相联系的"[2]。道家的内丹法认为"气能存生内丹",将人体当炉鼎,以体内的"精"、"气"做药物,用"神"去烧炼,可使精、气、神凝聚成"圣胎"即内丹,发展了医学上的养生保健、气功长寿,对人体生物运动规律的认识有一定贡献。

伴随传教活动而出现,还有各种科学知识的传播,如印度天文、历法、医药等的传入。唐史籍记载传入医方有十余种。再如《因明》、《声明》等丰富了中国的逻辑学和韵律学。鉴真东渡日本,也曾带去大量的科学知识和技术。

唐代佛教盛行,儒释道三教争衡,对学术文化的发展产生了深刻的影响,这也是造成唐代文化具有鲜明时代特征的一个方面。因此说,把握唐代文化不可不言佛教、道教,而研究佛道,对宗教文化的诸多方面尤应留意,这或许是剖析唐代学术文化的切入点。

各朝僧寺数目表

帝代	僧数	寺数	附注
隋朝	236200	3685	据《法苑珠林》卷100
太宗		3716	寺数据《续高僧传》卷五;佛数据道宣云不满七万。上详
高宗	60000余人	4000	据《法苑珠林》卷100
玄宗	僧75524 尼50576	5358	此据《新唐书·百官志》,应系玄宗时数。 《唐六典》所举寺数即为5358,可证也
武宗	360500	大寺4600 兰若40000	此据《旧唐书》检毁之九

---

① 参见冯家昇著《火药的发明和西传》第9—10页,上海人民出版社1978年版。

② 费正清(Fairbank, John King)等著《东亚:传统与改革》(East Asia: Tradition and Transformation, 1973)。

唐代三教争衡时序表

时间地点	代表人物	争论内容	结果	附注
武德七年（624年）二月丁巳国子学	儒:徐文远 　　陆德明 佛:慧乘 　　道岳 道:刘进喜 　　李仲卿	本因释奠而起，徐、陆论难风生，遍析其要。释问道大还是自然大，既大，何又法自然，李仲卿无以对	儒者胜，逻辑争辩上释胜。高祖以"三教虽异，善归一揆"为结语。排序:道、释	《新唐书·高祖本纪》;《新唐书·儒林传》;《集古今佛道论衡》卷丙
贞观十二年（638年）太子承乾在弘文馆主持	儒:孔颖达 佛:慧净 道:蔡晃	慧净开讲《法华经》，晃与辩论，孔氏讥佛家无诤，净反讥君子不党	释氏以其强辩独留美名。排序:道、释	《集古今佛道论衡》卷丙;释彦《护法沙门法琳别传》
显庆五年（660年）八月十八日洛阳宫中	佛:静泰 道:李荣 或有李玄植(儒)	辩《老子化胡经》	释胜。道理屈论浅。排序:道、释	《集古今佛道论衡》卷丁;《新唐书·儒学·张士衡传》
开元中,内殿	三教各选100人 释:利陟 道:韦玎	定释道优劣	先挫叶净能、思明,陟攻玎为庶人,玄宗贬斥,道因政治干预而胜释。排序:道、释	赞宁《宋高僧传》卷十七《唐京兆大安国寺利陟传》
开元二十三年（735年）八月癸巳,千秋节		讲论三教异同	三教调和、并列	《册府元龟》卷三十七;《张九龄全集》卷九《贺论三教状》
贞元十二年（796年）德宗诞日,麟德殿	儒:赵儒 　　许孟容 　　韦渠牟 释:覃延 　　端甫		韦氏兼通三教,以三教归一为旨。排序:道、释	韦绚《宾客嘉话录》;《新唐书·韦渠牟传》

续表

时间地点	代表人物	争论内容	结果	附注
宪宗时			署辩章为三教首座。朝野皆谓三教归一	《宋高僧传·辩章传》
文宗太和元年（827年）十月，降诞日，麟德殿内道场	儒：白居易 释：义休 道：杨弘元		白氏以义休明大小乘，通内外学，难为酬对，谨通，倡三教合一。排序：道、释	白居易《三教论衡》
宣宗大中三年（849年）诞日	儒：李贻孙 杨汉公 佛：知玄		知玄研习外典经籍百家之言，博通三教，为宣宗和文人们推重，宣宗并恢复天下所废寺。排序：释、道	《宋高僧传》卷六《唐彭州丹景山知玄传》
懿宗咸通中延庆节，实为咸通十一年（870年）十一月十四日			伶人李可及诡称三教论衡分别引《金刚经》"敷坐而坐"、《道德经》"吾有大患，是吾有事；及吾有身，吾复何患"、《论语》"沽之哉，沽之哉！我待贾者也"三句来戏谑三教主为妇人	高彦休《唐阙史》卷下《李可及戏三教》

（主要参考罗香林《唐代文化史》中《唐三教讲论考》一文）

（原载《社会科学家》1994年第5期）

唐代文献典籍构成类析

　　书籍作为体现文化成果的载体,反映着文化的内容和人类思想、行动的痕迹,是文化创造者与接受者转化联系的中介,构成一类认识客体。从书籍的产生和流传情况,可以映现时代文化的内涵。其各部类的构成特点同样能够印证学术文化发展的总体状况。本文即从唐代文化典籍的构成上来对学术发展做进一步的说明。

　　我国现存文献典籍,总数在 8 万种以上,其中地方志约万种,医学文献约1.5 万种,农学文献约 2000 种①。数学书籍千余种②,天文类 500 余种,艺术类有 1500 余种③;吕澂《新编汉文大藏经目录》各部共收 2086 种,中华书局新刊、任继愈主持整理的《中华大藏经(汉文部分)》所收总数有 4200 余种,明《正统道藏》及万历《续道藏》合计收有 1476 种;从四部构成上,据吴枫先生统计:经部达 3900 余种,史部 5000 余种,子部 6000 种左右,集部约 8000 种④。以上这些是中国文献典籍的大体分布数字。

　　唐代是典籍积聚繁盛时期。唐初编《隋书·经籍志》共分 47 类,14466种,89666 卷。唐时存在的典籍,旧志著录为 45 类,3060 部,51852 卷,新志著录为 44 类,2438 家,3277 部,52094 卷,又唐人著述旧志不录者 1390 家,27127卷,另佛道藏共 2500 部,9500 卷(《旧唐书·经籍志序》)。其中的唐人著述,据唐释圆照《贞元新定释教目录》载武德元年至贞元十六年(618—800 年)共

---

① 吴枫《中国古典文献学》第 16—20 页,齐鲁书社 1982 年版。
② 据麦群忠、魏以成《中国古代科技要籍简介》(山西人民出版社 1984 年版)统计。
③ 据丁福保《四部总录天文编》、《四部总录艺术编》,显然缺漏。
④ 吴枫《中国古典文献学》第 100—120 页。

译佛经(包括史传等著述)435 部,2476 卷,加上遗漏的注疏、论著、纂集、史地编著、目录等及贞元后著述,唐人佛学著述不下 500 种。隋代道书总目共 377部,1216 卷①,唐开元中编《三洞琼纲》收 3744 卷(或曰 5700 卷)②,代宗大历中又及七千卷③。新志著录唐道学书目 173 种,另加长安太清宫、亳州太清宫、天台山、江州冲阳观等处所藏,去其重复,可得唐人道书近 250 种左右。新志著录唐人著作可考者约计 2284 种④,加上《册府元龟》、《玉海》、《宋史·艺文志》等书补遗,可推知唐人著述约 2500 种左右。

　　唐人著述中两大宗,一是佛道书约 750 种,约占总数 30%。一是诗文集,《全唐诗》录诗共 48900 多首,加上补遗约 50000 首以上,《全唐文》收文 18488篇,合约 20000 篇。两唐志录唐人别集约 630 种,明胡震亨《唐音癸签》载唐人诗集 545 种。总约别集 700 种,约占总数 28%,两大类合计约占唐人著述的 58%,由此可见唐代诗文之盛和佛道的社会影响。以下各类据表加以说明⑤:

　　1. 本表主要参据《旧唐书·经籍志》、《新唐书·艺文志》。旧志多据《群书四部录》和《古今书录》,以录开元以前文献为主;新志据以增补,新志所录唐人著述多于旧志者,多为开元以后书,两者参照,可以比较唐前后期著述之不同。

　　2. 经部书籍中,唐代较前代增益较多的是易、礼、春秋、小学、乐诸类,较少者为尚书、诗、论语诸类,经纬(谶纬)类无增。唐承南朝文风,也重易、三礼之学⑥,并对世事变易多加留意,春秋学亦盛,而以通论三传的为多。唐时音乐舞蹈兴盛,记教坊、乐府、琴谱之书亦众。隋炀帝烧书,阴阳谶纬类烧毁殆尽,唐求务实,不断禁迷信,谶纬之书绝少。检讨律度声韵之书随诗赋之兴也多起来。唐初《五经正义》的撰定,经学完成总结工作,研究注释经学的著作渐少。唐人著作中经学类最少,占总数(2284 种)的 9.45%,远不及其他三部。

---

①　见陈国符《道藏源流考》上册第 112 页,中华书局 1985 年版。
②　见陈国符《道藏源流考》上册第 114 页。
③　见陈国符《道藏源流考》上册第 125 页。
④　见附表:两唐志著录唐人著述总目表。
⑤　见附表:两唐志著录唐人著述总目表。
⑥　参赵翼《廿二史札记》卷 20"唐初三礼汉书文选之学"条。

3. 史部书中,正史、杂史、仪注、刑法、谱牒、地理类增益较多。唐代的"汉书学"很盛,两唐志收汉书著作 31 种,唐代的占 17 种,而以颜师古注《汉书》影响最巨。唐代史学出现官撰,而私人著述中关于当代史的也很多。唐学者在预修起居注、实录等书时,可以居家或在任所撰修,因而多利用丰富的资料私撰当朝史,表明经世致用倾向。其中当代史在正史杂史类中有 22 种,《大唐新语》等笔记 49 种,事迹类 49 种,此外有关当朝典制、礼俗与传记传奇等反映一般市民生活的著述更多。唐代政治制度有所变革,制度体史书相继出现,开始打破以人物为中心的史书体裁,反映这些时代内容的御史台记、登科记、集贤注记、翰林志以及律令格式格后敕等类书纷呈涌现。开元以后随着统治阶级对社会控制的加强,反映传统伦常思想的列女孝友等方面的书多起来,诸如王琳妻韦氏《女训》(《新唐书·列女传》),宋若莘《女论语》(《旧唐书·后妃下》)等。地理事关国计民生和边防需要,统治者多所瞩目。太宗子魏王泰置文学馆,集学者撰《括地志》开其端(《新唐书·太宗诸子传》),李吉甫《元和郡县图志》集其大成,后期地理学著述多达 55 种之多。唐以西北军功起家,尤重自己的政治地位的稳固,反复修撰谱牒,以抬高皇族的地位。其中官谱有 14 种,家谱 43 种,此皆为南北朝门阀制度的遗风余绪。唐代中外文化交流频繁、中外交通发达,记述周边各少数民族及相邻各国历史、风俗、物产的行记也较多,如裴矩《西域图记》三卷(《旧唐书·裴矩传》)、范传正《西陲要略》三卷(《旧唐书·良吏下》)、韦弘机《西征记》(《新唐书·韦弘机传》)以及辩机《西域记》十二卷、玄奘《大唐西域记》十二卷(《新唐书·艺文志》子部道家类)、顾愔《新罗国记》、吕述《黠戛斯朝贡图传》(《新唐书·艺文志》史部地理类)等。

4. 子部书中,释道、小说家、医术、历算、杂艺术、儒家等类较多。释道毋庸多述,儒家著作难与匹敌。前期增 16 种,后期增 40 多种,表明后期儒学上升趋势。而法家、名家、墨家、纵横家等少有著述。唐后期文学发展的一大现象便是传奇小说的大量出现。前期少有著述,开元后激增至 83 种以上,反映市井文学的发达。天文历算素为历代统治者所重视,各种星占、星宿图、象历书甚多,从先秦至清历代历法总目约 102 种,唐有 16 种,约占 15.6%。唐代数学书很少,有隋末唐初人王孝通《缉古算经》,他如龙受益《算法》、江本《一位算法》、陈从运《得一算经》等皆亡佚(《新唐书·艺文志》子部历算类)。仅成书于 770 年左右的韩延一部算书,因冠以《夏侯阳算经》而幸存,大都是以解决实际工程技术问题的代数学①,表明传统致用理性所造成的学科的畸轻畸重。与传奇小说异质同构的反映市井生活的占卜相面宅墓以及记载赌博、弈棋、风俗百图、书画等方面增加较多。医学本草等书较其他自然科学书籍增加较显著,新志著录此类共 120 种,唐人新增即达 82 种,占 68%。

5. 集部书中,多收录唐人诗文总集与别集。诗集据胡震亨收载有 545 种,唐人自编的唱和集合选集等有 27 种之多(《唐音癸签》卷 31,集录)。文集当不下 200 种,评述诗风诗品诗格的有 18 种。仅诗文集类所增唐人著述即占总数(约 2284 种,其中佛道不全)的 55% 左右,可见唐代诗文之盛与文学的极致发展。

由以上各部类、各学科著述分布可见唐代学术发展的倾向和总体知识构成特点。

唐代学术发展中一个值得注意的现象是反映唐人学术水平的大量综合性著述的出现。今举要如下:

突出反映这一问题的是《五经正义》的撰定。太宗令孔颖达等 26 人参与撰定复审和刊正(据两唐志)。注疏多本南北朝儒生义疏,如《尚书正义》、《毛诗正义》本于刘焯、刘炫;《春秋正义》本于刘炫;《礼记正义》本于皇侃;只《周易正义》不言所本②。实本于郑玄。将东汉以来诸儒异说,统于一家作为标准本。与此相辅的是颜师古考定五经文字,陆德明《经典释文》则详列各经本异同,保留汉魏六朝诸经音训,上述著作真正完成了六朝经学的总结性工作,为向宋学传统的过渡做了充分的准备。

唐代开始有大量类书的出现,从《艺文类聚》、《北堂书钞》到《初学记》、《白孔六帖》、《文馆词林》、《芳林要览》近 50 种之多。类书采择各种书籍中的有关资料,所收上自天文,下至地理,旁及社会生活、科学技术、文化生活,举凡人间学问,世上知识,以类相从,无所不收,是具有百科全书性质的古典文献,是知识密集型书籍③。类书的大量出现,表明知识和信息量的增大,分门别类加以整理排比、供人阅读成为社会的需要,这是学术文化发展的结果。

① 杜石燃等《中国科学技术史稿》上册第 325 页,科学出版社 1985 年版。
② 范文澜《中国通史》第四册第 243—244 页,人民出版社 1978 年版。
③ 吴枫《中国古典文献学》第 125—127 页。

唐初承袭南朝文风,诏告文书等皆用骈文,加上科举取士,士子无不致力于文学,因此供士人省时减力作诗文取材之用的类书大量出现。有些文人幼年学文,即得力于类书,唐初"文选学"的兴盛也为其佐证。类书以小的篇幅容纳大量的知识,具有小百科全书的性质,成为各阶层人士的案头清供。同时也表明了唐人学问中重综合的特点。他如批判史学的名著《史通》对前代史书源流体例、编撰方法、史官的建置沿革以及史家才能的认识;《政典》、《通典》、《会要》等典制体史书的创例;《元和郡县图志》对正史地理志的拓展;十部算经对传统数学的整理注释;《千金要方》、《外台秘要》、《唐新本草》等对古今方论药物的大范围收罗(三书分别收方论 5300 首、6000 余首和药物 850种)①;以及《法苑珠林》、《三洞珠囊》等释道类书等,都充分表明了唐人重综合类比的思维特点,和对前代学问的分门别类的总结归纳。日本天长八年(832 年)成书的《秘府略》一千卷,是中国传入日本的书籍的总集,便深受唐代类书编撰方法的影响②。

唐人治学重视博通的倾向同样为一侧证。唐人治学多以博闻多识为高,以遍览群书为胜,并由此受人尊敬。诸如柳璨以其博奥,人称"柳箧子"(《旧唐书》本传),王彦威通悉典故,宿儒硕学皆让之(《旧唐书》本传);他如遍览群书的沈传师、杨瑒、徐坚、张鷟等(分别见《旧唐书》各本传),徐文远释经,遍举先儒异论,分明是非,乃出新意以折衷(《新唐书·儒学上》)。王元感注经稍存己意,祝钦明、郭山恽、李宪等便斥其掎摭偏重,而独守先儒章句(《新唐书·儒学下》)。此与宋儒发挥义理有所不同。而且唐学者多各门学问兼通,像阎立本父亲阎毗,不但精于工艺制造,而且"善丹青,号为臻绝",立本深受其影响③。天宝中广文馆博士郑虔,善绘山水和虫鱼,对天文、地理、军事、医药和音律都很精通;吕才留心阅读阴阳、方伎、舆地、历史等方面书籍。尤长于乐律研究④。在唐人的著述上,也反映出这一特点。像王方庆生平著述 27种之多,既有《礼记正义》、《孝悌录》、《续世说新书》,又有《园庭草木疏》、《八体书范》等;刘禹锡既有哲学著作和诗文集,又有医书《传信方》;吕才活到 65

---

①　麦群忠、魏以成《中国古代科技要籍简介》第 144—173 页。

②　范文澜《中国通史》第四册第 435 页。

③　冯立《隋唐画家轶事》第 23 页,陕西人民美术出版社 1984 年版。

④　张舜徽主编《中国古代学者百人传》第 200—203 页,中国青年出版社 1986 年版。

岁(600—665 年),著书 17 种,如果从 25 岁算起,则平均两年多时间就有一本书问世,不仅著有《隋纪》、《阴阳书》、《姓氏谱》,也有《青鸟子》、《葬书》、《玄珠录要》等,可见其博通。这些都表明唐人总体知识构成中这种重综合轻分析、重类比轻演绎的特点,在治学中的博与约的关系上,博通有余而约简不足,学术研究中的分化不够。而且往往习文的理科方面的著述少,而从理的却有大量诗文传世,表明重文的治学倾向。

疑古风气和创新精神的出现,同样证明了唐代学术的发展和唐人智力水平。两宋的疑古风气渊源有自,唐已初露端倪。《五经正义》中对于孔子删诗、《尚书》的《尧典》、《舜典》、《周礼》、《两戴记》、《榖梁传》之不可信等,皆有大胆议论,敢于疑经;《史通》的《疑古》、《惑经》、《申左》诸篇,直怀疑到尧、舜、禹、汤、文武、周公、《论语》、《春秋》,对于三传并言其非,认为《孝经》郑注、《老子》河上公注、子夏《易传》、李陵《答苏武书》等都是伪造的①;对宋代影响最大的啖助、赵匡,不信三传,舍传求经,独自抒己之意,得到韩愈、柳宗元的赞同,这种创始精神,实开宋学风气之先②。这种创新还表现在医学中妇科和饮食疗法的开创,史学中的理论批评专著《史通》和典制体史书的创例,自然科学中僧一行等子午线的测定和浑天仪的制造,以及哲学上韩愈等儒学新命题的提出和刘禹锡、柳宗元对天人关系的新论证等等许多方面。

如果再进一步具体分析唐代著作中的内容结构,仍可见传统文化特征在其中的表现。

《文苑英华》分 38 类,收录 2200 多位作者的作品近 2 万篇,其中的 90%为唐人作品。在类目排序上,是天、地、人事,人事中首为帝王及有关的应制、朝会、祭祀、行事、文治、武功等,然后是各种技艺、器用、服制,最后为花鸟虫鱼等。该书收诗 10063 首,其中天地自然方面为 1010 首,与帝王行为有关的歌吟为 1322 首,省试 459 首,有关宗教 1066 首,而有关人事交往寄赠酬和送行留别悲悼等情感交流方面为 4045 首,占 40%左右,表明传统重人事重人际交流的文化特征。再如《教坊记》所录唐代曲名,概分三类:其中自然方面 53 首,人事方面 233 首,动植物 40 首,同样说明这一问题。

类书内容结构和类目比重最能说明传统文化重人事的伦理倾向。可举

①　顾颉刚主编《古籍考辨丛刊》中张西堂辑点《唐人辨伪集语》序,中华书局 1955 年版。
②　范文澜《中国通史》第四册第 246—247 页。

贞观十年成书的《艺文类聚》为例。该书分46部,727子目,约百万字。类目结构中透露出伦理中心主义原则,表现封建传统文化特有内容的符命、帝王、后妃、圣贤、忠孝、郊丘、宗庙、社稷、封禅等皆列为专题,且占重要地位。排序上体现封建伦常和实用的特点,没有逻辑层次,更多的只是主题并列(尽可能辑录一切与主题有关的内容,拼凑成"语汇大全")和同态反复(对纲常礼教的重复论证和对天地万物附着于人事的聚焦映现),不是先下定义然后外延划分,更不注意客观物质世界方面的内容。西方百科全书的顺序为天文学、几何学、算学、物理、植物、动物、解剖、生理、心理,而后法、政府、国家管理、历史、美学、音乐等,有一个逻辑的和历史的一致,从中可看出认识客观世界的轨迹。再从具体内容上看,自天地岁时始,表明敬天崇德的农业社会思想和对天人关系的重视,然后是帝王、后妃、储宫诸部,由政治地位来决定知识分层中的先后顺序。依次为人部,举凡人情体态等占21卷(全书百卷,为五分之一强),然后是与调节人际关系有关的礼乐、职官、刑法诸部,再下是与人事密切相联的衣冠器物技艺等实用工艺。灾异祥瑞也占有相当的比重。而与科学、生产生活有关,稍具科学内容的部分则仅于产业、方术部中有些许反映,自然物类等皆附着于人(如草木、虫禽、舟车、器物、居处等部),为人服务,致用倾向十分明显。自然与人事不分,很少有科学内容。类书是官修各种书中最能代表传统学术文化特征的一种。

重综合类比,对事物的模糊笼统认识,不求形似,但求近似,一切以善为准,以尽善为终极评判,唐代人的这种思维特点颇能代表传统中国人的一般特征。这种直观的把握和致用倾向,价值论的提高,带来学术文化中对人文的看重和对自然物理的轻视。从深层的文化意义看,这种学术文化特征又反转铸造了传统中国人的思维模式。

两唐志著录唐人著述总目表

部类	旧　志		新　志			
	著录总数	可考唐人著作	著录总数	旧志不著录	可考唐人著作	新志增旧志数
易	78	23	88	11	38	14
尚书	29	3	33	4	10	7
诗	30	3	31	33	8	5
礼	104	13	96	16	29	18
乐	29	7	38	20	27	20
春秋	102	9	100	22	38	27
孝经	27	7	36	6	13	6
论语	36	4	37	2	6	2
经纬	9		9			
经解	27	4	26	10	14	10
小学	105	6	103	23	33	27
经总	575	79	440	117	216	146
正史	81	25	90	23	58	23
编年	55		48	19	20	
伪史	20	1	17		1	
杂史	102	3	107	68	78	75
起居注	41	8	38	3	12	4
实录			28		19	
诏令			11	11	12	
故事			43	16	19	
职官	21		26	29	35	
杂传	194	11	151	51	85	74
仪注	84	5	100	49	64	59
刑法	51	25	61	12	48	23
目录	18	5	22	12	20	15
谱牒	55	9	39	22	57	48

续表

部类	旧志		新志			
	著录总数	可考唐人著作	著录总数	旧志不著录	可考唐人著作	新志增旧志数
地理	93	10	106	53	65	55
史总	840	102	857	358	593	386
儒家	28	16	92	39	56	40
道家	125	31	174		101	70
释			40	774	142	
法家	15		15	3	4	
名家	15		12	3	1	
墨家	3		3		1	
纵横家	4		4		1	
杂家	71	9	75	34	43	35
农家	20	1	26	11	12	11
小说家	13		41	78	83	
天文	26	5	30	6	16	11
历算	58	29	75	19	51	22
兵书	45	4	60	25	33	29
五行	113	4	160	25	42	38
杂艺术	18	2	20	16	58	56
类事	22	13	24	31	47	34
明堂经脉	26	2	35	2	7	5
医术	110	10	120	55	82	72
子总	753	126	967	507	779	423
楚辞	7		7			
总集	892	112	99	78	124	
别集		144	750	406	572	428
集总	899	256	856	484	696	428
总	3060	563	3277	1390	2284*	1383

（原载《文献》1995 年第 1 期）

论盛唐文化的发展与变异

所谓盛唐文化,是以玄宗朝为主,上溯高武、下及德宪朝,空间分布涵盖开元十五道,以西安、洛阳为中心向外呈辐射状的文化。玄宗开元天宝年间(713—756年),为历代史家所称颂的"盛世",这不仅表现在经济发展超过前期,政治上实行较开明的统治,而且在文化的各个层面上也都表现出诸多高峰。既有中外文化融合、物态变迁的时代特征,又有继承古老的传统以通变求新意的民族特质。以诗歌为表征,李白杜甫所代表的恢宏激昂的盛唐之音、高适岑参壮志酬国的边塞诗和王维等融于自然的田园山水诗,奏起了时代的最强音。史地的发达、艺术形式的多样化、代表民间文化的传奇变文俗讲百戏,以及具有起承转合功能的科学技术的发展,都是不可或缺的音符。唐代是佛教文化渐趋融入并中国化的重要年代,也是唐人对古今中外各种学问大加总结提炼的时期,大量综合性著述的出现反映了唐人总体智力水平。另方面,玄宗朝长达四十余年的统治,并非一帆风顺,天宝十四载(755年)的"安史之乱",像一块界标,标志着时代内容的分野和转折,这种转折所带来的变异特征,由于加速度的发展,越到后代越为明显。然而,在与这一事件切近或同时,在文化的发展中已有了这种变化的端倪。本文试图对盛唐文化现象的诸多变异特征进行探讨,进而算是对笼统谈论盛唐文化而忽略其时代差异的研究现象的一种反拨。

一

隋唐关中门阀为首的政治势力统一中国,重演了各政治力量消长变化过

程。重婚姻门第的山东旧族渐被重官阶爵禄的关中军功贵族所取代,随之而
来的,是选官制度的变化。科举取士,扩大了一般地主阶级知识分子的仕途
之路,在现实的秩序中突破了门阀士族的权力垄断,强化了广大知识分子入
仕参政的愿望。他们带着不懈的热情去建功立业,去实现自己的人生理想。
文学作为反映现实最敏感最直接的情感表达方式,诗歌更是先声夺人。总观
盛唐诗歌,是对现实人生的乐观感受和充满青春昂扬热力的执着。带着这种
情感去观照自然,同时便是一种移情于自然,歌颂自然的强烈情绪体验,它少
有一种沉重的现实内容,更多是一种抒发内心欢快、充满健康生活情趣的审
美感受,这是盛唐诗歌的主要艺术特色和美学风格①。这是将内在本质力量
与优美的自然景象,自由地转化为美的艺术形式,来表现刚健的时代精神。
这是先秦以来天人合一、人与自然相融的传统文化精神的体现。这是《诗经》
以来比兴手法的圆熟运用,是南朝诗歌韵律形式的极致发展,是极盛的时代
精神所显现的生命力的外化和对象化,是民族强盛时社会心理的最佳表达
方式。

　　与这盛唐之音同一气象,反映同一时代风貌的便是草书、音乐、舞蹈的盛
行。书法作为"达其情性,形其哀乐"的艺术手段,借助草书特别是狂草的盛
行,而达到了与诗歌并行、与自然同美的艺术境地。张旭、贺知章、怀素等人
的草书,流走飞逸,迅疾骇人,将人生的喜怒哀乐痛快淋漓地倾注于笔墨之
间,成为当时书法的时代风貌②。唐代的民族大融合和中外文化交流,都达到
了空前的规模,长安已成为国际的大都会③。不同区域的音乐、舞蹈、绘画、雕
塑、服饰等纷纷涌来,在长安这个中心舞台上表演展现。"人民具有不至于为
异族奴隶的自信心,或者竟毫未想到,凡取用外来事物的时候,就如将彼俘来
一样,自由驱使,绝不介怀"④。在这样一种时代氛围中,唐人广泛吸收了古今
中外文化精华,予以再现和创造。玄宗朝,由于前代的积累和玄宗本人的好
尚,音乐、舞蹈格外发达。广泛吸收各族乐曲和乐器,并设左右教坊和梨园,
掌乐舞之事。当时乐师(音声人)有 10027 人,散乐艺人也有千余人⑤。我们

① 参见李泽厚《美的历程·盛唐之音》,中国社会科学出版社 1984 年版。
② 参见李泽厚《美的历程·盛唐之音》。
③ 向达《唐代长安与西域文明》,三联书店 1981 年版。
④ 《鲁迅全集》第 1 卷第 301 页,人民文学出版社 1981 年版。
⑤ 《中国音乐史纲要》第 70 页,上海文艺出版社 1982 年版。

从《七德舞》、《九功舞》、《上元舞》三大舞所表现的内容的变化,可以看出唐代由创业到巩固政权和安定后的享乐、歌舞升平的变化。多样化的舞姿和群舞的盛行表达出欢快喜悦的心境,而少有伤感哀怨失落悲愤的愁绪。

至于盛唐的绘画艺术,"亦一变陈、隋、初唐细润之风尚,以成雄浑正大之盛唐风格,而见空前之伟观"①。玄宗本人擅以墨色画竹,也为一时之胜。盛唐绘画特点有二:一是佛教绘画,脱去外来影响,渐具民族风格,以"吴带当风"为其代表,偏重写实,向风俗画发展;二是山水画法渐独立,且分南北两派,分别以王维和李思训父子为代表,王维的南派融解禅意渐发展为后代的文人画。值得注意的是,唐人诗画中关于马的题材甚众,如曹霸、韩幹、陈闳、韦偃等皆是画马能手,诗人杜甫更与几位画家过从甚密,画家们每有新作必请他鉴赏题诗,留下了多首咏马之作。这主要是由于唐代开拓边土对外战争的需要,十分重视马匹的畜养,开元初年的御厩养马二十四万匹,开元十三年增至四十三万匹。正是这种开拓疆土、边塞立功的现实需要,才有诗画题材大量地反映这一时代内容的现象。

在盛唐时期各种艺术形式由于时代的需要,每一种都得到了极致的发展,且大都表现着反映着大致相同的时代内容:这就是讴歌自然、状写人生、感叹人世间的欢乐、伤感和憧憬,借各种艺术形式表达内心的情感和现实体验,构成一幅浑厚雄壮的艺术画面和充满壮美的艺术意境。

由于经济繁荣和国力强盛,也由于科举制盛行而带来的广大知识分子的仕进愿望十分强烈的社会氛围,唐人的心理状态、精神风貌和价值观念都发生了深刻的变化。在与客观外界接触时,产生了一种主体本身的需要和对客体价值的一种新的积极的肯定判断,这表现在盛唐人大都把帝国的命运同自身的前途作为一个同构体来看待,普遍地眷恋世俗生活。《太平广记》中有关李林甫不愿放弃富贵享受去学仙道②、秀才李俊二十余年未曾及第仍不肯放弃仕禄追求③的例子便是明证。"仕"、"婚",成为唐代知识分子的两种主要的人生追求。《太平广记》及唐人各种笔记小说,为我们展示了唐代文人和一般百姓世俗生活的各种场面和多幕剧。诸如嗜酒豪饮、挟妓歌吟、郊游远行、

---

① 潘天寿《中国绘画史》第三编第一章《唐代之绘画》,上海人民美术出版社1983年版。
② 《太平广记》卷19。
③ 《太平广记》卷341。

击鞠下棋、占卜相面、品茗赏花、斗鸡走马、杂耍百戏等,不胜枚举。与这种对现实生活的依恋相关联的是唐人重信用和忠义的行为准则,少有魏晋时那种人生无常、世事多变的感喟,这是由于对现实的满足而引发出的对人事交往的重视和肯定。这与强盛时汉朝人的一般心理颇相契合。唐人也总爱自比于汉人①,以汉代的贤主名臣来比附当朝或者对比切近的人生经验和行为方式。这里有深刻的社会背景。唐代是关陇贵族建立的政权,自西而东、自北而南建立一统王朝。南方自东晋始就一直被看做同时自认为是华夏汉文化的正统。唐统一全国后,急需标榜正统,因此,一方面推出老子为远祖,同时文化上承继南方,唐初一切制诰文体皆用四六文,使人们承认自己是汉文化的正统继承人。这是一种深层的归属心理,同时亦是民族自尊的表现。古文运动反对宗教迷信,去豪华见真淳,汲引西汉乃至先秦文辞,变革儒学,以道统与佛学抗争;由四六文而古文,更由形式到内容,正反映唐人对民族自尊认识的深化。这种变化客体以认同自我的心态正是唐人逐渐确定了的价值观念。

前期唐人的婚嫁观念也有变化,不似南北朝重门第,离婚再嫁之事屡有发生②。尤其在公主的婚姻上反映最为明显。唐嫡亲公主211人,代宗以前99人,其中三嫁者4人,再嫁者23人,占四分之一强。民间改嫁离婚之事笔不胜书,而且由女方提出离异的也不在少数。说明唐皇室作为西北胡化较深的贵族,统一中原后一时又未尽汉化。他们抑制山东士族,对婚姻礼法观念也产生影响。同时各族间融合频繁,也难有统一严格的规定,因而造成前期在婚姻关系上较为开放,少有约束。

二

长达八年的"安史之乱",破坏了生产力与社会生活,同时唐代社会政治经济的一系列变化,也影响到文化的发展。"安史之乱"像一个清洗剂,使许多变化变得清晰了,表现出与前期不同的文化内容。

---

① 《旧唐书》高宗纪、杨恭仁传、李纲传、李大亮传等。

② 参阅牛志平《从离婚与再嫁看唐代妇女的贞节观》(《陕西师范大学学报》1985 年第 4 期)和《唐代婚姻的开放风气》(《历史研究》1987 年第 4 期)。

　　如果说,唐前期文学艺术所表现的时代精神风貌是对空前高涨的社会繁荣的乐观展望,那么经此大动乱,则发展为相对深刻的揭露抨击现实的内容。它打破了诗人们乐观的期望与理想,而变为对现实、人生的重新审视。中晚唐经历了由中兴热望到有感于社会矛盾的激化和政权没落的哀戚。带着伤感的审美情趣,使诗歌的直接性和哲理性向纵深发展了,到宋代诗歌更以深邃、富有哲理见长。中唐的大历十才子,已不像盛唐人着重总体感受的抒发,而偏重细腻的心态描写;山水诗也不多以雄伟奇险取胜,而以境界淡远深冷见长,偏重于工整精炼的艺术技巧和形式。反映社会现实最为深刻的当为“诗史”杜甫,其诗歌艺术形式规范有加,对诗律要求更严。一种规范和秩序的强调,颜字、杜诗、韩文成为这一时代要求在文学艺术上的代表。韩愈、白居易、元稹、李商隐、杜牧、皮日休、陆龟蒙等皆崇杜抑李,元稹评李杜优劣,即认为杜甫博采古今、涵孕各体,无人能超;而对李白则极尽贬斥,“自后属文者,以稹论为是”①。这可代表中唐以后一般文人的审美观。如果说唐前期诗缘情论占上风,此时则言志论重新抬头,注重诗的社会功能,而忽略对审美规律、审美特征的探求,到宋代更发展了美善相兼的功能诗评,传统的儒家诗教重新取得了文学理论中的统治地位。

　　中唐绘画,以笔墨神趣为主的南宗山水画有所发展,出现了韦偃、王宰、张璪、王洽等画家。题材由盛唐的宗教百图,发展到仕女牛马,山水花鸟渐趋成熟。世俗人物画也突破了单纯对封建伦常的宣传,出现反映仕女一般日常活动的张萱、周昉的画。再如韩滉,《宣和画谱》所录 36 件作品,大多是描写农村生产生活情况的,这比盛唐的总体直观感受进了一层。“安史之乱”后,宫廷乐工流放各地,大型乐舞的规模很难恢复,只在宫廷中还存有一些规模很小的单人、双人舞,盛极一时的音乐舞蹈随着帝国的衰败已不复振作。

　　平定“安史之乱”后,肃宗、代宗朝渐次加强了对社会关系的调整和社会文化的控制。儒家思想作为一种有利的统治思想重新被肯定。咸通中进士皮日休上书请立孟子,表明了这一趋势,出现了经学更新运动。由唐前期对孔子和经典的怀疑(如刘知幾等)到后期重新确定孔孟在思想文化上的统治地位,这种变化是以社会动荡后统治者要求调整生产和社会关系,加强控制

---

① 《旧唐书·文苑下》。

的社会内容为背景的。与官方思想控制相反而作为互补,是中经动乱后,士大夫们都在寻求填补心灵空白的填充剂,退守独善其身的人生哲学,兼济的热情和仕进的愿望让位于对宗教神灵的信仰。同时佛学本身的发展也走过了与儒学殊途同归的历程,完成了中国化的演进过程。前期的天台宗、三论宗、唯识宗等由于过分拘泥于印度宗教的形式,在中唐便相继消殒,而继起的华严宗特别是禅宗,由于变异为中国式的宗教因而得以有长足的发展,宋明理学正是以传统儒学为主体吸收禅宗精神和道家思想,成为封建后期思想的主流。

后期政权中山东士族等官员成分增加,同时大批新的官僚出现,要求一种新的秩序来保障其地位的稳固,礼法观念重新反映到整个社会。帝王开始提倡守节操,宣宗规定:“夫妇教化之端,其公主有子而寡,不得再嫁。”①公主如此,社会自不待言。宋明理学家们更重贞节,反对再嫁。可以说唐后期是宋明理学重振纲常伦理的前奏,忠孝节义为后期士子们遵从的主要行为规范和价值原则。

这些深刻的社会变化,也反映到人的最高关系即法律关系上,统治阶级恃其居于统治地位,以强制性手段对危害其利益者予以惩罚。后期法制具有过渡性质。唐政府放弃了对整个帝国实行统一法律的原则,也不再有一部像初唐实行的具有绝对权威的行政法②。据刘俊文先生研究,唐朝前期十六次立法活动,除一次外,其余十五次皆以修律、令、格、式为主要内容,频繁调整,以适应统治需要;而后期七次重大立法活动,主要是编纂格后敕和刑律统类等有较大的灵活性的法律形式,以应付动荡变化的局势。同时,后期法律也日趋保守,对祖宗之法难议刊改③。从法律条文制敕内容上的诸多变化和增改上,可以照察后期藩镇割据、宦官专权、法出多门、政局混乱等时代内容。

三

盛唐时期是历史上对古今中外各种学问知识信仰进行融汇、总结、归纳、

---

① 《新唐书·诸帝公主传》。
② (英)丹尼斯·特威切特《剑桥中国史》第三卷导论。
③ 刘俊文《论唐后期法律的变化》,《北京大学学报》1986 年第 2 期。

整理、输出输入最繁盛的时期。因而从文化意义上说,更多地具有转变时期的特点。在 7 世纪到 10 世纪的世界历史上,构成了人类文化的主体之一。

1. 盛唐文化的发展,同封建政治经济在唐中叶的变化同频共振,走完了由封建前期向后期的过渡历程。唐前期政治开明,经济繁荣,文化上较为开放,广泛吸收中外优秀文化成果,更多承继南北朝以来玄学思潮,佛教影响愈演愈烈,广大民众的价值选择较为自主,从而创造了封建时代丰富多彩的高峰文化。后期经时代动荡和统治阶级对经济和社会关系的调整,一种对秩序的要求,传统儒学生命力再度显现,逐步上升为压倒其他的思想力量、占统治地位的价值取向,并向宋明理学过渡,补充了儒家哲学的传统命题和范畴,与后期中国封建专制集权制度的高度发展并驾齐驱,构成双驾马车,加强了封建的统治。

2. 盛唐时期是南北文化的融汇时期,并且完成了南北文化的合流。先秦时百家争鸣,老庄及屈原等代表的南方楚文化,主要与北方以孔子孟子为代表的齐鲁文化形成对峙局面。秦汉时国家的统一,南北文化也加快合流步伐,汉文化更多地表现出南方楚文化的特征①。东汉特别是魏晋,北方文化有所发展,曹魏时的文学为其代表。西晋末年战乱,文人纷纷南迁,北方多被落后少数民族统治,南方文化发展迅速,并从总体上超过北方。以致当时无论南北都认为南方文化为华夏正统。隋炀帝由北方统一南方,仍大量推崇南方文学。唐初一切公私文书,皆用四六文。后来古文运动渐起,北方文风取得优势。同时唐前期宰相十分之九以上皆为北人②,此亦对文化上的消长变化起干预作用。《五经正义》的编纂,正表明经学上的南北统一,且多用南朝人义疏。外来佛教文化的冲击,也加速了本土地方文化的合流过程。

3. 盛唐时期也是传统文化发展中文化创造传播者身份地位发生变化,分层文化明显化的时期。官方的文化垄断不断被打破,民间文化有了大发展(特别是后期)。汉代的经术取士,使文化创造传播更多地为累世家学和博士所掌握,魏晋时的高门世族同时也是文化的正统继承者和垄断人,文人学者的社会地位只决定于他们的门第和官爵,而不在于学问本身。因此他们对于后来研究者观察时的影响是:时代的差异多于个性的差异。反映的是大致相

---

① 《秦汉文化史》,陕西人民教育出版社 1986 年版。
② 陈正祥《中国文化地理》第 22 页,三联书店 1983 年版。

同的社会阶层和地位的人们的思想、观念和行为方式,因而反映文化层面必然较少。唐以科举取士,使寒素文人知识分子皆可凭其文才学问近似平等地取得政治社会地位,从而改变了政权结构。大量代表知识分子阶层的文化出现,学派的产生、人才群体的涌现便是明证。同时市民文化有所发展,这种与官方文化不尽相同的文化,反映着文化中间的不同层次内容,颇具个性明显的特征,使文学艺术流派纷呈,颇为繁茂。

4. 盛唐时期又是传统学术文化不均衡发展的极致表现时期和科学文化的转折过渡期。中国传统的重人文、重文学艺术、轻科学的文化特征,唐代有充分表现。文学、艺术、史学高度发达,自然科学相对落后。李约瑟认为:唐代是人文主义的,宋代则较偏重于科学技术方面。到宋代,"深奥的散文代替了抒情诗,哲学的探讨和科学的描述代替了宗教信仰,在技术上,宋代把唐代设想的许多东西都变成了现实"①。以数学为例,唐代数学著作仅三四种,宋代多达五十多种,唐以前几何学为中心内容向宋元代数学的过渡,唐代是一个转折。唐代人文学科的片面深化,缺乏哲学和科学技术的相应成比例发展,因此从文化总体发展水平看,盛唐文化似不如宋代。前辈学者陈寅恪、邓广铭先生论之颇详。

5. 盛唐文化作为创造主体除了对前代的传统文化加以继承、诠释、理解,依时代的需要和统治的要求进行创造性的转化,使其具有显明的个性特征外,还对各种外来文化进行融汇、消化,并弘扬以为己用,使之成为中国文化的一部分,这是盛唐文化发展的另一重要特征。唐初是中外交通最频繁、来往最密切的时代。并且每次往来都多少与文化有关。以宗教为例,除佛教外,还有多种宗教传入。贞观九年(635 年)景教僧阿罗本由波斯来到中国,于义宁坊立大秦寺,是为景教传入之始,建中二年(781 年)景净撰立《大秦景教流行中国碑颂并序》。永徽二年(651 年)唐正式与大食通使,伊斯兰教随商人传入,到贞元十四年(798 年)止,大食国遣使至唐达 37 次之多②。祆教,先传入今新疆境内的于阗、焉耆、疏勒、高昌,武德时在长安布政坊西南隅建胡祆祠,贞观时崇化、礼泉、普宁、靖恭诸坊都立祆寺。武后延载元年(694年)波斯人拂多诞持《二宗经》来朝,为摩尼教传入长安第一人,大历三年(768

① 参阅拙文《盛唐学术文化的社会学解释》,《社会科学家》1988 年第 6 期。
② 曹琦、彭耀编著《世界三大宗教在中国》第 114 页,中国社会科学出版社 1986 年版。

年)准许回鹘在长安建摩尼教寺。这几种宗教,皆与佛教一同在"会昌法难"中遭到禁毁。

从唐代的中外文化交流情况看,每个文化主体多是立足于本体的需要,依本体的文化结构有选择地吸收外来文化,具有较强的实用性。与唐处于同时代,尚有几个较大的文明区。周围的附属性小国,从属于这个大的文化系统。它们有着不同的认知、价值、规范和审美系统,使其各具不同的特点。对它们各自的文化内容和相互影响的研究,可以完成对中古世界文明的总体把握和认识,从而能更清楚地认识唐代文化的地位。

南亚的印度文化圈,文化的中心内容是佛教和婆罗门教,所有的专门学术都由神学发展而来。梵文文学有所发展,梵文戏剧有十余种之多。数学与天文学关系密切,代数学有较高发展。著名的天文学家和数学家圣使(亚雅巴达)提出了地球绕地轴自转的主张,并对日月蚀现象有近似科学的解释。当时唐代对印度文化的吸收重在佛教和天文、数学、医学知识等内容。

阿拉伯地区以其优越的地理方位,吸收了中国、印度、希腊的文化遗产,从7世纪到13世纪创造了高度发达的科学文化,在世界科学史上起着继往开来的重要作用,其主要成就表现在天文学、医学、数学、化学、物理学和地理学等方面,为当时世界上科学发展的高峰。此外哲学、文学、史学也有相应的发展,大批阿拉伯商人把乳香、木香等药物、药方带入唐朝。但有唐一代对其发达的科学文化却少有吸收,这不能不说是一件憾事。

中世纪西欧政治上的分裂局面,使基督教以教皇为中心取得了至高无上的地位。世俗学术哲学、科学、文学等都成了神学的附庸。"自然知识只有在它是一种启发的工具,可以证明教会的教义与《圣经》的章节时,才被重视。"①教育纯为教会服务,但所开文法、修辞、逻辑(初等三科)、算术、几何、天文、音乐(高等四科)7门课程,却有利于文化的延续、普及。当世俗学校大量建立后,出现了知识的复兴。与唐的交往很少,基督教的一支景教在唐时传入,但影响很小。

当时唐朝作为与这三大文明区并列的东方文化中心,深深影响着周边各国的政治制度和文化的发展。像当时日本、朝鲜的学校教育,从课程到考试

---

① (英)W·C·丹皮尔《科学史——及其与哲学和宗教的关系》,商务印书馆1975年版。

内容和教材,都与唐代相同。日本当代史学家井上清在《日本历史》的书中颇为中肯地写道:"唐代的文化是与印度、阿拉伯和以此为媒介甚至和西欧的文化都有交流的世界性文化,所以学习唐朝也就间接地学习了世界文化。"中国文化由于其大陆性的特点,自发性独创性较大,因而封闭性也比较明显。古代中国只有唐代受外来文化的冲击最大,与外界接触最多,从某种意义上说也最具有开放性。本世纪20年代,鲁迅先生在构思《杨贵妃》剧本时曾有如下的想法,即觉得"唐代的文化观念,很可以做我们现代的参考。那时我们的祖先们,对于自己的文化抱有极坚强的把握,决不轻易动摇他们的自信力;同时对于别系的文化抱有极恢廓的胸襟与极精严的抉择,决不轻易的崇拜或轻易的唾弃。这正是我们目前急切需要的态度"①。鲁迅先生的这一看法,至今仍有其现实意义。

　　总之,观察盛唐文化的发展轨迹可以看出,唐前期较具开放性,后期则逐渐收敛,经历了由放而收的时间历程。后期更像是唐型文化与宋型文化间的过渡期和波谷,因而真正具有唐代社会时代特征和个性特点的应是前期的盛唐文化。无论从文化层面还是文化部类上看,都带有区别其他朝代的独特内容。

(原载《河北学刊》1995年第4期)

---

① 孙伏园《鲁迅先生二三事·杨贵妃》。

罗香林唐代文化史研究述略

罗香林先生是著名的唐史、民族史、中外交通史及近代思想史专家。在近五十年的学术生涯中,他对家族谱、客家与百越历史文化、唐代中印交通与桂林摩崖佛像,以及孙中山先生的思想与实践进行了广泛而深入的研究,取得了国际公认的学术成就。

罗先生字元一,号乙堂,1906 年 10 月 19 日生于广东兴宁县。早年负笈上海,后转赴北京,先后考入清华大学文学院、研究院和燕京大学研究院。深得梁任公、陈寅恪、朱希祖诸位史学大师的亲传,学业精进。肄业后历任中山大学秘书及广东通志馆纂修,中山大学副教授,中央大学教授,暨南大学教授,广州市立中山图书馆馆长,中央政治学校研究部教授,广东省政府委员兼广东省文理学院院长,香港文化专科学校教授,香港大学专任讲师、中文系主任兼东方学院院长、讲座教授、终身名誉教授,香港珠海大学中国文史研究所所长,国际笔会香港中国笔会会长等职。1978 年 4 月 20 日因患肝癌病逝于香港,享年 74 岁。

远在清华研究院研习期间,罗先生即开始了对唐代文化史的研究。抗战时期,他在川滇黔桂的旅行中所接触到的资料,有助于对中外交通史和宗教史的深入研究。罗先生的学术研究以史学为中心而推演至四个方向,即:一、由民族史研究而并及于族谱研究;二、由唐代史研究而并及于中外交通史研究;三、由文化史研究而并及于宗教史研究;四、由传记研究而并专力于孙中山先生思想与实践的研究。罗先生一生著述 38 种,论文 123 篇(见于登载者),洋洋数百万言。

罗先生与陈寅恪、向达、岑仲勉等几位史学大家,在唐代文化史研究的众多领域中,作为先驱者之一,其足履时时震动并影响着后继者的步频。其学术思想与成就主要体现在《唐代文化史研究》一书中,本书初印于1944年的重庆,1967年收入王云五主编的"人人文库"中,1974年6月台北商务印书馆第四版重印,更名《唐代文化史》。增收《贞观政要述证》、《唐代天可汗制度考》、《旧唐书僧玄奘传讲疏》、《旧唐书僧神秀传疏证》、《唐代三教讲论考》、《唐诗与中日文化交流之关系》、《唐代拔河之戏考》数篇,而删去《唐代桂林摩崖佛像考》和《唐人斗鸡戏考》二文。而且通过分类立目使其更具有系统性和科学性,并初具文化史的规模。

由于罗先生晚年客寓香港,大陆上许多青年学者因时空的遥隔,对他的学识与研究有一种空疏感。本文试图参据上举二书及有关文献资料,对罗先生的唐代文化史研究做一评述,以恢复其应有的学术地位。

一、唐代文化史的通识

《唐代文化史研究》开篇,收入罗先生1943年7月12日发表在《大公报》上的星期论文,题目为《唐代文化的新认识》。他认为唐代文化"实是世界文化的重心,实是世界历史演进的总动脉",提到了较高的地位。但由于受观点和研究方向的限制,过去的研究存在着某些不足:第一,往往只注意事物的迹象,而未注意事物本身的发展和影响,对其功能与演变亦有忽略;第二,往往只注意唐代所有成就的各个局部,而不注意它整个的演进,而为综合的研讨。限于零碎考据,而没有系统的研讨,尤其忽略唐代很有系统的典章制度。缺乏对整个文化体系的研究,使人有"见树不见林"的感觉;第三,只注意唐代外国文化的如何输入中土,而忽略中国文化的对外国输出,对唐代文化的体用与精神所在便也不易昌明。因而需要有新的认识、新的观察,站在现代史学的立场来研究唐代文化。

这种新认识与新观察,使得罗先生对唐代文化有了三方面的体认:1.唐代在国际关系上的和绥精神。唐代在国际关系上有一种特点而为各朝代所没有的,这就是"天可汗"的观念,与据此观念而生的国际上和绥关系的存在。这"天可汗"观念是当时各国心悦诚服表现出来的,不是以武力造成的。从贞观四年到天宝十四年间的一百二十五年里,是"天可汗"和绥维系的阶段,是时,唐代文化大放光明,学术教化远被遐荒。各国都派人到长安留学,长安国子学学生达八千余人,可说是当时国际上最大的学府了。罗先生的这一观点,海外有数位汉学家曾倍加推崇,并为文介绍。鲁迅先生在《坟·看镜有感》等杂文中也曾持有相近的观点。

2.唐代在法律体系上的广被世界。罗先生认为世界五大法系中,属中国法系施行最长久与影响巨大。虽形成于周秦,而内容之充美、实施范围之广大、影响之巨大,当属唐代。律令格式的综合运用,就是全部法律的实行,既汇合前代内容,又根据当时需要予以变革,为后代所沿用,而且行使于中国以外的国家。日本学者仁井田陞《唐令拾遗》序:"中国法律之影响,东至日本、朝鲜,南至安南,西至西域,北至契丹、蒙古。"是为这一观点的佐证。

3.唐代在学术思想上的引导世界。罗先生认为儒家思想是历代中国思想的主流。当时唐朝能称之为引导世界的学术思想首推儒家的经学和从当时经学侧面发展出来的早期理学。唐太宗命孔颖达、颜师古等人从事统一经学的工作,三经三礼三传合称九经,这些注疏都是唐太宗时完成的。玄宗时又加上孝经、论语注疏,经学思想遂定于一尊。罗氏认为从事性理研求的李翱,可说是早期理学的一个代表。由此推论,唐代学术思想由于时间空间的播荡而确具有世界性的开展,从理论(18世纪法国唯理主义哲学、德国观念论哲学,均受理学的激发)到实践(法国大革命亦多少受其影响)都是值得我们再作深度阐扬的。但罗先生将中国传统文化对于欧洲的输出确认为是唐代的理学,未免有夸大之嫌。实际上理学真正成为系统的思维体系,并于后来传至欧洲,应是宋明理学无疑。罗氏的这一论点尚未见于其他文字中的具体阐述。

在对唐代的国际关系、法律实施与学术思想予以阐发弘扬的基础上,罗先生对唐代文化做了一个总的估价,即认为:(1)"唐代文化是具有开创性的文化。他不但完全继承先代文化的优良传统,并以协进态度融汇外来文化,而同时更以之作为基础,创发更为日新,更为光玮,而自成体系的文化。他是统一的发展,而不是孤立的发展;我们深度的研究唐代文化,可以振作学者综合创发的精神,而会心文化建设的重要。"

(2)"唐代文化是具有世界性的文化。他不但深入的渗透于中国任何部分,而且同时或发展到稍后,也会广被于世界各国,而确曾尽过引导世界的功能。我们深度的研究唐代文化,可以开扩学者的胸襟,而领会历史所赋予中国的使命。"

（3）"唐代文化是具有适应性的文化。这因为他是统一的发展，所以能适
应地广被于中国本土，而弥演弥进；又因为他不是孤立的发展，所以同时能适
应地远传于世界各地，使世界的学者于感到人的理趣下，而乐于接受引导。
我们深度的研究唐代文化，可以印证学者思想感通的力量，而领会世界合作
的有据。"

时隔四十七年后，我们重读罗先生这一宏文，仍被它新颖的观点、大胆的
立论与严谨的论述所打动。罗先生对唐代文化总的评述与估价，其中的很多
观点仍为当代学者所沿用或借以引申阐发。有感于此，我们不能不叹服先生
的学识。

二、唐代宗教文化考论与宗教史实的确证

在《坛经》作者研究中，胡适曾考证系神会所作，但对多署名法海记述则
未加深究，罗氏反复辨明，认为肯定有法海之本，或者二本并存。《唐释大颠
考》一文则考论中唐禅宗人物大颠与惟俨和韩愈李翱之关系。韩李深受前二
人思想影响，从而对中唐性理之学有所发明。罗氏认为两宋儒表佛里之理学
实以李翱《复性书》开其先河，兼述及李氏与其他禅宗人物之行谊与交游。从
而得出结论：一者，儒学之士多采佛说以释古经，大儒韩愈亦折服于"外形骸
以理自胜"之佛家心解，则当时其他学者之一般倾向盖可知也。二者，向谓理
学，创于周濂溪，实际上早倡于李翱。韩氏首重《大学》、《孟子》，李氏首重
《中庸》，晚唐的皮日休再倡立《孟子》。唐人实开宋人理学先绪，且深受惟俨
与大颠思想影响，这一结语已为当代学者所接受。中唐以后学者通过对天人
关系的重新论证，并援佛道以入儒，补充了传统儒学的许多范畴与命题，并为
宋代学者所继承。

除此之外，罗氏还对唐代佛教史上的重要人物玄奘、神秀的传记材料加
以考辨。主要考辨《旧唐书》本传中所载二人之家世、籍贯、学问、求经往返途
程、译经传经大业等，兼及弘忍、达摩及禅宗传法、慧能事迹与《坛经》作者等
问题的考论。美籍学者陈荣捷教授在所译敦煌本《坛经》的导论中极为推崇
《旧唐书僧神秀传疏证》一文，谓为神秀与慧能的最佳传记。

三、唐代政治文化的新认识

这一方面主要通过《大唐创业起居注考证》与《贞观政要述证》二文体现出来。唐初创史馆制度,唐组织人力大肆官修史书,一代英主李世民也常光顾史馆,披检当代史著,因而唐代史书多有回避当朝随意改窜之处,特别是对晋阳起兵与兄弟阋于墙的"玄武门之变"讳莫如深。温大雅为高祖李渊随军征战的记室参军,所著《大唐创业起居注》真实地记录建唐之初史实。以晋阳起兵为高祖首倡,并抬高了李建成的军功地位。罗先生据此书来辨证"两唐书"与《通鉴》伪饰太宗功绩,并补充了正史中不载或不详之李氏家谱世系及列传不载之唐初人姓名事迹、高祖日常生活等等。此外略述起居注体裁源流,尤推重此书在此类体裁中之地位,复有作者考略、史实辨证、文字考异等。罗氏旧著有《唐书源流考》,此文广征博稽为补续之作,是为研讨初唐史实之必备文字。

《贞观政要》分四十类记叙唐初李世民与群臣论政之文,为研究唐初政治史之要籍。在《贞观政要述证》一文中,罗氏对唐初的政治文化业绩做了四点归纳:其一为民本思想与制度之创导与实践,其二为任贤纳谏之真诚与开国风范之树立,其三为综合法典之订立与守法精神之贯彻,其四为国际和缓机构之组织与扶掖。现代学者们(也包括日本的汉学家)正是在罗先生述证的基础上进一步勾稽出许多政治史研究内容,使对该书的研究更加系统化与科学化。本文于唐初唐修正史、诸经正义、天文、算学、医疗等文化事业也有所论及,而未暇深入阐发。

四、唐代中外交通史实考

著名的篇章如《唐代桂林摩崖佛像考》,详叙桂林造像传播史实、造作景况、艺术风格、现存状态、所属系统及其评价。特别是由此揭示佛教东来的四条途径,也即中国文化外传之途径。《唐代天可汗制度考》记述突厥、回纥、吐蕃等少数族参加唐朝大一统的政权组织建设情形,及西域沿线官署设置,唐朝与大食、波斯、天竺等国的关系等等。又通过对唐代广州光孝寺在中印交通史上之特殊地位和唐元二代景教在中国传播情况的考述来说明唐朝与印度及欧洲的关系发展概况。《唐诗与中日文化交流之关系》,则对日人所作汉诗、唐人与日人投赠之作及唐人诗文集之东舶日本进行了详悉的考证,史料运用娴熟,十分地详悉。

五、唐代学术文化论析

罗先生深谙唐代史实与文献,故在许多篇章中对唐代的学术发展有所论及。罗先生先前编有《颜师古年谱》,借以对唐初的学术发展条分缕析,以便于进一步的研究。《唐代三教讲论考》论述唐代儒释道三教争衡在有唐一代的发展历史,是罗先生研讨学术思潮与唐代学术发展史之重要篇章。

唐代三教讲论与争衡自武德七年始,止于咸通十一年,凡九帝,二百余年。每次皆在宫廷内举行,由皇帝亲自主持,请大儒硕学、名寺高僧、资深道长作为三方的代表,一些朝中大臣也可列席旁听。每次提出一二个论题,由三方人士巧舌机辩,最后由皇帝做结,判定某方胜,排定三方座次。因唐代崇尚道教为国教,即使每次辩论多以佛教逻辑周严巧辩取胜,仍多判定道教或儒教为第一,佛教多居后。只有武后时判定佛教第一,此后道教地位屡屡下降,这反映了三教争衡背后的社会史内容。罗先生在详悉罗列并考辨了三教讲论之史实后,对三教讲论的正面负面功能总结有三:三教争衡中,其立言必合于本派宗旨与理论,其驳论亦必合乎逻辑,非徒以漫骂为高强。推进了古代逻辑思辨思想的发展,此其一。唐朝政府大体多推重儒家,高祖太宗高宗内心多倾向于道教,武后至中、睿,则佛教已取得政治地位。玄宗以至文宗,讲论席次,道教已屈居沙门之后,讲论宗旨,亦已改以调和思想与合三归一为务。武宗后思想之调和已成,而论难亦徒为形式矣,此其二。这正反映了外来文化渐趋融入并中国化之趋势。三教讲论之正面影响,小者为养成公开论难之宽容风度,而不为私自争斗;大者为养成学术思想之汇通,而促进理学之产生,与文学意境和取材之推广。对后代产生了一定影响。其负面影响,则讲论限于三教,其他不在三教范围之宗教或其他学术思想,则不为朝野所重,而较易式微,此其三。通过这样较为全面的论述,我们便对罗先生的唐代学术史研究有了较为深入的了解。

六、唐代民俗与社会生活的描述与考订

主要反映在三篇考证文章中。一是《唐代拔河之戏考》。拔河本意在于

祈求年丰,前人已有考证。拔河又称牵钩、施钩、拖钩,六朝时江汉之间已甚流行,但限于民间,唐代始用之于朝廷,以玄宗时为最盛。此文分述唐代拔河之具体内容、盛况、性质、源流及其影响。至唐代,拔河已演为纯娱乐与耀武状盛之双重性质。

《唐人斗鸡戏考》详叙斗鸡各种习尚及与之相联的各种典故传闻,介绍了唐代的鸡坊、斗鸡楼、护鸡坊谒者与鸡坊小儿等专职官员,以及斗鸡图、斗鸡诗句等。

唐代打毬之盛,盖由皇室之提倡,首太宗,兴于玄宗,遂致荒废政务。此一习俗延至明代,演成诸多故实。《唐代波罗毬戏考》考订马毬之初传、毬的制作、打毬规则、毬杖、毬场、毬戏之地域分布(此前向达先生仅考证长安一地),并详列咏毬之诗句。

这三篇考订文章,对于我们今天了解唐代社会生活的某些侧面颇有助益。近几年"文化热"再度兴起,人们重新关注这些民俗文化内容,始知罗先生开创之功不可泯灭。

以上对于罗先生唐代文化史研究六个方面的成就做了扼要的介绍。笔者深切感到,罗先生与他的师友陈寅恪、朱希祖、向达、顾颉刚等几位史学家,通过对历史史实的确认与描述,通过对古典文献的缜密考订,严谨有序,落笔精详,并且在各自的研究领域中采用了先进于同时代人的新史识与新观点,为我们提供了成熟的史料,和值得借鉴的治学经验与方法。由于时代的不断向前发展,由于人类理论思维水平的进步,又为我们运用新的理论、拓展新的方法手段来研究前辈学者已垦殖过的学术土壤提供了众多的可能性,因而对古文献中文化义蕴的深入挖掘,对民族历史的总体认识上的突破,便是当代学者义不容辞的责任。登高而远望,只有站在巨人的肩膀上才能高屋建瓴,从而超迈前人。当我们稍稍回顾一下我们的研究视野,便不难发现,我们对于前辈学者的学术成就尚有多么漠视,对既有的学术传统又有多么忽略,而罗先生便是这其中被漠视与忽略的一位。

(原载《中国史研究动态》1991 年第 4 期)

陈寅恪先生治学散论

　　陈寅恪是著名的中古史与文化史专家。他于中古史实的考证、诗文证史方法的创获、史学研究方法上的探讨等方面所取得的成就,使他成为继王国维之后的又一位史学大师,其影响一直延伸到当代学者的研究与思想过程中。近几年对于陈氏学术思想与成就的介绍和研究的论著纷呈叠现,几乎成为与"钱学"不分轩轾的又一学术景观——美籍华人汪荣祖教授著《史家陈寅恪传》(台北联经出版公司 1984 年版),就陈氏的生平与学术成就做了较全面的叙述与评介,是为继陈氏弟子蒋天枢先生《陈寅恪先生编年事辑》之后最为翔实的传记。刘梦溪先生《中西体用资循诱——谈陈寅恪先生的文化态度》一文①就陈氏中国文化本位论思想中包含的文化底蕴做了辩证深入的阐发。卞僧慧先生的《试述陈寅恪治学特点》一文②则对陈氏治学特点与成就做了生动具体而又较为全面的评介。傅璇琮先生在《一种文化史的批评——兼谈陈寅恪的古典文学成就》③中对陈氏见微知著的文化史研究方法,曾有过很精辟的归纳与阐发。傅文对陈氏的文化史的批评体系,即对隐含其中的学术研究体系的揭示,可谓是陈氏研究中的一个较大的突破。他的另一篇文章《陈寅恪文化心态与学术品位的考察》对曾引起疑义的陈氏的文化观点及其渊源和学术上力倡独立思考、自树高格的治学精神与人格做了详尽的论析,指出陈氏一生际遇对其个人的学术选择的影响。北京大学出版社与中山大学出版社先后出版的两本纪念论文集则较集中地收录了一系列的研究文章,基本

---

　　①　《读书》1990 年第 10 期。

　　②　《文史知识》1991 年第 6、7 期。

　　③　《中国文化》创刊号(1989 年 12 月)。

上反映了陈氏研究的方方面面。本文拟依据上述论著,就前人论说未为详尽之处做一些探讨,以教正于方家。

一

陈寅恪先生有家学渊源,年轻时赴欧美,又受到西方思潮与实证主义精神的熏染,遂成就一代史学大家的气候。在30、40年代的史学领域,陈氏继王国维之后独占鳌头,取得了多方面的成就,甚至在今日许多研究领域仍是后人无法超越的。汪荣祖言及陈氏超越前人有三个条件:1.能看到更多更新的史料,如清档案、满洲老档、敦煌石室等;2.有前无古人来者也难追的语言文字功夫,能运用二十余种外文来考史治史;3.直接接触到西洋语文考证学派、实证主义史学,合中西考证于一炉而融会贯通①。

更为重要的是陈氏对既有的学术传统的继承。他曾十分推崇乾嘉学术,认为读书须先识字。他幼年对《说文解字》及高邮王氏父子训诂之学曾有深研,《十三经》几乎全能背诵,并常翻看《皇清经解》及《续皇清经解》,完全是乾嘉诸老的治学路数。但他的志趣不在通经,旨在研究历史,而且开拓了文史互证的研究领域。他十分欣赏乾嘉学派的实证精神,但更推崇宋代学术的宽泛。在清代学者中,陈氏每每推崇钱竹汀(大昕)的史学,受其影响较大。他生平最心仪的两位大师是:海宁王国维、嘉兴沈曾植。陈氏无疑是继王国维而起,在民国以来的史坛上大放异彩之人。

陈氏卓识独见的创造性思维,除了受惠于中国传统的治学方法(即多属于归纳与类比方法),更得益于西方学术传统中的演绎推理。与陈氏同时代的胡适提出的大胆假设小心求证,以及他对中国传统学术的改造功能突显了这一点,只不过胡适的旧学根底远逊于陈氏。这既是时代学术思潮在每个人身上产生的不同作用,更是个人所具有的认知结构的限定使然。由此想到,一位学者的学术水平的衡量是一个综合性的指标;良好的哲学素养(一种思考方式)、文学表达才能、专业领域的造诣和知识的广博等等,其中的每一个单项都只能作为某一个方面的能力显示,而不能取代其他。综合指标高则学

---

① 汪荣祖《史家陈寅恪传》第53页。

术水平高,但较高的学术水平能获得恰如其分的表达也是能让别人最大程度接受的关键因素。思想家便常苦于表达的困难。从接受者的角度而言,胡适对于近代文化的影响要超过人们对于陈氏学术成就的认同。胡适喜欢不断地开辟新的研究领域,而却很少能最终完成。人们惊喜于其开创之功所获得的耳目一新的愉悦,而抱憾其未曾终结。如胡适对《红楼梦》、《水浒传》、《水经注》、禅宗等的研究都是如此,这种学术现象的出现与二人的文化观和学术积累与传承有着很大的关系,也与二人不同的学术取向密切相关。胡适终生不肯拘守于一个专业与研究方向,而陈寅恪却以中古史实的考证与拓展研究为其学术指归。

二

陈寅恪先生早年曾有意于西北史地语文,原是承续同光胜流之遗风余绪,留学欧美时,更博研与西北史地有关的语言文字,多达二十多种。这种辅助性的语言工具对他后来的隋唐史研究深有助益。陈氏回国到清华研究院担任导师之初,他的学术兴趣仍多在东方语言学与佛教上。他每周为全院学生讲授"西人之东方学之目录学",并开设了五门学科:1.年历学:中国古代闰朔、日月食之类;2.古代碑志与外族有关系者之比较研究;3.摩尼教经典与回纥文译本之研究;4.佛教经典各种文字译本之比较研究;梵文、巴利文、藏文、回纥文及中央亚细亚文诸文字译文与中文译本比较研究;5.蒙古、满洲之书籍及碑志与历史有关系者之研究①。他研究佛经,旨在研究历史。其姻亲俞大维说,他的兴趣是研究佛教对我国一般社会和思想的影响,至于印度的因明学及辩证学,他的兴趣就比较淡薄了②。

陈氏有诗云:"流辈争推续史功,文章羞与俗雷同。"③他注重学术的独创性,曾说:"寅恪平生治学,不甘逐队随人,而为牛后。年来自审所知,实限于禹域之内,故仅守老氏损之又损之义,捐弃故枝。凡塞表殊族之史事,不复欺

---

① 《文史知识》1991 年第 6、7 期。

② 《陈寅恪教授纪念论文集》首篇。

③ 《寒柳堂集》中诗存《题冼玉清修史图》。

上下议论于其间。"①到本世纪 30 年代他逐渐确定了中古史的研究领域。他自称"不敢观三代两汉之书,而喜谈中古以降民族文化之史"②,即所谓的"不古不今之学"。他认为古书取征少,又有王国维等利用丰富的地下资料所创二重证据法,取得辉煌成果在前;而近代资料又过多,再加上家世的缘由(涉及对其祖、父与维新派的关系等敏感问题),评价难以中肯,应有所回避;而中古隋唐乃灿烂辉煌的时刻。他曾对吴宓说:"唐代以新兴之精神,强健活泼之血脉,注入于久远而陈腐之文化而创造一伟大的新时代。"他研究中古史,又以唐代为重点,自非偶然。陈氏认为应将唐史看作与近百年史同等重要的课题来研究:"因唐代与外国、外族之交接最为频繁,不仅限于武力之征伐与宗教之传播,唐代内政亦受外民族之决定性的影响。故须以现代国际观念来看唐史,此为空间的观念。其次是时间上的观念,近百年来中国的变迁极速,有划时代的变动。对唐史亦应持此态度,如天宝以前与天宝以后即大不相同,唐代的变动极剧,此点务须牢记。"③而考论隋唐史事,不能不追溯至六朝,其研究兴趣兼顾到魏晋南北朝一段,其《隋唐制度渊源略论稿》即为这方面的代表作。《元白诗笺证稿》则运用了诗史互证方法,"意在阐述唐代社会史事,非敢说诗也"④。陈氏对于关陇集团、士族升降、李姓氏族之推测、佛教传入中土诸情形、唐代文化的开放性等方面的宏论以及众多史实的考证成就,今人阐发弘扬较多,此不赘述。

三

陈氏除为后人留下了一笔丰富的学术遗产外,还对今人的治学提供了多方面的启迪。

其一,在确定个人的研究方向应当把握的一个准则:要有充分的学术准备,并能扬弃不利于个人研究的因素。陈氏早年广涉文史外典与佛教内典,兼以语言文字为辅助工具,奠定了良好的学术基础。他对于唐代文化之受外

---

① 《朱延丰突厥通考序》,载《寒柳堂集》第 144 页。
② 《陈垣元西域人华化考序》,载《金明馆丛稿二编》第 239 页。
③ 此为陈寅恪 1944 年下半年在成都华西坝讲唐史课时,李涵所记,见《纪念陈寅恪先生诞辰百年学术论文集》(北京大学出版社 1989 年版)。
④ 《致史语所陈槃信》,转引自汪荣祖《史家陈寅恪传》第 89 页。

来文化影响之深深为感怀,欲探讨其中原由。他选择中古史,既满足于个人学术旨趣,又兼顾个人的学术准备与知识结构,而研究探讨的问题又能对现实的认识有所促发(陈氏并非懵懂冬烘的旧式学者,其对现实的关注较为深切),所以研究方向的选择便较牢固亦易突破。他认为以往的文化史研究有二失:旧派失之滞,新派失之诬。他主张要看原书,从原书的具体史实出发,经过认真仔细研究得出自己的结论,一定要养成独立精神、自由思想、批评态度①。要超越于具体史料,具备一种学术上的通识,达到一种理性的认识,通过这样一种学术上的提炼升华,达到了后人难以超越的学术境界。

　　陈氏治史的可贵之处在于:1.能于常见史料中引发新结论。他早年十分重视新史料的作用,认为"一时代之学术,必有其新材料与新问题。取用此材料,以研求问题,则为此时代学术之新潮流。治学之士,得预于此潮流者,谓之预流(借用佛教初果之名)。其未得预者,谓之未入流"②。到了后来则主要从常见的史料中发现新问题,这是在充分占有史料的前提下才能做到的。当然史学家的通识更为重要。2.从典章制度入手,并以诗文证史、开拓史学研究的新领域。如《隋唐制度渊源略论稿》、《元白诗笺证稿》即是。3.学贯中西而不拘泥穿凿。陈氏早年接受西方史学理论的熏染,又幼承家学,使其学问淹贯古今中外,但他并不拘守成例,而是能融会贯通,形成自己独特而又创新的治学风格和求实的治学精神。

　　其二,陈氏始终倡导学术独立与创造精神。"默念平生固未尝侮食自矜,曲学阿世,似可告慰友朋"③。他与同时代的那些留洋欧美的新派学者有所不同,不以新奇快捷取胜,力主学有根基,言必有据,不因时代风潮而动,却能冷峻地观察现实,甘于寂寞,潜心学术,终成一代学者之风范。与现实保持相当的距离,搞他的中古史研究。1940年蔡元培逝世,陈氏曾与他人主张选胡适为继任的中央研究院院长,反对由政府指派,明确表示应尊重学术独立,这是陈氏少有的参与政事的例子。

　　陈氏最为看重学术自由,他写王国维碑铭便有"思想而不自由,毋宁死

---

　　① 卞僧慧《纪念陈寅恪先生》一文,见北京大学出版社1989年版《纪念陈寅恪先生诞辰百年学术论文集》。

　　② 《陈垣敦煌劫余录序》,载《金明馆丛稿二编》第236页。

　　③ 《赠蒋秉南序》,载《寒柳堂集》第162页。

耳"之语,又说"士之读书治学,盖将以脱心志于俗谛之桎梏",他解释说"俗谛"在当时即指三民主义而言。他写《柳如是别传》就有表彰我民族"独立之精神,自由之思想"之意。在他的诗中,也多有对学术自由的向往与吟唱:"自由共道文人笔,最是文人不自由"(《阅报戏作二绝》);"人间从古伤离别,真信人间不自由"(《戊寅蒙自七夕》)。陈氏正是靠自己坚持不懈的独立的学术研究活动来努力地向学术自由的目标迈进的。

其三,陈氏笃信白乐天"文章合为时而著,歌诗合为事而作",其为人与治学精神互为表里相得益彰,强烈的爱国精神与知识分子以天下为己任的历史责任感相统一。1945 年 8 月 15 日日本投降后,陈氏十分欣喜,曾赋诗八首抒怀,直可作 40 年代的诗史诵读。他不仅关切国内时世,还远瞩国外,如《丙申七夕作诗时苏彝士运河问题方甚嚣尘上也》,即对中东问题亦予介怀。1955年陈氏 66 岁时曾自拟春联贴于门户:"万竹竞鸣除旧岁,百花齐放听新莺。"这是针对当时国内学术界的环境有感而发。

1966 年,陈氏预感到政治气候的变化,思绪难平,遂作七律《丙午春分》一首:"洋菊有情含泪重,木棉无力斗身轻。雨晴多变朝昏异,昼夜均分岁序更。白日黄鸡思往梦,青天碧海负来生。障羞茹苦成何事,怅望千秋意未平。"

陈氏在学术研究中秉承独立思考,不为外界环境所动的学术宗旨,因而取得了较突出的成就。然而在这首七言诗中,他直抒胸臆,内里充斥着他对现实人生的关切、忧愤与感怀。他尽可以逃离凡俗的骚扰,但耳接目睹、变化极速的现实却时时在撞击着他的思想,触动着他的情感,牵动着这样一位执着追求学术自由与人生理想的学者的心灵。陈氏早年确曾抱持为读书而读书的宗旨,中经丧乱后渐注意时世对个人际遇的影响。1938 年他到香港,坚辞不受日军所送面粉,并拒绝日人以 40 万元薪金让他办东方文化学院的要求,最后设法逃出香港。日本投降后又闻有雅尔塔密约,忧虑东北难保,作诗二首,道尽他对国家民族的深忧。

1949 年 1 月,陈氏去广州定居,一住就是二十年,直至去世。这期间,他共完成 18 篇文章、两部专著以及《寒柳堂记梦》未定稿和对红卫兵及有关组织的七次交待。建国之初,他享受着较高的生活待遇,并得到陈毅、胡乔木特别是陶铸同志多方面的关照(当然这也成了他七次交待的主要内容)。1957

年以后他经历了同时代的大多数知识分子的共同不幸,在一定程度上减缓了学术成果的产生。这不仅仅是一位卓越的史学家的不幸,更是一个民族学术文化的不幸。陈寅恪先生的学术研究以及他一生的际遇与其治学的相互影响是一个值得认真探讨和总结的课题。

（原载《河北学刊》1992 年第 3 期）

宋代诸晁学术考略

　　自北宋前期至南宋宁宗时期,晁氏一族历二百五十多年,凡七世,繁衍五百多口,其中不乏蜚声史林文坛的知名人物,致有"天下无他晁"①之称。从有宋一代晁氏大家族的兴衰与学术的演进播迁,或可窥视宋代学术及思想文化发展之一斑。今试言之,谨求教益。

一

　　晁氏一族,有史可稽的先祖为周景王子王子朝,朝亦作晁②。至汉代御史大夫晁错最为知名,地望颍川京兆,因"清君侧"而遭斩,其后名多不显。北魏有晁清、晁崇、晁懿等,唐代有晁昊、晁良、晁宪等。五代至宋初,晁宪之子晁佺徙家至彭门,其孙晁迥,在仁宗、真宗朝政声显赫,诏令多出其手,父子(宗悫)同知制诰,为有宋一代所仅有。晁迥兄弟三人,其后子孙繁衍,出了几位有名的文人学者,以至时人及后人论及晁氏,皆指这一家族而言,所谓"天下无他晁"。
　　宋代晁氏本是澶州清丰人,因任官、致仕、避水患及战乱等原因,先后散处于汴、济、嵩、郑、楚、蜀等地③。王德毅先生曾对可印证于史籍的晁氏七世族系加以排定,列表详明④。但尚可有所补充,若能就《晁氏宗谱》而加以质

---

①　周必大《周文忠公集》卷75《迪功郎致仕晁子与墓志铭》。
②　郑樵《通志》卷28《氏族略》。
③　晁瑮《嘉靖新修清丰县志》卷7《乡贤》。
④　王德毅《宋代澶州晁氏族系考》附表,文载《刘子健博士颂寿宋史研究论集》(日本同朋舍1989年版)。

证,则可更为详备。

晁迥后裔以宗—仲—端—之—公—子—百—世等次序排辈,支脉相承,秩然有序。晁公武之后,少有显名,渐趋衰微。

二

宋代农业经济的发展、手工业技术水平的提高与文化的繁荣丰富都超迈前朝。印刷技术的推广普及,使得文化传播范围极度扩大,私人藏书数量大增,一些地主官僚也以刻书藏书为风雅之举。科举制度的变革使得民众致身通显的机会增加。宋代文化的发展,更多地带有大众文化的特征,即文化普及的层面广,文化创造与传播者的身份多重化。这在某种程度上影响着后来观察者的视角,增加了文化的个案研究的困难,而群体研究则成为必要的补充。

在北宋的思想领域,改革成为当时普遍的社会要求①。这种变革不仅以制度上的变革为宗旨,而且在学术思想上也提出了变革经义的要求,特别表现在疑古学风的勃兴,这也就直接导致了后来理学的产生。

中晚唐开始,面对释道的强大,韩愈、李翱等力图重振儒学,皮日休蹈袭韩氏,提高孟子的地位,唯因固守儒学的传统命题而少有创获。庆历间刘敞作《七经小传》,王安石借以发挥成《三经新义》,经学为之一变。继有欧阳修排诋《系辞》,欧阳修与苏氏兄弟毁斥《周礼》,李觏、司马光怀疑《孟子》,苏轼讥刺《尚书》,晁说之(以道)贬黜《诗序》等,成一代疑古之风②。说之著书,专意排斥先儒,引征繁博③。又曾著论非议孟子,致使高宗令其致仕④。然而从唐中后期到北宋前期,作为儒学复兴的前奏,是以兼收并蓄佛道的思想为其思想演进的过程的,更以疑古惑经、评议先儒思想理论为其学术进步的代价,终至将儒家的学说义理推到了一个崭新的境界。从晁迥兼释老而主儒的思想倾向,到晁说之非论先儒非议孟子,晁公武推许儒学、力诋佛道的这种学术

---

① 陈亮《龙川文集》卷11《铨选资格》:"方庆历、嘉祐,世之名士,常患法之不变也。"
② 皮锡瑞《经学历史》第220页,中华书局1981年版。
③ 陆游《渭南文集》卷29《跋晁以道书传》。
④ 李心传《建炎以来系年要录》卷19"建炎三年正月戊戌"条。

取向,在宋代的学术界中,颇有其代表性①。

　　晁氏一族不仅对理学的产生与发展起过一定的影响,更以数世文名驰誉宋代。晁说之自诩为五世以文称,故家谁复如②。晁迥以大手笔用于祥符、天禧间,正当北宋极盛时期③,一时间诏令多出其手④。真宗待他恩遇有加,因其文章德行为先帝仁宗所优异,称之为君子长者⑤。迥子宗悫与迥同知文诰,且曾为译经润文官,为佛经翻译润饰文字。在翰林曾一晚上草就将相五制,称大手笔⑥。所以时人喻汝砺曾说:“宋兴五十载,至咸平、景德中,儒学文章之盛,不归之平棘宋氏,则属之澶渊晁氏。”“其子孙皆以文学显名当世。”⑦晁氏“之”字辈五兄弟皆文名显赫,载之少从陈师道学,学问精博;咏之有文集五十卷行世⑧;补之为“苏门四学士”之一,今人考证其著述有十六种之多⑨;说之著述也有三十六种⑩;冲之是晁公武之父,为“江西诗派”二十五人之一。陆游称他对《易》、《诗》、《书》、《春秋》等均有研究,博采众长,遂成一家之说,与诸儒并传。有文集二百卷,南渡散乱后仅得六十卷⑪。其后公迈、公遡也以诗名,陆游曾为公迈的四卷诗集(收诗 461 首)作序⑫。公武承家学,网罗文献,著《郡斋读书志》,是为古代私家目录之佼佼者。从晁迥至公武子孙数十人,散见于各家书目的著述不下百数十种,一门著述之富,未有如斯之盛者⑬。对于这样一个“家传文学,几于人人有集”⑭的晁氏大族,在宋代文学史上,确有值得探究的必要。

① 参见邓广铭《王安石在北宋儒家学派中的地位》一文,载《北京大学学报》1991 年第 2 期。
② 《嵩山文集》卷 4《题冲弟诗卷》。
③ 陆游《渭南文集》卷 14《晁伯咎诗集序》。
④ 《宋史》卷 305《晁迥传》。
⑤ 王辟之《渑水燕谈录》卷 1。
⑥ 《宋史》卷 305《晁迥传》。
⑦ 喻汝砺《晁具茨先生诗集序》,载“诗集”卷首。
⑧ 《宋史》卷 444《晁咏之传》。
⑨ 刘焕阳《晁补之著述考略》,《烟台师院学报》1990 年第 3 期。
⑩ 陆游《渭南文集》卷 18《祭待制晁四丈文》。
⑪ 陆游《渭南文集》卷 18《景迁先生祠堂记》。
⑫ 陆游《渭南文集》卷 14《晁伯咎诗集序》。
⑬ 陆心源《仪顾堂集》卷 6《刻续谈助序》。
⑭ 《四库全书总目提要》卷 158“嵩山居士集”条。

三

晁氏一族学术成就的取得,除了北宋文化的广泛发展为其提供的客观条件而外,还有一些特定的因素:

其一,自晁迥始,世代为官,或掌文诰,或充馆职,得以广泛阅读官府秘阁所藏,又因做官遍历各地的有利条件,得以广泛搜罗书籍,文献相承,所藏至二万卷[1],成为有名的藏书大家。因战乱南渡后散佚较多,晁公武便利用家藏及井度所遗赠合计二万四千五百卷,写成《郡斋读书志》。陆游也多次从其外祖晁氏家借书阅读。可以说绵延不绝的家族学术传统成为其声名显赫的主要原因。

其二,由于家世显赫,晁氏一族所交接往来的多为有宋一代名宦与文人学者。像李淑、晏殊、宋绶等皆出于晁迥门下。吕东莱与晁冲之相处如兄弟,有"平生亲爱独诸晁,叔也相亲共寂寥"[2]之谓。梁师成以翰墨为己任,四方俊秀名士,必招致门下,晁说之也依附于门下。载之与冲之俱从陈师道学,师道集中收有与晁氏族人唱和交往诗文二三十篇。补之与苏轼、黄庭坚、张耒、秦观等唱和往来,东坡称之为风流别驾。东坡又曾为端友、补之诗集作序,著文推荐说之、咏之等人。由于晁氏家族所交游者多为名士,相互倚重与影响,其学术成就与文名很快得到认同。加上元祐党禁,晁氏族人多在党籍中,一时难以仕进,转而多致力于诗文传世。

其三,由于上述两个原因的作用,晁氏一族大多与朝中大族名士有姻亲关系,这一点对于学术与文名的播扬同样有着重要的作用,可作为文化社会学与群体研究的补充手段。如"唐宋八大家"之一的曾巩的妻子晁文柔是晁迥弟晁遘的孙女,宗恪的女儿;宋代著名文学家与藏书家叶梦得的母亲是端友的女儿,补之的姐姐;晁说之是盛文肃的外甥;吕夷简是晁迥的女婿,而迥子宗悫又丈事夷简,世代姻亲,后来晁说之待吕夷简后人吕希哲便如同亲子侄一般[3]。南宋著名诗人陆游的外祖母清丰君,是晁冲之的姐姐,按辈分陆游

---

① 喻汝砺《晁具茨先生诗集序》,载"诗集"卷首。
② 吕本中《东莱先生诗集》卷15《闲居感旧偶成十绝乘兴有作不复诠次》。
③ 《东莱吕紫微师友杂志》,十万卷楼丛书本。

是晁公武的外甥,陆游的母亲早年住在晁家①,陆氏本人也与昭德坊中表往来频繁,其诗文中多有追记晁氏族人治学特点、生平仕履的文字,并曾为公迈的诗集作序。

四

如前所述,宋代诸晁曾对宋代理学的产生和发展起过重要的影响,其基本学术取向是兼释老而主儒。晁迥早年学方士之术,初学道于刘海蟾,得炼气服形之法,后来学释氏,曾以二教相互参证②。晚年致仕后在昭德坊家中辟小园,号养素园,多阅佛书,又建造密严堂③。《宋史》记载他"喜质正经史疑义,摽括字类","以经传傅致,为一家之说"。从他的对策中看,大有敬天保民、乐天敬命等早期儒学思想④。晁说之曾对族侄公鄨传授读古书次序,即先读五经,看注疏,读三史,由此才能致身显宦⑤。晁补之中进士后,神宗曾阅其文,感叹道:"是深于经术者,可革浮薄。"⑥晁公武熟谙王安石变革经义的学说及其思想在北宋的影响,在《郡斋读书志》著录王氏著述时曾予以阐明。在经类小序中,对汉至唐学术发展脉络叙述清晰,指出研究六艺在于探究修齐治平之道,不应苛求于章句,应掌握义理;史部小序推崇记载治乱兴衰的编年体;子类小序认为诸子百家之学皆有裨于治世,独对释道二教惑世之害深具戒心;集类小序则认为传世久远之文都是"文以载道",有益于世教的。在给刘光祖的信中,公武曾自言少时贯穿群籍,出入百家,旁及释老,无所得,转而求之六艺,乃有所得,于是师心于董仲舒、贾谊等汉儒之说⑦。从晁迥到晁说之,再到晁公武的治学特点,可以代表宋代诸晁一以贯之的学术取向,同时也为了解和研究宋代学者的治学心态与途径,提供了一个重要佐证。这是今日考察宋代诸晁学术的一个重要观照支点。

---

① 陆游《老学庵笔记》卷7。
② 叶梦得《石林燕语》卷10。
③ 王应麟《困学纪闻》卷20《杂识》。
④ 《宋史》卷305《晁迥传》。
⑤ 晁说之《嵩山文集》卷末附杂文。
⑥ 《宋史》卷444《晁咏之传》。
⑦ 马端临《文献通考》卷238《经籍考》65"昭德晁公文集"条。

晁氏家族的发皇,实由晁迥开始,迥与宗悫父子仕途通显,又都好学能文,影响其家族子孙大多走上"宦"与"学"两大途径,成为宋代屈指可数的北方大族。他们秉持家风,维护家声与荣誉,文献相承,代有文人学者,旁涉释老,而又谨守封建礼教,带有一些晋唐以来世家大族的特点,而又与之有着迥异的区别,这一区别无论对侧重于谱牒世系的个案研究,还是对带有共生现象的群体研究,抑或是对一代学术文化的纵向考察,都有着重要的学术意义。宋代诸晁事履与学术,实有多方面的研究参考价值。

(原载《国际宋史研讨会论文选集》,邓广铭、漆侠主编,
河北大学出版社 1992 年版。此文系与傅璇琮先生合著)

卷二　古籍出版杂感

古籍整理研究技术手段现代化刍议

古籍整理在我国有深厚的基础。当代大力提倡精神文明建设,批判地继承传统文化遗产,使古籍整理研究这门学科——文献学获得新的生机。面对科技的进步和社会的飞速发展,我们深切地感到对古文献的整理研究方法、手段、内容和人才培养办法都亟待革新。

未来的古籍整理任务主要落在青年文献工作者身上。在他们的努力下,我们相信文献学会成为一门独立的有完整体系的学科。这门学科包括文献学理论体系,应用精神生产理论,历朝典籍聚散、文献功能、印刷流通以及研究人员与文献结合方式等问题的研究(另具文),还包括文献学方法论及古籍整理手段的现代化问题。后者表现为工具的变化,这是古籍整理现代化的标志。有人预测,电声、电视和计算机将取代读、写、算而成为传递信息的基本工具。因此我们不妨对电子计算机等技术在文献编目、索引和古籍检索,以及古籍典藏、诠释、修复、文字处理、辨伪、校勘、版本鉴定和印刷出版等方面的应用做一考察,也许能对我们的整理研究工作有所启发。

一、文献编目和古籍检索

目录学是文献学的基础,通过编目以便系统、较快地了解古籍。据吴枫先生统计,现存古籍在 8 万种以上①。现代人已做了许多嘉惠后人的索引工作。如叶绍钧《十三经索引》,张忱石《二十四史纪传人名索引》,傅璇琮《唐五代人物传记资料综合索引》等,但都是靠手工方式——检出,费时很多。如

①　吴枫著《中国古典文献学》,齐鲁书社 1985 年版。

用计算机则很短时间内即可完成。过程是先将该书输入机内,然后找出主题词,即可进行查频。可事先制定程序,将某字所在段显示在荧光屏上,使不同句中相同词汇排列一起,进行研究,需要时还可打印出来。

在古籍检索上,用计算机可在一分钟内检出两千篇文献,准确率达70%—80%。若与数据通信系统联机可在几千里外对文献进行检索。可减少图书借阅、馆际交流和信息不通等弊端。像长春工艺设备研究所与美国洛克希德公司一检索系统联机,比人工检索提高效率七百倍[1]。国内利用计算机对古籍进行整理研究也有进展。江苏省中医研究院和南京军区总医院联合研制历代中医名家名著治疗经验检索系统,在完成了《金匮要略》等4部古籍的整理后,建立了数据库,编制了检索程序,这是计算机与古籍整理结合的新成果[2]。

二、缩微复制、照相等典藏技术

由于战乱频仍、人为毁损、自然灾害以及保护典藏技术的落后,古书散佚较多,大量的虫蛀、风蚀和潮湿已使得古籍面目全非。目前人们已意识到保护古籍古迹的重要性。中国缩微出版公司首次将《四库全书》和《大清历朝实录》进行缩微。前者收书3460种,79309卷。原一册近千页的一本书可缩到100英尺长的胶卷里,整部书缩到500卷内[3]。利用此技术,藏书100万册的中型图书馆全部藏书可装在一只提包里。美国研制的计算机辅助检索缩微品设备(CAR),用阅读机将胶卷调阅到屏幕上可直接阅读[4]。在台湾,自1984年开始对397个古迹摄制成彩色照片600张,黑白照片3600张,幻灯片7500张,借以保存古迹真貌[5]。美国斯坦福大学东方研究所从1983年9月中旬起用中文把全国各图书馆中文书籍存储进电脑,和各地联机,用终端即可使用[6]。相信随着科学的发展,还会出现许多古书储藏应用新技术。

---

[1]　《长春日报》1984年10月22日。
[2]　张怀佑著《微型计算机及其应用600例》,湖北科学技术出版社1984年版。
[3]　《羊城晚报》1984年12月20日。
[4]　《美国期刊的缩微化》,《世界图书》1984年第12期。
[5]　《光明日报》1984年12月22日。
[6]　《世界新的技术革命与对策》第166页,科学普及出版社1984年版。

三、辨伪、校勘、版本鉴定

明姚际恒《古今伪书考》、清张心澂《伪书通考》、近人梁启超《古书真伪及其年代》皆为讨论辨伪方法的重要书籍。如果应用计算机,主要是在文辞、事实、年代、著者等方面考其真伪。可建一数据库列姓名、年代、基本事实,予以分辨。文辞辨别国外已有突破。英国爱丁堡大学的一项研究已发现伪造的一篇福尔摩斯探案小说和一本莎士比亚剧本。方法是先用某作家的用词造句习惯编制一套特定程序,然后将作品输入计算机进行分析鉴定[1]。深圳大学对《红楼梦》的研究,黑龙江大学对《史记》等的分析处理也都取得了一定的进展。

在校勘应用上,以陈垣先生总结的四种方法为例,其中的本校、对校较适用于计算机处理,可将一书及一书数种版本先行输入,然后依程序将其显示在屏幕上,用以比较取舍。东北师大古籍研究所利用微机进行古籍校勘已取得初步成果。

版本鉴定上,也可先建一数据库,将珍善本或通行本的版式、墨色、行格、书体、印记、用纸等方面建立一个知识库,按程序输入,据以鉴定。

四、古书诠释和翻译

目前中外文对译已取得成果。无锡电子计算机厂与北大研制出第一台英文信息处理终端设备,可直接输入 2880 个汉字,128 个词组。中西文兼容,只要用特制笔在系统字盘上一点,屏上即显示需要的汉英文字,还可编辑后打印出来[2]。但在古汉语今译方面,字句对译还可以,而全译和意译可能性还不大,这需要设立一个庞大的知识库,将一词多义列入,供研究者选择。

五、古书修复技术

古书因流传久远,有字句模糊、辨认不清现象。美国新墨西哥州科学实验室设计了计算机图像增强系统,将一字分为几百个像素,重新映像,一个程

① 张怀佑著《微型计算机及其应用 600 例》,湖北科学技术出版社 1984 年版。
② 张怀佑著《微型计算机及其应用 600 例》,湖北科学技术出版社 1984 年版。

序只用一分钟就能重现出清晰图像。他如远红外扫描也有这一功能。可在一定程度上辨析古书字句的漫漶不清和流体衍变。

六、古籍的印刷出版

日本的出版业正由热排（铅排）向冷排（照排）过渡转化。我国已有电脑激光排版的报纸。一些大的印刷厂都已引进照排技术。稿件由输入员输入电脑，编辑在屏幕上校对、改排，然后由激光照排机印制照片，往大版样上一贴，即可印刷。可使经过整理的古籍迅速输入电脑，进行必要的处理，随即印刷。照排可以提高印刷速度，缩短停留时间。

此外在文字处理上，微机应用于标点断句也已实现，此不赘述。

笔者认为，有一定文献学基础的青年文献工作者应努力了解和掌握各种新的技术手段，开拓古籍整理的新领域，并视此为义不容辞的责任。

（原载《古籍整理研究学刊》1988 年第 4 期）

中华书局出书指向试析

——读《中华书局图书目录（1949—1991）》赘言

中华书局作为有着八十余年历史、与商务印书馆并驾齐驱的近代著名出版企业，自创办迄今，已出售图书 1.2 万余种。其中 1912 年至 1949 年出书 5700 余种，1949 年至 1992 年出书 6300 余种。而 1979 年至 1992 年这十四年中，共出书 3012 种，可谓中华书局出版事业发展的较佳时段。中华书局以“追求学术性，讲求高质量”为出书宗旨，普及与提高、创新与弘扬并举，为中华民族传统学术文化的积累做出了自己独特的贡献，在海内外学术文化出版界赢得了较高的声誉。正如北京大学出版社总编辑苏志中在接受记者采访时所说：“商务印书馆和中华书局之所以几十年不倒，就是因为出书质量高。”（见《光明日报》1993 年 6 月 26 日周立文《中国图书业：负重前行》一文）中华出版物在海外特别是日本、美国、法国以及香港和台湾地区有着较大的市场，一直被海外汉学家视为架上庋藏之物和案头清供。一位汉学家曾说：研究中国传统学术文化，中华的出版物足敷应用。当市场经济的大潮无情地冲击着学术著作的出版阵地时，中华书局依然平稳而又扎实地保持着自己的出书特色。亦如台湾记者所言：“中华出的一系列古籍校刊本，精校精注精排，每样费心，每种都是高成本，以致取得了信誉，凡欲研究中国古代学术者，几无人不奉之为新善本，这样，它的文化任务与出版责任完成了。”（台湾《中央日报》1992 年 9 月 8 日副刊上刊载的游志诚《全宋诗案的旁白》一文）

纵观建国以来中华书局的出版物，大致可从五个方面涵盖其指向和特征：

一、重要古籍的点校整理和影印

中华书局作为国务院古籍整理出版规划小组的办事机构,承担了自 1958 年古籍小组成立以来组织实施的三个古籍整理出版规划中的较大比例的整理出版任务。这些出版物仍然代表了目前古籍整理出版界的较高水平。"二十四史"的点校整理工作,云集了国内最知名的专家学者,是现代出版史上的重大工程。他如《清史稿》、《资治通鉴》、"三通"、《十三经注疏》及索引、《全上古三代秦汉三国六朝文》、《全唐文》、《全宋词》、《永乐大典》、《册府元龟》、《古本小说丛刊》、《古逸丛书三编》等等,也都是研究古代文化的重要参考读物。与此同时,书局约请国内一流专家学者点校整理出版了一大批经典古籍,像杨伯峻先生《春秋左传注》、《论语译注》、《孟子译注》、《列子译注》,周振甫先生《周易译注》,徐震堮先生《世说新语校笺》,程俊英先生《诗经注析》,季羡林先生主持的《大唐西域记校注》,唐圭璋先生主编的《词话丛编》等。

二、近现代著名学者的研究著作

如果说上面一类出版物表明了一代学者们的才学和对中国传统学术特别是清代朴学古籍整理研究成果的继承的话,那么这一类出版物则充分反映了学者们站在时代高度、驾驭史料典籍,对传统文化和学术思想所作的深刻体认和识见,成为传响一时、嘉惠学林的名篇巨著。它们的代表作如钱锺书先生的《管锥编》、《谈艺录》,方国瑜先生的《云南史料目录概说》、《中国西南历史地理考释》,孙楷第先生的《沧州集》及后集,周一良先生的《魏晋南北朝史札记》,唐长孺先生的《魏晋南北朝史论拾遗》,王力先生的《古代汉语》、《龙虫并雕斋文集》,汤用彤先生的《汤用彤学术论著集》,吕澂《中国佛学源流略讲》,罗尔纲《太平天国史》,《沈兼士学术论文集》,《顾颉刚古史论文集》、《游国恩学术论文集》,《岑仲勉史学论文集》,《陈垣学术论文集》及新近出版的钱基博先生《中国文学史》,启功先生等撰《八股新论》等等。

此外,中华书局还有计划地出版了港台海外学者和汉学家的研究专著。从 1981 年到 1992 年共出版 36 种,重要的有《洪业论学集》、(加)叶嘉莹《迦陵论诗丛稿》、(马)郑良树《竹简帛书论文集》、(日)池田温《中国古代籍帐研究》、(美)汪荣祖《史传通说》、(美)黄仁宇《万历十五年》、(美)杜维运《清代史学与史家》、(美)黄宗智《华北的小农经济与社会变迁》、(台)郭廷以《近代中国史事日志》、(美)柯文《在中国发现历史》、(港)饶宗颐《词集考》、(日)松浦友久《唐诗语汇意象论》、(日)小南一郎《中国的神话传说与古小说》等。尚有近10种待印。正在陆续出版的《日本学者研究中国史论著选译》(十卷本)、《法国敦煌学论著译丛》等是较为系统地收录国外汉学家研究成果的丛书。

三、出土文献及文书档案的整理著作

这一部分著作多以其史料价值弥足珍贵、部帙较大而"双效益"俱佳,是除重版书之外,能够为中华书局获得较好的经济效益的一部分图书。这些年,从先秦到汉代重要的出土文献都加以系统地整理影印出版。由郭老主持、胡厚宣总编辑的《甲骨文合集》,堪称现代文化出版史上的大工程。他如《殷墟甲骨刻辞摹释总集》、《殷周金文集成》、《吐鲁番文书》、《敦煌汉简》、《居延汉简》、《居延新简》、《英国所藏甲骨集》、《金文编》、《古陶文汇编》等,文书档案如《康熙起居注》、《满文老档》、《掌故丛编》、《中国海关密档》、《华工出国史料汇编》等。即将出版的120巨册《光绪朝朱批奏折》将为清史研究提供珍贵的原始档案史料。

四、通俗普及类知识读物及大专教材

当年吴晗先生主持编写的影响了一代人的《中国历史小丛书》出满200本,后来又在此基础上结集出版了几本专题性的丛书,像《古代要籍概述》、《古代科学家传记》、《古代经济专题史话》、《历代帝王传记》等十五种小丛书的合订本。《文史知识》作为以大专院校师生及广大知识青年和文史爱好者为主要对象的文史类期刊,曾在80年代初期聚拢了较大的读者群。以《文史知识》上所发文章为主体汇集而成的专题类丛书《文史知识文库》已出版二十余种,似可持续编排下去。林汉达、马舒等编著的《东周列国故事新编》、《前后汉故事新编》、"两晋"故事新编等新编历史故事读本,也曾一定程度上满足了高中以上文化水平读者的需要,只可惜未能坚持出下去。还有面向老干部的《中华文史哲名著选读》只出了六种。上述两种丛书都是在文化古籍热潮形成之前出版的,可谓开风气之先,但经济效益并不十分明显。他如《中国近代文化史丛书》、《中国文学史知识读物》、《中华史学丛书》、《中国古典名著

译注丛书》等知识类读物皆因"学术味"浓重而降低了青年读者的阅读兴趣。

值得注意的是,在"今译热"降温之际,中华书局仍然推出了《名家精译古文观止》和《白话资治通鉴》、《白话续资治通鉴》。《古文观止》的注本和读本不下十余种,中华书局力邀启功、苏仲翔、杨伯峻、霍松林、周振甫、程千帆、周勋初、袁行霈、陈贻焮、王运熙等文学名家加以精译,独具价值,销售看好。在改革版《文白对照全译资治通鉴》发行十余万册之际,中华仍坚持出版与点校本《资治通鉴》相对应的白话本,力图据守自己的阵地,并以其较高的译文质量占据了一部分图书市场。

早在中华书局创办初期,创办人陆费逵先生就提出了"用教科书革命"的办社宗旨,出版了数十种课本,占据了教科书市场。1949 年以后,中华书局缩小范围,共出版过 24 种高校文科教材及参考资料,到 1992 年进一步萎缩,只剩下《古代汉语》、《中国近代史》和《目录学概论》三种,当然这与高校文科教材订数日少、亏本经营不无关系。

五、综合性的丛书套书系列书和工具书

这一类最能体现一个出版社出书的系统性。据初步统计,中华书局出版的各类丛书约有 75 种之多。其中较有影响的如《古本小说丛刊》、《学术笔记丛刊》、《清人书目题跋丛刊》、《年谱丛刊》、《中国古典文学基本丛刊》、《古逸丛书三编》、《唐宋史料笔记丛刊》、《中外关系史名著译丛》、《十三经清人注疏》、《新编诸子集成》、《中国佛教典籍选刊》、《道教典籍选刊》、《理学丛书》、《清代档案史料丛编》以及近代人物文集、日记丛书等。即将推出的《中国钱币丛书》会对"钱币热"有一定推动作用,将满足一部分钱币爱好者的需要。

工具书类,解放前出版的《辞海》和《中华大字典》等并不因年深日久而"过时",仍能满足一部分读者的需要。《中华大字典》已多次重印,《康熙字典》、《说文解字》也是常印不衰。此外即将出版的《中国钱币大辞典》(多卷本)、《汉语方言大辞典》、《新疆历史文化辞典》、《宋代官制辞典》等注重学术性的工具书更能体现学术文化积累的效能。已出版的《中国文学家大辞典·唐五代卷》,是新中国第一部多卷本中国文学家传记类工具书,具有一定的权威性和较高的学术参考价值,颇获好评。

以上五个方面,大致涵盖了中华书局出书的基本面貌。当然既然是概括,便自有遗漏和缺陷。这本图书目录是依文学、语言文字、历史、哲学(含宗教)、普及读物、高校教材、综合参考等分类编排,同样可以隐现中华书局出书的个性特点,即注重学术性和系统性,追求高质量和高品位,在出版界中独树一帜,自有其特色。当今出版业竞争日趋激烈,促使各社纷纷转换机制,改善经营,除了实行必要的经济手段之外,开拓思路、优化选题是一个必不可少的重要环节。粗读书目,纵观中华出书简史,似觉言有未尽,笔者拟从提高重版书比例、注重系列出书、"大文化观"思路和创办新杂志四个方面提出几个选题思路供参考评议:

一、加大重版书和长效书的比例。如今国内外出版业的共同规律是初版赔(除了少量的畅销书),靠重印赚回来。日本出版业便追求高重版率,有些图书一年可重版 7—8 次。日本出版界有句名言:出版社真正的财富一是名声,是无形的财富;二是长期重版书,是有形的财富。中华书局八十余年来在学术界获得了较好的声誉,如要创造更多的有形财富,应树立高重版率的选题思路,而丢掉靠一二本书赚大钱的幻想。现在商务印书馆的重版率达到60%,北京出版社保持在 45%—50%。中华书局从 1984 年以来一般保持在45% 以上,最高的是 1987 年的 64%,1988 年的 66%,1992 年的 56%。像钱锺书先生的《管锥编》《谈艺录》和黄仁宇先生的《万历十五年》均已四次印刷,是中华书局少有的畅销学术著作。一般而言,重版率较高的是各类字典、词典、工具书、教材及普及读物。这一方面,应着力开发诸如各类字词典、工具书、实用百科、学生用书、教材等应用面较广的选题。如"中华实用百科"、"学生实用全书"、"中国文化传统博览"、"大中小型汉语词典"等等,可以短期投入,而长期收效,不断修订再版,从而获益。

二、出版系列书往往体现一个出版社的水平,反映出一个出版社的魄力、眼力、功力和实力,这种长期行为也是一个社历史悠久、渊源有自的标志。像日本平凡社的《东洋文库》、岩波书店的《岩波文库》,英国的《企鹅丛书》,以前商务的《国学基本丛书》《万有文库》等等。书局可否搞一个《中华学术文库》,不计亏赢,持续地出下去,追求高质量、高品位,占领学术阵地,网罗一大批专家学者,特别是中青年学者。现在中华书局每年都出版一定数量的学术著作,但作者以老年居多,应注重发掘中青年学者,他们靠文库扬名,确立学术地位,中华则倚重这些学者和这套文库保持固有的学术优势和学术声誉。且可以将已出的《中华史学丛书》、《中华历史丛书》等学术著作列入这套文库中作为第一辑,现在可以着手组织二辑以后各选题。相信会在学术界和出版界产生一定影响。

三、1958 年中华书局确定了专业出书方向之后,基本以中国古代文化典籍整理与研究著作为主,读者对象主要是大专以上文化程度以及学有专长的教学与研究人员。在专业分工范围势必逐渐扩大的前提下,书局能否参照科技出版社的"大科技观"思路,提出一个"大文化观"的思路,以此作为开拓选题的着眼点。这一思路要求研究读者群体的文化教育层次结构、年龄构成、职业结构以及地域分布等情况,有针对性地设计选题,加强宣传推广与促销活动。从现在的情势看,读者个人购书的比重逐渐加大,单位及群体购书渐少,当然对于一些部头较大、定价较高的书还是以后者为主要对象。进入 21 世纪,中国将进入老龄化社会,庞大的老年读者群体休闲的方式之一便是读书看报。以前书局曾有一个面向老干部的丛书(即《中华文史哲名著选读》),惜只出数种即停滞下来。还应考虑出版这类大字号大开本的、兼顾文化积累与学术意味的消闲类读物。同时,真正具有购买力的年龄阶段是青年,如何出些能够吸引他们阅读的书籍,特别是各类普及读物、消闲口袋书,也值得考虑。如何摆脱凝重的学术面孔,出一些形象生动题材轻松的面向青少年和儿童的文化普及类读物,这一课题也摆在了编辑们的面前。像 1993 年 7 月出版的《型世言》一书,无论从整理及出书速度,到装帧包装、宣传推广,都有值得称道之处,这是中华近年来少有的初版畅销书,也是惟一一本摆上个体书摊的中华出版物。

目前,出版新编地方志可视为开拓选题的一个路径。类似的还可开发出文化名胜园林类选题,以及文化旅游类反映各地风土民情的书籍,由于我国地域辽阔,这方面的市场及潜力都很大。

四、中华书局现有三种刊物。《文史》为不定期连续出版物,以考据辩证类文章为主,以古朴凝重见长。《文史知识》为雅俗共赏的面向中青年的文化类期刊。《书品》以评议本版书为主,文皆雅致可读。三种刊物都面临着读者面愈来愈窄的问题。似应再创办一种面向文化界出版界同仁、文化涵盖面更广泛一些、以中华传统文化为主要内容的刊物(可暂名《新中华》杂志)。杂志以其出版周期短、信息传播快且容量大等特点,更易为人们所接受。可以面向全球华人文化区,与港台新马美日等地联合编辑出版。

或者再扩大一点,搞一本《名人》杂志,以中国古代特别是近现代文化名人为主要报道内容。较成型以后可以每年出一本《中国当代名人录》,以健在的文化名人及对人类和中国科技、社会发展产生一定影响的专家学者为主,每年修订增补一版,仿照英国剑桥世界名人录,逐步提高其权威性,这也是提高中华书局知名度和学术影响的一个策略。

以上是读《中华书局图书目录(1949—1991)》的一些断想。相信到本世纪末,续编的中华书局图书目录将在体现中华书局固有的出书特色的同时,会容纳下一些适应时代需要的富于开拓性的新选题,并补充缺目,调整个别类项和文字,添加索引,使之更臻完善。通过一部完整的书目,反映一个迈向百年的老出版社的出书简史和兴衰隆替,折射一个民族学术文化的演进播迁,并昭示给人们诸多的启迪。

(原载《书品》1993 年第 4 期)

中华书局历年出版物的数量分析

成立于1912年的中华书局,迄今已有八十二年的历史。正如书籍是一个时代文化的表征,中华书局八十余年的发展历程也从一个侧面反映了近现代中国文化与学术迭经流变的历史。八十余年,累计出书达1.2万余种,大致可划分为三个较大的时段:一是1912年至1949年;二是1949年到1978年;三是1979年迄今。这跨越八十余年的出版史,可资探索的学术内涵较多。大而言之,中华书局在近代出版史上的地位和作用,对学术研究的推动和文化积累的独特贡献,几个较大的文化出版工程和几部大书对数代人文化思想的影响,对海外汉学研究的推助等等。这些侧重于外部影响力的研究无疑对一个年老资深的出版社在出版史和文化发展史上的定位起到一定的作用。另一方面,如果我们变换一下观察视角和支点,从一个出版社的出版物本身的类别、比例构成、流布和延续的变化来管窥蠡测,会另有发现和收获,从而强化对研究主体本身的感性认识。笔者曾对1958年特别是1979年以来中华书局出书指向做了一个初步分析(见《书品》1993年第4期《中华书局出书指向试析》),这是侧重于类别,以总量构成为基点,以选题评估与拓展为指归的定性分析。此外,还可以将出书总目横切条割,借以了解各学科门类书籍出版的比例;通过编年的图书目录据以统计历年出书取向的变化;中华出版物在历年古籍整理类出版物中所占比重的消长变化;几家出版社同时或先后出版的同类书在读者群中的接受反映和竞争态势;初版与重版书的比例以及重版书重印时间与版次所反映的读者接受状况;作者群体的文化知识构成特点和学科分布情况;相对较为固定的读者群体的年龄、知识结构、地域与行业分布、经济购买力与价位承受力情况;长时间形成的出版物共性所反映出来的编辑总体水平、出版个性与优势,面对市场变化的应变能力等等,这些课题都有待于逐一深入地分析与研究。

一

　　中华书局的早期发展并形成一定规模,是与创办人陆费逵先生的勤苦努力分不开的。陆费氏以教育家名世,曾提出"用教科书革命"和"完全华商自办"两个口号。创办伊始,即大量出版适应更多读者需要的新教科书,占据国内的教科书市场,为中华书局业务发展奠定了基础。到20、30年代,又陆续组织出版了《中华大字典》《辞海》《饮冰室合集》《四部备要》《古今图书集成》等部帙较大的书籍,确立了中华书局在近代出版业中的地位。从1912年到1949年三十七年间共出书5800余种。其中各类教科书400余种,社会科学类书籍近2000种,自然科学类650余种,文学艺术类1000余种,重要古籍600余种,少儿读物1400余种,各种工具书30余种,另有24种杂志。具体学科门类分布是:哲学宗教类205种,社会科学类91种,政治法律类293种,军事类67种,经济财政金融类356种,文化类26种,教育类654种,体育类50种,语言类593种,文学类632种,艺术类369种,历史类244种,地理类195种,自然科学类(含数理化天文生物)259种,医药卫生类112种,农牧林业类120种,技术科学类134种,综合类78种,儿童读物类(其中含丛书21种)1438种,丛书160种,合计5806种(据《中华书局图书总目(1912—1949)》统计)。

　　由上可以推知,这5806种书中,以教育、语言文字工具书、文学类和儿童读物为多,其中儿童读物中包含有21种丛书,每一种都是数十至上百册。出书范围广,可满足读者多层次需求。除以教科书为主要出版业务外,还广泛出版各学科各门类学术著作及应用书籍。孙中山先生两部重要著作《国民政府建国大纲》(1927年)、《建国方略》(1927年)即由中华推出。1935年康有为全稿《大同书》由其弟子钱安定交中华出版。30年代初,刚回国的傅雷与刘海粟合编了一套《世界名画集》,收入当时世界上著名画家的画作,由中华书局出版,徐悲鸿先生的画集也大多由中华印行。《福尔摩斯探案集》最早也由中华出版。当时美国杜威、詹姆斯、桑戴克等人的教育学说及英语教学法都由中华书局率先出版,介绍给国内读者。教科书作为中华书局主要业务,当时编辑所正副所长舒新城、张相都全力负责教科书出版,这对于促进教育事业的发展,普及科学文化知识,有着积极作用。

二

50 年代初期,中华书局迭经"改造",先是于 1950 年与三联、商务、开明、联营五家联合组成中国图书发行公司,1952 年经政府指导以农业书籍为出版重点,1954 年 5 月,总部从上海迁京,实行公私合营,以出版财政经济、俄语、农业书刊为主,直至 1958 年成立国务院古籍整理出版规划小组,中华书局作为其办事机构,同年文化部规定中华为专业古籍出版社,中华书局业务发展才逐步走上正轨。这中间,中华书局执行古籍规划,点校整理了一些重要古籍,特别是"二十四史"和《清史稿》的点校整理,堪称巨大的文化工程。出版十余年来,广为学术界所利用,行销海内外。从 1958 年到 1978 年,中华书局承担了国家古籍规划中的较多的项目,应该说在古籍整理出版界呈一花独放的局面。1979 年以后,各地方相继成立了专业古籍出版社,局面有所改变。

表一:1950—1981 年中华书局古籍整理图书出版情况

年份	年度古籍整理类图书出书数	中华书局古籍类图书出书数
1950	7	1
1951	16	1
1952	4	
1953	13	1
1954	39	18
1955	95	30
1956	81	26
1957	188	48
1958	182	72
1959	148	94
1960	50	36

续表

年份	年度古籍整理类图书出书数	中华书局古籍类图书出书数
1961	53	27
1962	97	51
1963	88（天一阁方志选刊占 47 种）	25
1964	39（天一阁方志选刊占 20 种）	11
1965	18	14
1966	5	5
1972	3	3
1973	9	8
1974	22	11
1975	24	10
1976	13	7
1977	19	9
1978	26	5
1979	75	36
1980	138	42
1981	103	30

（据《（1949—1981）古籍整理编目》一书统计）

1979 年，经济政治和文化的发展都走向正规，中华书局出版业务也走上长足发展的道路，并继承 1958 年以来的出书传统和范围，形成了独有的出版个性，即追求学术性，讲求高质量，注重学术著作和古籍整理图书使用的延时性，从这个角度来体现学术文化积累的效能。利用昨天的历史遗产创造并积累明天的精神财富，成为其一贯的出书宗旨。下面三个表格将会帮助我们说明一些问题：

表二:1949—1979 年中华书局各门类出书分布情况表

部类	出书数(种)	重印书数(种)	重版率
文学	150	36	24%
语言	70	17	24%
古代史	211	36	17%
近代史	85	8	9%
哲学	113(另有 39 种科技书)	21	19%
综合参考	266	35	13%
高校教材	11	8	73%

表三:1979—1991 年中华书局各门类出书分布情况表

部类	出书数(种)	重印书数(种)	重版率
文学	168	73	43%
语言	80	30	38%
古代史	274	71	26%
近代史	149	40	27%
哲学	122	59	48%
普及读物	275(多数为历史小丛书)		
工具书	73	32	44%
综合参考	51		
高校教材	16	16	100%
期刊及不定期刊物	18		

(以上二表均据《中华书局图书目录(1949—1991)》统计)

根据财务报表的统计,现将 1979 年至 1993 年中华书局出书情况列表详明如下:

表四:1979—1991 年中华书局出书统计

年份	出书总数(种)	新书(种)	重印书(种)	重版率
1979	128	88	40	31%
1980	198	137	61	31%
1981	307	184	123	40%
1982	205	130	75	37%
1983	262	152	110	42%
1984	244	142	102	42%
1985	196	128	68	35%
1986	286	141	145	51%
1987	273	99	174	64%
1988	231	77	154	66%
1989	175	76	89	51%
1990	164	76	88	54%
1991	142	79	63	44%
1992	201	88	113	56%
1993	184	120	64	35%
合计	3196	1717	1479	46%

三

由以上量化分析得出的一些结论是:

1. 追求高重版率是中华书局出版业务发展的一种趋势,也是一种带有共性的经验。重版书是反映图书的文化积累价值和图书整体质量水平的一个重要标志。中华书局主要是从 1979 年以后重版率才有较大幅度的上升,而 1987、1988 年可以说是中华书局发展的一个高峰期,重版率高达 64%、66%,而从 1979 年以后,平均达到 46%,在全国出版界应说是名列前茅的。从门类上看,重版率较高的依次为教材、工具书、哲学、文学和语言类书籍。普及读物按理也应是畅销的,并有较高的重版率的,只因多属"文革"前后编写的历史小丛书,而《文史知识文库》只在近两年才陆续有重印。

2.1949 年以后,中华书局出书范围广,满足读者多层次需要。但大致可以看出其出书特色,即以出版教科书为主要业务,同时也以出版资料工具书、学术著作等见长。应该说,从 1958 年开始,中华书局以出版高质量的文化学术著作和资料工具性古籍整理著作为主要特点的出版个性才逐步规范成型,到 1979 年以前在古籍整理方面做出了较为突出的贡献,出版地位比较高。1979 年以后,地方古籍社逐渐分立,一些综合性出版社也纷纷挤占古籍类图书市场,中华的市场占有率有所降低,相应地失去了一部分国内市场。而随着改革开放的深入和海外汉学界的需求,中华出版物又占据了近三分之一的海外图书市场。

3. 从出书门类上看,1949 年至 1991 年出版新书 2498 种,其中历史类即占 1095 种,接近新书总数的一半,选题面铺得很大、很多,哲学类虽有高重版率,但选题开拓方面似还不够。综合参考类一般也是资料工具性较强,读者层面较广的那一类,很有开发价值。而普及读物也是中华出版物两个效益结合较好的一类,还可大力开发。像汉语工具书、教材及教学参考用书,都是重版率较高的,可以搞成拳头产品。另一方面,1958 年以后,中华前后出有 60 多种丛书(另有 10 余种只出过一两本,暂不算在内),现在看,大部分已处于停滞,或因种种原因,处于暂时搁置状态。这方面应做些统筹安排,合并、裁汰,保留一些有代表性的,因为丛书、文库本可以体现学术积累的效能,且时间长,覆盖面广,影响大,也是体现出版个性的重要标志。现代社会的发展,杂志以其信息快、传播广而深受读者欢迎,如何恢复传统,续办一些中档的文化普及类的杂志,从而提高读者的文化品位,也是一项有待研究的课题。而且刊登广告的收益和有效的经营也可补济学术书的出版。

4. 如上所述,中华出版物的海外图书市场前景看好,对外图书贸易的地域在延伸,涉外版权贸易 50 余种图书。但在对外合作、协作出版方面,在调整选题结构、出品更加适应海外读者需求的图书方面,还有很大的开发潜力和领域。如全面系统介绍中国传统文化和国学精粹的书籍,如介绍传统医学、武术、工艺、服饰、饮食文化、科技、宗教、儒学理论等方面的书籍,已引起海外读者的极大兴趣。同时,就国内市场而言,儿童及青少年读物、艺术书籍和普及读物以其印数大,重版率高,似应成为近期开发的重点长版书和畅销书,并以此来补足出版高品位学术著作的亏损。这看似出版物品位的两极分化,实际上在实践和运作中,这两条曲线经过时间的淘洗,会日益清晰地描绘出一条逐渐接近的轨迹,这便是一个出版社长久形成的出版个性。中华出版物是靠学术文化界长久以来的阅读和有效利用而得到其学术价值的认同,它在宣传推广方面的主动投入往往是很有限的。当适应市场经济的出版体制逐步形成的时候,人们会在续编的图书目录中观察到它的出版形象和变化。就书籍史的个案分析而言,步入九十年,从而迈向百年的老社自有它的研究价值。

（原载《书品》1994 年第 3 期）

竞争激烈的台湾出版业

今年 3 月 23 日至 4 月 9 日，笔者随团赴台湾地区参加了 1994 年大陆图书展览。这次"1994 年大陆图书展览访问团"由内地 21 个省区市 88 个单位、99 人组成，代表 181 家出版社，是历年访台团组中单位最多、规模较大的一个访问团。在台 12 天的日程中，我们与台湾出版界进行了广泛的交流，拜访了一些出版社的老总。总的感觉是，台湾出版业的竞争十分激烈，出版业务繁忙，工作节奏感强。

根据最新的统计，台湾登记在案的出版社有 3975 家，平均每 5 万人有一个出版社。在这近 4000 家出版社中，有 1000 家左右较为活跃，也较具规模。它们积极出书，广为营销，相互争抢热门书和畅销书稿，介入图书市场各个环节，展开多样化的宣传攻势，使得出版界形成斑斓多彩、十分热闹的景观。据笔者观察，台湾出版业有如下一些特点：

"六一二"大限到来之前，各出版社和书店为推销库存"盗版书"作最后冲刺

1992 年 6 月 12 日，台湾实行新著作权法。两年缓冲期已到，对翻译盗版书的冲击甚大。各出版社和书店加紧推销库存"盗版书"。大型优惠低折扣销售翻译书活动很多，各个书店也都张挂降价销售清仓拍卖的招牌。台湾中华书局推出的"畅销书"系列，及时与作者签约，按照国际惯例加以包装宣传，即属应时之举。一些大的出版社可能会相应成立版权部门，设专人负责版权贸易及签约手续；一些中小出版社将更多依赖于版权代理的中介机构。由于竞争激烈，牵动一些出版公司大老板将眼界放开，除开辟中国内地图书市场外,努力拓展国际市场。远流出版公司注重吸纳国际性专业人才,特聘久居香港的国际资讯专家黄芳田返台出任副总编辑,为进军全球华文市场展开行动。

传记读物一直保持热销势头

阅读人物传记,可以欣赏历史的风云际会,体味生命的不同形式,并从传主身上找到自己依稀的影子,获得某种心理慰藉和精神砥砺。传记书在各类出版物中一直保持其独有魅力。台湾中华书局"传记之家"的推出,看似有些超前和销售乏力;待形成一定格局以及通过图书布局的合理化、宣传推广的跟进,会产生更大的影响力和效应。年初地球出版社推出了《我的父亲邓小平》也曾轰动一时。

书店出售的书中还有关于毛泽东、周恩来、邓小平等人的传记读物。

在竞争中追求出版个性

近两年来,台湾出版业发展较快,书籍的印刷、纸张、装帧、封面设计等都进入较为成熟的规范化运作过程。各出版社在长期的生存竞争中,不断提高出版物的水准,充分体现出自身的优势,从而形成出版个性。台湾中华书局大量印行工具书、学术专著及学生读物;传记文学出版社以多种传记资料见长;文津出版社推出内地博士文库和文化学术著作;"万卷楼"则以出版适合中等文化程度的通俗普及读物为主;"锦绣"则以大部头、直销书为出版特点。

除了上述传记书热门外,性学书再次抢手。张老师出版《金赛性学报告》已行销多年;正传公司推出《深入性爱教育》,掀起一股出版热潮。

儿童图书历来是出版业所经营的重要门类。儿童图书在出版行销上,以精装套书、印刷包装考究、高价位而走直销、邮购路线为主。其内容又多以翻译书为主,本土性的儿童书多为编辑而成,纯创作的作品并不多见。现在已有一些出版社开始注重推出廉价书或者采取高定价、低折扣的推销办法。

重视图书宣传广告翻新

台湾出版业的成功者都能充分了解广告的作用,认为广告除了商业效应,还有文化上的引导作用;没有广告,犹如在黑暗中睁眼。每一本书的成本预算中,都要打入一定的宣传推广费用。大部头的书更要在电视上或报刊上投巨资宣传。同时也注重一些软广告宣传及补救办法,如加印本社出版目录,邮寄广告宣传品,单页散发随意取阅等等。如3月31日,三家出版社同时推出龙应台的三本新书,形成滚动式宣传效果。

同大量图书宣传广告形成较大反差的是,台湾的书评业很不发达,书评刊物不是很多。台湾、台北两个出版协会的刊物《出版界》和《出版人》则以宏观品评为主。金石堂《出版情报》介绍店销书的情况,其排行榜较有影响,书评文章分量不大。《爱书人杂志》每月一期,创刊十八年,发行200余期,颇具专业出版媒体的态势,只因报纸形式,而冲淡了书评意味。对出版业本身的评述、研究专家屈指可数。著名的有两位,一是"幼狮"的总编辑陈信元,对台湾及内地专业资讯掌握较全面;另一位是"远流"的总经理詹宏志,人称出版趋势研究专家,近来提出建立单一的世界华文市场的必要性,有一定的参考价值。

短短几天的交流与交往,还不足以窥探台湾同业的全貌,但毕竟开阔眼界,收获良多。台湾与内地出版业确有许多互相学习、互相补益的地方。台湾人口少,市场狭小,竞争自然激烈。竞争促进了繁荣与发展。台湾书刊的印刷、装帧、纸张、封面设计、选题开发都有很多长处。但前些年盛行盗版、翻译,本土文化反而发展微弱,在学术文化资源、书稿的内容上大陆方面占有一定优势。在书刊销售方面,台湾发行业运行较为规范成型。店销、寄销、直销、邮购等各有千秋,店销占总销售的六七成。一般的出版社都有自己的门市;小社没有门市的,则靠"中盘"代理商助销。台湾书业营业税5%,所得税20%。大部头的书以直销为主,有一支庞大的直销队伍。书店一般存书上万种,多至10余万种。一般每一种只摆放二三本,可随时添货。电脑查询书目,十分方便。规模较大的书店三民书局,营业面积比北京王府井书店略小一点,但图书布局合理,备有滚动电梯,购书环境优雅。

台版图书印数不大,一般每种书第一次印一两千册,学术著作印500到1000册,也多赔钱,靠出版一些教学参考用书和大众生活用书来维持。台湾虽然市场狭小,但对文化的发展以及对文化品的需求量还是较大的。台湾现有100多所大学及专科院校,近4000所图书馆;学生就学率高,学校及图书馆经费都很充足,购书量很大。另一个现象是台湾的书店中学生和青年读者居多,他们徜徉于书林,埋首阅读的情景,令人难忘。台湾有名的金石堂书店,已发展到 36 家分号,是连锁书店中的成功者。遍布台北街巷的超市,一般都放有一些应时的生活用书及热门书和少量的杂志报纸,读者称便。

(原载《中国出版》1994 年第 9 期)

延续中凸显个性

——中华书局丛书套书试析

　　笔者曾撰文涉及《中华书局出书指向试析》(《书品》1993 年第 4 期)和《中华书局历年出版物的数量分析》(《书品》1994 年第 3 期)。其中前一文是侧重于类别,以总量构成为基点,以选题评估与拓展为指归的定性分析。从类别特征上来看,丛书套书系列书因出书时间长,覆盖面广,影响大,体现了一个出版社的实力与水平,体现学术文化积累的效能;又因其整体效应而葆有较强的竞争力,而且这种长期行为也是一个社历史悠久、渊源有自的标志。在这种标志的背后,隐含着一种出版个性的追求。

　　从文献学的初始命义来讲,以丛书题作书名,始见于唐代陆龟蒙《笠泽丛书》;宋代俞鼎孙编《儒学警悟》,虽无丛书之名,而有丛书之实;至明代程荣辑《汉魏丛书》,则实至名归,成为文献中的专用名称。《四库全书》为古代丛书之荦荦大者。近代以来,则有商务之《四部丛刊》、中华之《四部备要》以及商务中华接续出版的《丛书集成》,至今仍列入在版书目中。在西方和日本,则多以文库称之。世界上较早出现的文库是德国的雷克拉姆世界文库,创始于1867 年,迄今已出书二千余种。其他著名的还有英国的企鹅丛书,日本的东洋文库、岩波文库(已出书五千余种)、角川文库(已出书九千余种)等等。作为人类一笔宝贵精神财富的物质载体与结晶,丛书毕竟为人们继承与传播文化、学习与认识人类文明提供了一个独特的视角。

　　如果说,要想了解一个出版社,只需翻一下它的出书目录,那么任何一个出版社的目录就可以说是一套丛书目录。因为从某种意义上来讲,既然一个出版社要为特定的市场提供某些类型的图书,它在长期的经营中必然形成一定的专业分工、出版个性与出版优势,它在某一领域具有一定的计划与能力,因而它的目录所列的图书,就自然构成了一个丛书似的图书群。这样就可以避免以单本书打入一个新领域所面临的困境,通过丛书的立目,还可以产生滚雪球似的运动效应。从严格意义上讲,丛书可以分成限定型和非限定型两种。限定型丛书要求有较为详细的计划,可以取得预期的效果,是一个有开头和结尾的时间性较强的特定出版项目,一般要有较为统一的思想方法、版式、字数和表达形式,是考虑了特定的市场,用特定的方式,满足特定领域的需要。一般地,限定型丛书要由一位或数位某一学科领域的权威来做统一的筹划、组织和协调工作,以提高丛书的权威性。非限定型丛书具有把每一部书稿当作相对独立的一种书来考虑的长处,而且在其他情况下不会采用的一些书稿也可以列入一个丛书中,为丛书赢得声誉,形成一定的整体效应。另一方面,为已确立了地位的丛书提供了一个使某一种书取得成功的背景。与限定型丛书相比,非限定型丛书不追求短期交易的成功,更注重时间延续中的长期效应,编辑与出版社对于回收成本产生效益的考虑并不多,因而它的学术性和积累传播文化的功能更为显著,通过丛书目录的延伸而走向未来。就像一串项链中的单一个体构不成景观,而它的整体却显示了特色。

对于一个老社来讲,一长串的书单构筑了它的出书历史,它出版的一系列丛书更可以体现它的个性、它的成功与失败。这需要十几年甚至数十年的积累,因而对于丛书的分析与思考在出版史和书籍史研究中具有特定的参考价值。

笔者翻阅中华书局的出书目录,并做了粗略的统计。从 1912 年到 1949年,中华书局出书 5806 种,包括丛书 160 余种。1958 年确定专业分工以后出版丛书 70 余种,大致反映了 1958 年特别是 1979 年以来中华书局系列出书的总貌。这些丛书的情况如下:

丛书名称	已出书数(种)
一、中国古典文学基本丛书	45
二、中华文史哲名著选读	5
三、明清传奇选刊	7
四、古小说丛刊	9

　　注:①书名后标 * 号者为已停出丛书。

　　　②另有约 14 种丛书套书只出单本,未列入。

　　上述 70 余种丛书包括了 1340 余种单本书,约占同期出版物总量的三分之一,表明中华版丛书套书比例较大,因其整体效应强,影响大而形成规模。它具有如下一些特点:

　　其一,从类别上看,古代史和近代史方面的丛书较多,约占总数的一半,文学、语言类适中,而哲学、综合、普及类的丛书种数相对较少,而这三大类出版物又是销售情况最好和重版率较高的。

　　其二,中华版丛书以非限定型居多。一般地包含内容较为宽泛,出书时间延续性较长。不大注重短期内形成规模,造成声势,而是在长年累月的累积中形成富有特色的规模与格局。一般很少设立主编或编委会,具体筹划组织工作多由编辑室或责任编辑充任。个别限定性较强的丛书如工商业史料、洪涝档案史料、海关资料等多为受编写单位委托出版,一样具有连续性和延时性的特点。

　　其三,中华版丛书以整理类资料工具性为主,而少有著作类综合性的丛书选目。如文学类 8 种,只有 1 种《中国文学史知识丛书》为研究著作类;历史类 36 种,只有《日本学者研究中国史论著选译》、《中国近代文化史丛书》等5 种为著作类,其余均为资料整理类丛书。这一方面体现了中华书局作为专业古籍出版社在整理出版古籍读本方面的优势地位,另一方面也表明在古代典籍与传统文化综合研究与整体描述等方面的选题拓展还很不够。这一类学术研究著作的典型代表是《管锥编》、《谈艺录》和《万历十五年》。中华书局还出版了陈垣、汤用彤、熊十力、胡适、顾颉刚、唐长孺、王仲荦等十余位著名学者的学术论著集。这些出版物都代表了各自研究领域的较高水平,如果能从总体上宏观把握并规划为一二种丛书出版,会产生一定的群体效应,从而使每一种书因群体的运动关系而产生更大的影响力。

其四，从总体上看，这些丛书还存在着选题立目的重复和相互交叉等情况。如《中华史学丛书》、《中华历史丛书》、《历史知识读物》、《中国历史小丛书》、《知识丛书》、《古小说丛刊》、《古本小说丛刊》等。这些丛书有的已停出，有的需做一些调整，使之规范成型。

根据有关报刊资料的介绍，1995 年中华书局将要陆续推出《中华文学通览》（多卷本）、《中国古代文学思想史丛书》、《中华钱币丛书》、《中华版古典小说宝库》等新书。由此可以看出其正在走向丛书系列的学术化和通俗化的两条轨迹。中华版的丛书大多以专业读者为对象，丛书的立目和名称也都是一副严肃的学究面孔，而少有以形象譬喻冠名的。丛书中的 90% 都是严肃有余，活泼不足，始终将读者群限定在高中甚至大专以上文化程度。所以有必要在强调丛书规划的学术性的同时，加大通俗化的力度。除了续出《中国古典名著译注丛书》、《文史知识文库》以外，似应设计出一些诸如古代经典名著选读、文史哲基础读本、文化知识等综合普及类丛书。几十年来中华书局出版了各种著述形式的古典名著，应提出"名著要有中华版"的口号，从而使这些重要的中国古代名著都有中华版本行世，作为中华版的保留书目与常备书目，在图书市场上占有一席之地。以全注本、选本、白话本、导读本，甚至包括名家精选精译、注音、图画本等各种形式拓宽市场，以适应不同层次读者的需要。

另一方面，中华书局的出版个性还要靠大量的学术著作来体现，不断地规范、调整和拓展一些学术性较强的丛书。在保持与老一代名流专家学者的密切联系基础上，似应更多着力培养一批优秀的中青年专业人才，通过出版丛书来网罗这一批也需要通过中华版丛书来进一步确立其学术地位的作者。可以确立一个非限定性的学术丛书（如中华学术文库、中华文史哲丛书、中华学术论丛等名称）长久地出下去，通过延续的出版来培养一代代学者、培育一代代的学风，来体现中华书局注重学术文化积累的效能。此外，中华书局近些年开拓了整理出版珍贵的出土文献特别是简牍一类的选题，其影响力愈益扩大，但似应冠一总的丛书名称以涵盖其内容（如古代简牍文献丛刊、出土文献精萃丛编等）。

一个产品若广为人们使用，必须有它的品牌与商标，一个成功的企业必要有它的徽志。一本好书吸引万千读者，同样是靠它的内容质量与外在形式的统一,现在人们已开始注重企业的整体形象设计。中华书局作为一个老字号的出版企业,同样十分看重它的"名牌"效应。那么,丛书套书应是体现它的出版个性、整体风格与出版优势的所在,因而对于这一类著述群体研究的参考价值远不限于本文条列的这一点点。

(原载《书品》1995 年第 2 期)

追求出版个性

——谈学术著作出版

图书是具有精神价值的有形商品,在价值延伸的意义上,又具有无形评价的内在特征。后者往往代表了社会文化的长期发展趋势对图书出版者的要求与规范,这对以保持和传播社会文化、影响读者思想行为为事业的出版社的长期生存与发展,无疑有着至关重要的影响。对于一个注重质量、追求高品位,在某个领域建立了权威信誉,并力争获取较好的经济效益的以出版学术著作为主的专业出版社来说,社会目标和经济目标的双重矛盾是一个始终令人困扰的话题。发挥规范成型的出版优势,保持出版个性,应是解决这一问题的切入点。笔者试从出版几个环节上谈点自己的看法:

一般而言,重版率高的出版物是各类字词典、工具书、教材、普及读物及有影响力的文学作品。在规划选题和选题决策上,追求并不断提高重版率,应是一些正规老牌出版社的主要目标。像商务印书馆、中华书局多年来重版率约保持在60%左右,像钱锺书先生的《管锥编》《谈艺录》,黄仁宇的《万历十五年》等学术专著,商务的"汉译世界名著"、三联的《新知文库》等等,都因其高质量、高品位,历经十数年,仍保持一定的上架率,成为读者的案头清供。"二十四史"、《资治通鉴》更被一些读者认为是"经长期考验而立足的经久不衰之作",迄经二三十年保持常销不衰的势头。最近上海《书业行情》编辑部策划的中国五大出版社发行调查表明,同一类或内容相近的学术书,读者的选择定位还是在一些老牌社,因其"出版质量之高是其他社所不能企及的"。因而,追求高重版率便是体现出版个性的首要选择。

其次,系列出版物往往体现一个出版社的水准,反映出一个社的魄力、眼力、功力和实力,这种长期行为也是一个社历史悠久、渊源有自的标志。像日本平凡社的《东洋文库》,岩波书店的《岩波文库》,英国的《企鹅丛书》,商务的《国学基本丛书》、《万有文库》等等,都是传响一时的佳构巨制。丛书套书形成一定规模,具有滚动式宣传效应,是吸引读者的强力所在。

随着电子出版物的推广应用,学术著作的阅读使用时效长的特点可以在网络出版和即时印刷技术等新技术的应用中发挥优势,使重印快捷简便,方便更多读者使用,使这些出版物真正体现文化积累与传播的效能。

在出版程序上,扩大单位成本与定价之间的比例,提高保本率,按照国际出版通例,采取学术著作高价位,按实际成本定价的办法,虽然有一定的风险,也会引起较大的争议,但却是势在必行的路径。实践表明,薄利多销不适合于专业学术书籍,而应逐步过渡到靠低印数高价位来略补亏损,这需要较为准确地计算和预测出最佳印数和读者的承受能力之间的平均值。故而老牌出版社应像小出版社学习,培养和鼓励编辑学会计算每一本书的成本预算和定价管理。与此连带的是,在发行和销售环节上,多增加人员投入,现在普遍的问题是编辑人员多于发行人员,宣传推广活动与销售活动脱节。像中华书局、商务印书馆、人民出版社、人民文学出版社、三联书店等老牌社,普遍缺乏推销自己的意识,市场促销手段少,广告宣传投入少,更多的是靠它们多年积累的出版声誉所带来的无形财富而吸引着较为固定的读者群体,且这一群体尚有日渐老化和减少的趋势。除了加大宣传推广力度,推行读书俱乐部和邮购是定向销售学术著作的两种较好的方式,这需要建立特约经销网络和特定读者卡,便于开展对口发行。如美国麦格劳·希尔图书公司的计算机就储存有1000万个全美专业读者的信息,包括姓名、地址、专业范围、经济信用等,图书选题确定后,就可以知道它有多少专业读者,将订单寄给相关的读者。这方面国内可开发的潜力非常大。

在经营管理上,可做的工作还很多,前贤已有多方面的探讨,诸如降低单位成本、减少非出版支出、减少中间环节、缩短出版周期、争取国家税收调节政策和学术著作出版基金的支持等等。总之,出版社的经营者与编辑人员应更多地参与行销宣传,介入图书市场,并习惯于按每一本书的实际成本来探讨投入与产出的关系,从而转换经营机制,保持既有的出书特点,争取更多的专业读者,同时将眼界拓宽,投向国际图书市场,因应组合中的全球华文市场,相信具有出版个性和独特魅力的出版物在市场上占有的地位会越来越重要。

（原载《新闻出版报》1994 年 10 月 14 日）

走常销之路

——再谈学术著作出版

　　一位美国出版家说过:"出版不是自由职业,它是那种一推出产品就要准备接受卖不出去的冲击波打击的极难经营的制造业。"(梅尔文·密尔顿)一席话道出了出书难的苦衷与无奈。笔者曾于"市场版"第88期上撰文,从出版几个环节上提出追求出版个性是专业学术性出版社的不懈追求目标与解决经济与社会目标双重矛盾困扰的切入点。但这需要一个经年的积累与社会、读者普遍认同的选择性前提。出书的目的在于销售,在于让一定范围的读者接受。诚如法国大学者伏尔泰所言:"无论是怎样有益的图书,其价值的一半是由读者创造的。"因而了解并研究读者与特定销售对象的重要性便在出版者的经营目标中凸现出来。就销售方式与途径而言,常销书是学术专业性出版社的必由之路。

　　一个成熟的出版业和一个规范成型的出版社的共性在于高重版率与系列出版物占有较高的比例,并有一批"看家"的保留书目(常备书目),中外皆然。重印书的利润平均要比新书高5—7倍。日本出版业平均重版率在50%以上,一般出版业发达的国家重版书品种要占其出书总数的70%—80%,英国平均每重版11—14种才出版1种新书。而我国图书重版率一直较低,平均还不到20%,像商务、中华等老牌社可达40%以上。这些老牌社都有一些经年常销的图书维持其生存与发展。像商务的"汉译世界名著"、《现代汉语词典》,三联的《新知文库》、《金庸作品集》,中华的"二十四史"、《资治通鉴》、《古代汉语》,人民文学的中外文学名著等等。这些老牌社面对的读者多是大中城市、中等以上文化程度的有着较强专业知识的读者群体,它们的出版物通常在文化传播与影响学术发展的延时性上体现文化积累的效能,书籍的生命力相对长久些。这种"细水长流"的长销方式,规范了出版业研究的一种特性,因而具有一定的研究与探索价值。笔者试从读者选择、促销多样化、确定印数与合理备货、经营策略的变化四个方面略陈管见。

一、了解读者与调查图书市场,是保证图书常销的前提。学术书的读者具有相对定型化的特点。这一类读者要具有一定的文化积累与学术滋养,一般又以男性读者居多,以个人购买市场为主,海外图书市场较其他类书广大。对于这一类读者购买行为、年龄结构、性别差异、文化背景及地域特点的分析与调查,需要应用特定需求理论加以定位。以中华书局为例,1994年的图书销售,从地域上看,依文化与经济发达的程度而增减,依次为北京地区、华东、中南、华北、东北、西南和西北。订货方式上更反映了常销书的特性,以添货为主,占总销售额的72%以上。而且海外图书销售呈逐年稳步增长的势头。这些都反映出特定读者需求对购买行为与选择的影响。

二、学术类图书的特性决定了其读者群相对较为稳定,推销方式上比一般大众书要简单些。建立特定读者直销网络、读者跟踪卡与定向邮购都是最简便易行的办法。此外,仿效国外成熟经验,建立特定读者俱乐部,举办专题书展,编制专题性的在版书目。还可尝试英国发行商采用的"循环订购程序",即对同一类书反复征订,这些都是提高销售额的方法。不利的因素是短期内增加了发行成本,需要内部管理与经营决策的科学化。在我国,直接的图书宣传推销费用很少会超过总定价的2%。而在海外,初版书的推销费用通常占到销售收入的20%左右。在出版业逐步向依成本定价的过渡过程中,确定每一本书的宣传费用开支,制订一个详细的宣传推广计划,也是注重销售的观念性转变的必要准备。

三、当前在改革发行体制的过程中,应改变单纯依靠书目征订确定印数的传统做法,而改为通过研究销售模式、销货概率等量化统计手段加上发行经验,通过科学论证来确定印数。对印数的合理确定必须使出版社的经营管理一体化,即宣传征订、生产、库存、销售、发行、信息反馈等环节形成有机的系统管理,使预订接近实销数,减少资金占用。建立必要的库存情况定期通报、售缺书登记制度。确定二至三级常备书目,也是一个行之有效的办法,研究确定图书重印的临界点,是保证图书常销的必要环节。

四、出版社的工作重点是选题的规划与成品出版物的发行。选题的规划也要预先考虑到发行的因素,从而确立适销对路与盈利的基础。如美国格罗利尔出版公司主要靠《美国学校百科全书》和《知识手册》两部大书不断重印盈利,每年在全球各地销 500 万册,这是选题规划合理带动常销书机制的明例。现在一些出版社开始注重广告宣传与推广,设立策划与组稿编辑都是适应市场经济需要的必然选择。从发行环节看,通过电传、电话等订购图书办法,电脑管理库存与书店备货经营,作为加快库存周转的较佳手段,也为更多的出版社接受并采用。从出版环节而言,似可尝试一书多种版本的连动式出书效应。多种装帧形式的变化,适应不同品位读者的需求。在财务管理上,也要通过资金筹措、资金流动与配置、成本管理、付酬方式、平衡收支、效益折扣等方面配合发行工作。应该说,这几年一些社扩大发行人员比例便是重视发行工作的开始,而发行主体观念的确立更是经营者必须具备的思路。唯其如此,学术书籍出版以常销形式为主的思路才能有所依托和接近实现。恰如一株常青树根植于细心浇灌的肥沃土壤中,生命之树常青,学术著作的生命力将为找寻到自己的路径而展现出人类精神产品价值的无限魅力。

（原载《新闻出版报》1995 年 1 月 13 日）

特定需求与定向销售

——三谈学术著作出版与发行（上）

　　德国历史学家斐利克斯·丹曾有一首短诗写道：写书是容易的，印书比写书难一点，读书就更难了……不过，一个大活人能做的事情，最难的莫过于卖书。道出了卖书者的艰难和出版物发行的重要。书籍作为人类知识的载体和文明的外化形式，长期以来一直被当做个人的交流工具，它决定于读者的选择行为，这种选择带有一定的自由度，特别是对被视为学术公器的学术著作而言，这种选择更带有一定的限定条件（积累与传承），所以对以出版学术著作为主的专业出版社来讲，选题与市场定位便显得十分重要。面对相对固定的读者群体，必须按照市场经济体制的要求来经营选题和确定市场。

　　笔者在本报"市场版"第88期和第94期两次发文中，侧重于出版个性与理念识别和销售方式与途径的探讨，本文拟从选题定位和营销策略上再作阐发与说明，因为这两项工作始终是一个出版社奏鸣曲中的双重奏和两个重点。

　　真正具有出版价值和文化积累意义的学术著作毕竟是不多见的。对于大多数具有独到见解、言之有物、在某一学科或领域有领先地位的学术著作来说，读者审慎的选择便决定着它们的命运。关键还在于靠有特色的出书品种，始终在某一方面或领域占据领先地位，占有一定的市场份额，赢得读者的信赖。就像有的文章中提到的："商务印书馆的语言图书、中华书局的中国古代文史图书、三联书店的社会科学'学术文库'图书、人民文学出版社的中外文学名著图书，都出得好，出得精，读者买起来放心，读起来顺心，用起来称心。这几家有半个世纪乃至百年史的老社众望所归，口碑甚好，不仅出书水平高,而且总体质量稳定,其社名本身已成为金字招牌。"(《博览群书》1996年第3期欧阳明文《编辑"名"在何处?》)即使同类重复的选题,这些老牌社也有一定的竞争力。美国卡纳斯(Cahners)出版公司(总部在波士顿)以出版杂志为主,他们对所出版的每种杂志的特定的行业采购力、市场覆盖率、采购影响力、刊物内容吸引力及读者群等,都有充分的了解,提出了"特定需求"的理论,获得了很大的成功,这对于学术著作的出版很有借鉴作用。这需要专业出版社的编辑们密切关注学术界动态,通过走访、通信、参与学术会议等方式与相关学科领域的专家学者保持密切的联系,了解一些老专家学者的近期课题和带有总结性的写作成果,特别应注重中青年学者队伍的培养,这是保持出版个性与优势的后续手段,也是有眼力的编辑与出版家的深谋远虑。同时,在出版社选题管理机制上做好选题论证、进行市场调查也是很重要的环节。选题论证会可以吸收发行部门、印制部门、财务部门的人员参加,根据目前市场上同类书的销量、版次、内容、价格等情况,同时考虑作者学术地位与声誉、读者接受心理、市场趋向、通货膨胀等因素,为选题决策提出重要参考,形成选题策划、编辑加工制作、市场营销一体化经营机制。为确保选题的高质量与高品位,似有必要请一些资深编辑与专家学者组成评审委员会,对提交的选题从学术价值角度反复评估论证,力求使其在某一学科领域具有独创性和学术影响力(包括写作风格独特的通俗读物和大众普及本),避免平庸之作。完成了选题论证与市场定位,应该说已经完成了一大半的工作,经过缜密的编辑加工制作,最好再经由总编辑牵头的编校质量检查部门审读与把关,力求内文与形式的协调一致,配合以一定的宣传推广,便到了至关重要的销售环节。

(原载《新闻出版报》1996年5月22日)

特定需求与定向销售

——三谈学术著作出版与发行(下)

对于学术著作的出版,首要的是在选题规划与市场定位上凸显个性,追求高质量,讲求高品位。其次是注重学术著作使用的延时性,以此来体现学术文化积累的效能,走常销之路。同时在出版程序和经营管理上逐步推行整体化经营,使得机制灵活,在营销环节上多投入。根据目前国内外出版企业的成功经验,"定向销售"有着一定的优势。

定向销售,前提应是以自办发行为主,委托专业书店、学术书店、批发商和各地经销店负责经销,大致有几种营销策略:

1. 推行图书俱乐部和邮购,建立特约经销网络和读者资料库。像美国麦格劳·希尔图书公司的计算机中就储存有 1000 万个全美专业读者的信息,包括姓名、地址、专业范围、经济信用等,图书选题确定后,就可以知道它有多少专业读者,可直接将订单寄给相关的读者。加州大学出版社掌握有 2.3 万多名全美和世界各国教授和专家的名单,每年寄两次新书订单,此外还将以前买过该社书籍的所有客户资料存入电脑,以便加强联系。再如台湾盛行一种 DM(英文全称 DIREG MAIL)直效行销,建立有效的专业读者资料库,依客户的年龄、性别、文化、爱好、消费水平等设计出不同的邮购资料,有的甚至上门推销。

2. 推行经营管理一体化和一条龙服务。使宣传征订、生产、销售、发行、仓储库存、信息反馈等环节形成有机的系统管理,加强印数的核定,使其接近实销数,减少资金占用。建立必要的库存情况定期通报、售缺书登记制度,根据销售情况确立常备书目和库存量临界点,保证常销书不断档。向读者附寄读者意见表,请其对选题和图书内容质量提出建议,确保售后服务。学术著作虽相对使用时效长,但对有大量修订和增订再版的图书应及时通知已购买前一版次的读者,这方面需要有建立读者资料库的前提。

3. 积极介入各种学术活动及文化公益活动,从而达到促销目的。可以有针对性地举办学术讲座,请知名学者和作者就某书或某类文化现象、学术动态进行学术演讲。还可以向有关的学术会议赠书,赞助相关的文化活动,介入各种评奖活动等等,除了赠书、捐书做礼品奖品外,还可附送一些精心策划的形象广告和宣传品,增强读者对出版社以及某本书的印象。现在各种传播媒体特别是电视台纷纷开办读书栏目,可以主动介入,更多地参与。

4. 设立推销代表和推销员制。通过他们将书目、样书送到批发商、书店、图书馆及个人手中,直接上门推销。各类学术图书馆、专业图书馆和公共图书馆是最大的学术书籍用户,其购买量一般要占到销售量的 50% 以上,因此出版社应注意保持与他们的密切联系,不断提供新书目录和出书信息。同时大量拓展学术著作的海外销售及版权转让,以中华书局为例,海外销售约占年销售新书总量的四分之一。对于个人用户,可多发展平装业务,或者由读书俱乐部买下版权后出版简易平装本,满足个人教学与研究需要。

现在,各个出版社都在纷纷推出成系列的大部头套书或是有影响的学术著作来创牌子,来获取学术声誉和广泛的社会效益,有的社为了争打"时间差",只好出品一些文化拼盘或学术快餐,来沽名钓誉,这在一定程度上不利于学术著作的出版规范。应该看到,真正的学术著作出版毕竟还很艰难,而优秀的学术著作通过其价值的逐渐被认同,通过走常销之路,通过定向销售,最终还是可能会盈利的。但这需要精心的选题规划和学术界的协同配合,需要整体上提高出版社的经营管理水平,需要出版业的规范运作,一句话,需要"阶段性转移"两个目标的逐步实现。

（原载《新闻出版报》1996 年 6 月 1 日）

古籍出版：追求个性化

　　前几年的"古籍今译热"，使更多的读者领略了古代文化的风采，同时也使得古籍整理出版的从业者多了几分欣喜与安慰。去年下半年以来，电视连续剧《三国演义》的播放所带来的共生效应与连动反应，又使得中国古典名著日趋走俏。几年来古籍图书礼品化、图画化、缩印化、白话化、工具化、传记化纷呈叠现，呈一时之盛。

　　古籍图书在呈现多样化的同时，也从出书的总量上凸显了整个出版事业的繁荣。据粗略统计，1949年至1977年，共整理出版古籍1147种，1978年至1994年，共出版古籍6000余种。"七全一海"（《全宋诗》、《全宋文》、《全元戏曲》、《全元文》、《全明诗》、《全明文》、《清文海》、《全粤诗》）大型诗文总集的编纂可谓总量出版的代表。如今，更有《中华大典》、《传世藏书》、《续修四库全书》、《四库全书存目丛书》"四大工程"，这是继点校本"二十四史"和《甲骨文合集》之后的巨大文化出版工程。除《中华大典》靠国家专项经费支持外，其他三项工程都是走与企业界结合的方式，这也表明了经济发展对文化事业的推动。

　　在出版业由总量增长向规模效益转移的进程中，古籍图书出版如何运作，值得思考。在借鉴与选择、生存与发展的交互思考中，可以看出，追求个性，使其规范成型，应是出版业走向成熟的关键所在。通过个性化的追求，显现出一个出版社鲜明的理念识别系统，使读者通过它的徽标和出版物来认同它的个性特征，就像美国的时代、英国的企鹅、德国的贝塔斯曼、加拿大的禾林一样。个性化的发展，将从总体上构成出版业的多样化图景。

　　目前，全国有18家专业古籍出版社，另有近百家出版社参与古籍图书出版,这些众多的出版社挤占着本已狭窄的市场份额,使得拓宽选题范围,扩大发行成为古籍社议论的中心话题。在实践与探索中,有的社已初步形成了自己的出版个性。像岳麓书社坚持"以最少的钱,买最好的书"的服务宗旨,出版有古典名著普及文库(已出 66 种)、古籍图书精品、古典名著今译读本(已出 20 种)、韵文三百首系列等系列丛书,以小号字为主,不讲究用纸和装帧,从而以较低廉的书价赢得了更多的读者,做了大量普及古代文化的工作。上海古籍出版社则注重两个层次读物的出版:一方面出版高层次学术著作和整理域外敦煌文献,另一方面在出版普及读物、拓展出书范围上着力,出版了一些实用性、知识性书籍。中华书局则始终把追求学术性、讲求高质量作为它的出书宗旨,注重学术著作使用的延时性和学术文化积累的效能。一般而言,重版率较高的多是工具书、教材、实用生活类书籍和儿童读物,中华书局整理的资料工具性古籍和学术著作也保持了较高的重版率,且保有一定的外销比例,这种"常销"的模式,也于近些年内规范成型。还有一些出版社,也因独具特色的出版物而在古籍图书中占有一席之地。

在我们对古籍图书出版作乐观展望的同时,还应看到它所面临的困境,即读者日益减少。古籍最大的问题,在于整体表现形式上与现代青年读者的疏离与隔膜。时代的遥远与语言沟通的困难,使得青年一代远离古籍。古籍今译、图说绘画本的出现,都是试图走近青年一代读者的努力。出版文化普及类读物和童蒙读物始终是不容忽视的急迫问题,《新三字经》等启蒙益智读物的出现不失为一种积极主动的尝试。近两年历史小说和历史人物传记的热销,同样是一种积极的出版转向。人们在阅读历史人物传记的同时,实现着一种价值认同,在感喟历史与人物际遇的同时体味人世沧桑,同时,传记又是最快了解历史和文化传统的一种途径。湖南文艺版的三卷本《曾国藩》和今年台湾实学社五卷本的《秦始皇大传》皆是明证。除了青少年读物的开发和历史人物传记的出版将成为古籍图书的两个热点以外,古籍图书的外向选题拓展同样是一个重要的路径。台湾汉光出版社的《汉光中国菜》,已有 6 种版本,销量 35 万册。最近推出的《大中华文库》也表明了外向拓展的努力。有关中国传统医学、养生保健、饮食文化、武术、传统学术等方面的书籍,一直是海外汉学界关注的热点,这类书的海外版权贸易和图书销售一直占有较大的比例,如何规划与开拓这方面的选题对于古籍图书的销售前景有着至关重要的影响。

　　在图书出版愈益精致与考究的同时,读者的鉴别与选择也愈益慎重与苛刻,这是一个相辅相成的对应关系。同样的选题与出版物,人们往往选择有特色的出版社的图书。这是一个自主选择的过程。正因为出版特色与个性导致了一种选择上的优势,相信由出版个性而凸现的出版优势,会随着时间的推移而营造一种多样化古籍出书格局的繁荣景观。

　　　　　　　　　　　（原载《新闻出版报》1995 年 6 月 21 日）

关于出版业未来走向的思考

　　未来的出版业会有什么样的发展态势,已引起人们更多的思考。正如于友先同志所指出的:"要认真思考并回答跨世纪新闻出版工作的若干重大问题,必须对新世纪新闻出版业的基本特征和发展趋势不仅要有所了解,而且还要不断地进行深入的思考和研究。"本着这样的认识,笔者试对我国出版业未来发展趋势做一番探讨,希冀引起业界人士的关注。

　　目前世界出版业每年出书约 64 万种,平均每年按 4% 幅度增长。我国出版业 1979—1992 年平均增长率为 12.5%,1992—1997 年为 15%,平均利润率高,投资回报率高,在国民生产总值中比重增大,已成为知识经济重要部门,引动社会资金流向出版业。图书文化城纷纷在各地兴建,深圳书城已成为当地旅游景观。1995 年美国书籍年销售额 225 亿美元,日本、德国各为 100 亿美元,英国 37 亿美元,法国 34 亿美元。我国 1996 年图书销售总额 557 亿元人民币,纯销售额 266 亿元,相当于 32 亿美元。1997 年总销售 660 亿元,纯销售 313 亿元,人均购书 6.04 册,人均购书费用 25.33 元,已具有一定的产业规模。从 1998 年图书市场发展情况看,以价格和规模带动起来的出版物市场会出现一个盘整期,并将进入匀速的稳步增长阶段。更基础性的工作如利润增加、技术进步、资源拓展和市场培育将成为出版业长足发展的突破口。展望未来,我国图书出版业将在四个方面发生明显变化:

一、选题与图书内容形式及编辑职能将发生较大变化

　　图书市场上盲从跟风严重,表明出版物选题创意的匮乏,所以一方面是对图书原创性选题的渴求,文化积淀含量大的图书继续受欢迎,并配以大量

电子图书产品的制作出版；另方面图书内容形式上图片化、彩色化、缩编本、书刊一体化(杂志型图书)、新闻体图书等纷呈涌现,对图书产品美感的追求与开本的变化已形成多样化的格局。图书新品的知识含量、美感设计、印装质量等已达到一定的水准,国际竞争力有所加强。

图书内容形式上的最大变化将是出版新技术的应用推广：桌面出版技术(计算机编排 DTP,香港商务老总陈万雄称其出版成本将比传统生产流程减少40%以上)、多媒体出版技术和网络出版三种新技术。有人预测,2006—2010 年将是信息技术、通信技术等大面积普及应用时期,2007 年将实现联机出版。上述变化将带来出版流程模式的重组,编辑将延伸至印前系统,图书出版变为两个重要环节：一是母本的设计制作,二是母本为基础的复制性批量生产。印刷与否取决于它的传播方式,根据需求不同的即时印技术更为推广。文化教育类资料性工具书等在网上占有优势,休闲类、传记类、文学作品及大众生活类印刷本还会占有较大的市场,尤其是女性读者的骤增将带来印刷本市场的良机。

随着出版业目标管理责任制的推广与改革的深入,出版业更加强化品牌效应,出版社内编辑部门的设置将由学科专业为标准向以读者对象为主和业务分类管理过渡。编辑部门作为出版社的发动机将具有相对的独立性,类似于一个小型专业出版社。依读者对象划分为大众图书和专业图书。大众图书包括文学书、艺术书、儿童书、纸皮书、有声读物等。专业图书包括专业书、教科书、工具书、宗教书等。这样区分出来的出版社或编辑部有利于选题资源深化和形成名牌产品。

二、发行体制将有大变革,分化整合过程加速

1. 自 1986 年以来逐步推行的出版社自办发行已发展到极致,除保持品牌特色营销外,将逐步让位于区域中盘代理商。出版社以其核心业务能力取胜,中盘商将以其技术、资源、网络和资金优势取得平均发行费率。品种、区域等专项代理将向以储运发货为主体的全面代理过渡,出版社与书店共同参股的股份合作制营销企业和由各发行联合体演进而成的经济实体双雄并起,逐步占有较大的市场份额。全面委托代理制是一种完全市场化的举措。

2. 大型连锁书店将以其配货、技术优势与经济实力控制一些零售店,并以相对独立的品牌与规范服务赢得商业信誉,吸引一些固定的读者。

3. 独立书店与超级书店并起(如全国七大图书城),与小型有特色的高效率个体书店(如24小时书店、女子书店)等专业书店构成图书卖场新景观。

4. 各种专业读书俱乐部乘98读书俱乐部年之势崛起。1998年刚刚组建的外研俱乐部,地图、医书、农业图书俱乐部将有良好发展前景。德国贝塔斯曼图书部拥有全球会员2500万,美国麦格劳·希尔公司有3000万个读者数据,这都是一笔巨大的财富。随着自办发行逐步让位于中盘代理商,连同大型超级书店都将在可供书目品种数上展开激烈竞争,而具有专业特色的图书市场将通过读书俱乐部占有一席之地。

5. 全球华文市场将由版权贸易逐步向分期制作共同出版的整合过程过渡。内地近13亿人口,台湾2100万,香港650万,澳门40万,其他地区散在海外华人有3000余万,这是一个市场容量非常大的华文市场。大陆、台湾、香港已日益意识到凭借各自在编辑作者资源、印制设计、营销策划等优势共同制作、合作出版,并共同拓展市场空间的重要性。

全球出版业巨头贝塔斯曼发现:"旧的图书销售模式取决于作者,而新模式则取决于市场。"强调产品的最终市场在读者。贝塔斯曼尽力避开传统图书零售店,争取60%的图书不在书店里销售,而采取超级市场、精品图书俱乐部直至网上零售等发行方式。这里揭示了书业整体发展的一个趋势:即渐渐偏离传统书店这一售书方式。出版者利润更多地被作者和零售商挤压,社会资金将调整投向营销企业。独立书店以专业性发展,讲求服务,开展文化读书活动取胜;连锁书店面临多样化的丧失,品种整齐划一,但进货折扣低,利润大;超级书店以良好的购书环境、提升文化品位见长;书店日益发展为全球化销售,连同特殊销售渠道,构成很有发展潜力的新增长点。面对庞大的库存压力,盘活存量资产、图书在版编目的数据资源市场化和提高品种供货率,也将成为未来一二年内关注的课题。

三、出版业经营理念与管理方法日趋科学规范,专业化管理呼之欲出

随着出版业产业化过程的加快,多种媒体形成互动效应,1998年新闻体图书盛行,几种媒体间差别愈益不明显。大出版社经过资本迅速积累,逐步向集团化过渡,而一些小社将自己的目标定在范围更狭窄、专业性更强的业

务上,使之成为真正专业品质的出版社。正如台湾商务老总郝明义所言:大的愈大,小的愈小。出版社内部分工更细,社会化服务体系健全(储运、校对、设计、策划、纸张等代理公司并起)。各社都通过发展核心业务能力发展壮大自己,通过业务外包巧用智力外脑来减少经营成本,各类工作室、设计室纷纷建立,便是一种智力外脑的补充。老社以品牌取胜,追求差异化的竞争战略;新起社以低成本占优,有的社采用目标集聚战略,使得三种竞争战略得以充分展现。出版业未来发展需要纵向延伸式集约化规模经营,即打破区域同构,增强竞争性产品含量,以经营特色求得纵向渗透资产融合。卖书从卖产品进化到品牌形象的塑造,CI战略浮上台面。按管理思想学派观点,一个成熟的企业善于将事业的内容凝练概括为一句话,便于员工遵照执行。一些出版社引入了新的管理方式与经验使得其发展逐年上一个新台阶。一方面要研究读者需求,以用户为核心,另方面要研究发行方式、交易手段和交易费用,注重营销概念的应用推广,探讨以出版业特殊对象为主的专业化管理。这种专业化管理分财务管理、法律事务、企业长远发展计划、企业经营多样化、企业的促销、人员招聘与培训、管理监督七个要素。这种对西方出版业成功经验的集中概括将为我们的出版业走向世界提供有益的参照,对经营者提出了更高的要求。

四、科技投入与智力投资将是未来致胜关键

美国网络出版商奥莱利说:"在未来占据主导地位的思路将是把书当成使用者与信息的接口,出版业即是一种选择接口的艺术。"浙江省店周立伟先生在一次研讨会上提出出版社运营三阶段说,即起步阶段资本迅速有效的积累,现实阶段依赖于经营者的素质,未来时期科技含量的高与低将是决定性因素。现在书店系统联网和开办网上书店方兴未艾,一些出版社内部已实现联网,内部资源共享。下一步将是所有出版物的数据贮存,特别是社店之间的联网,提高在版编目的使用效率。

未来企管新趋势将是更加注重人力资源管理和人才培训这种长效投资,开展出版继续教育,办好各个层次的出版学校(有人呼吁开办中国的"书商学校")。组织行为学认为:企业管理者只有充分认识员工的感情、需要和动机与行为的关系,才能取得经营的成功。出版业中已形成一个共识:在图书出

版业,管理上井井有条的公司与其他公司的区别就在于对销售趋势、具有竞争性的书目、现金支付和回收的方式定期进行调查研究并及早认清和规划未来的发展。谁掌握了科技水平和人力资源的优势,那么他就将在未来占据主动,并有望在跨世纪出版走向中独领风骚。

（原载《中国出版》1999 年第 3 期）

出版业呼唤经营管理

　　江泽民同志最近强调:搞现代化离不开科学管理。虽说我国出版业经过几年长期稳步高速发展已形成一定的产业规模,各出版社也普遍将提高经营管理水平提上日程。但一些出版社老总还是意识到:没有管理,经济效益上不去;有了管理,企业发展才有后劲。因而呼唤经营管理,已成为业界关注的中心话题。为使步入知识经济社会的同志加速出版产业化进程,出版业应在观念和战略上做出相应调整,拿出相应对策。

财务管理是经营管理的核心

　　英国人斯坦利·昂温《出版概论》明言:"任何一项事业,财务都是其最重要的方面,这是一个常识。然而同其他行业相比,出版社更容易忽略这个问题。"财务管理大体分资产、成本、费用、销售、利润、稿酬等几个方面,同时经营者还需了解相应的金融、税法、财政、物业管理等方面的知识,如此才能成功地控制和驾驭一个出版社。新闻出版署领导多次强调社领导要学会看财务报表,并要经常注意报表数据的变化。企业经营中一个误区是一些老总只看重赚了多少钱,即账面上有盈利指标,而忽略企业的现金支付能力。这要求企业经营者不仅要关心企业一定时期的经营成果,而且要重视筹资和投资效果,讲求投资回报率。

成本管理是财务管理的目标

　　出版社应实行全方位的成本管理与控制,应依据各自的生产经营目标和出版计划,编制各项收入、成本与费用计划,确定目标利润,制定各项管理费用的定额预算指标,分解落实到相应的生产经营与业务职能部门,并作为年度考核的一个重要依据。全方位成本控制包括对选题成本(选题决策是出版社的基础性决策)、编校成本、材料费用、印制成本、管理费用和财务费用、销售费用等进行控制和调整,同时了解企业现有资金情况、多大投资能力、投入与产出的比较、现金支付能力等,加上详细缜密的市场调查和必要的风险评估,才可以稳操胜券。

加强资金管理,盘活存量资产

人们称企业资金是企业生存发展的血液。资金管理中常犯的错误是重生产资金、轻成品资金管理,考虑出版利润多于销售利润。如同商务新版《现代图书出版导论》中说的:"出版社常犯的错误是我们把可销售的印数估计得过高,表面是取得良好的经济成果,可实际这个成绩却只存在于估算表格中。如人们所说:'经济估算一点也不错,可书还在仓库里。'"出版利润与销售利润的区别在于前者只是理想的账面数据,即此次印数全部卖出会赚多少钱,而后者是实现的利润,即扣除了管理费用、财务费用等期间费用和销售费用后实现的真实利润。所以在确定印数时要首先考虑收回投资(生产成本)要卖出多少本,其次考虑加上出版社各项费用开销,要多少本可以盈利。一般而言,要扩大市场份额就要有低价策略,要提高盈利能力便不是降价,而是寻求目标市场。市场占有率有一个极大的缺点,即它可能与利润无关,对竞争地位的过分强调往往会导致公司不顾利润而盲目追求销售额,同时付出高投入与高成本的代价,导致实际利润额的下降。当前解决限产压库,盘活存量资产是销售环节的当务之急。根据西方出版业成功经验,图书印量最多不能超过第一年内有把握可以卖掉的数量的两倍,平均来说,第二年的销售是第一年的40%,第三年和第四年的销售量各为20%和15%。应该经过仔细的市场调查,合理定价,科学地确定印数。减少应收账款,加快货币回笼和资金周转。

开展品牌经营,实行专业化管理

江总书记一针见血地指出:盲目投资、疏于管理的现象还很严重。一些企业铺新摊子、上项目、重复建设,资源消耗大。应提倡内涵式集约型规模经

营,依靠增加科技含量,提高管理水平这一高附加值来换取效益提高。笔者
体会出版业实现阶段性转移在出版物上的成熟表现应是目标读者群概念的
推广应用,这是市场细划分原则的运用,是寻求个性出版品牌战略的验证标
尺。市场最大化由于目标读者群体的界定而有了特殊的意义。出版物越是
个性鲜明,风格独特,它给读者带来的用处越是不可替代,读者对其价格的敏
感度也就越低,而对内容质量与服务的要求越是苛刻。这是一个值得认真探
讨的出版话题。现在出版界大力提倡树立精品意识,实施精品工程。诚如杨
牧之同志所言,大概有三个阶段:精品——精品群——风格和品牌。通过精
品战略实施带动整个出版业健康有序的良性发展。到下个世纪,品牌经营不
可避免地成为我国出版业追求的首要目标。

　　如何由粗放式的经验管理方式向专业化的管理过渡,是出版社保持优势
再造辉煌获得长足发展的关键一点。专业化管理分财务管理、法律事务、制
定企业长远发展计划、企业经营的多样化、企业的促销、人员招聘与再培训、
管理监督七个要素,其核心是数值化管理和人力评估与职能发挥。这种对西
方出版业成功经验的集中概括将为我们的出版业走向世界提供有益的参照,
并对经营者提出更高的要求。

　　知识经济时代的迅猛发展和产业化进程的加快,确实为出版经营者提出
了很多的思考课题。如何正确理解发展、管理与创新的辩证关系,新闻出版
署署长于友先有一段精辟的阐述:"越是强调发展,越要加强管理。……改革
从本质上讲是制度创新,而制度创新在很大程度上是要建立一种新的规范,
加强管理与建立规范实际上是一个问题的两个方面。"这一个问题的两个方
面正是出版工作者需要深入思考的课题,也是出版社加强经营管理需要探讨
并加深认识的问题。

　　　　　　　　　　　　　　　　(原载《新闻出版报》1999 年 4 月 13 日)

要使书比人长寿

——品牌图书及其他

　　1998 年 8 月 1 日《文汇读书周报》上曾选登过一次"点题征文",列出读者来稿中印象最佳的出版社的排名(按来稿提及次数多少为序):中华书局、商务印书馆、三联书店、上海译文、人民文学、岳麓、黑龙江人民、浙江教育、上海古籍、上海人民等,并选登了天津读者王新亚写的《最爱最"恨"是"中华"》一文,揭示了名牌出版社的品牌图书对于读者的多方面影响。文中说:"如今文史出版社林立,但'中华'的特色和优势是别家无法代替的。"文中列举了中华版图书的三大特色:其一是权威性,其二是严谨性,其三是实用性。并认为虽然中华版图书的定价偏高,但由于品牌与特色的影响,读者对价位的敏感度并不那么明显。

　　这些年一些出版社注重品牌经营,已形成自己的出版特色。像外研社的外语工具书与教材,金盾的实用科技类书,清华的计算机图书,人大社的考研系列等。硕果仅存的三家老字号出版社商务、中华、三联也是各自标识,别具一格。商务资历最深,自张元济开始扶助并普及教育,同时依恃其财力实力编纂大型丛书、工具书,已形成语言工具书和汉译世界名著两大品牌。现在又向当代新学科领域倾斜,融汇中西文化交叉点,重张"商务文库",其复刊的《今日东方》杂志将是贴近现实生活的契合点。"三中商"以三联资历稍浅,而在当代中青年文化学人中声名颇著,它以当代学术思潮的承载者和教育文化救国论的忠实实践者的身份,既珍视传统延续,不忘文化传承使命,又勇于开拓适应现代文化青年学子的新领域。三联图书内容与形式的雅致,颇具理想主义色彩。中华书局创办人陆费逵先生用教科书革命开启民智,金灿然时代奠定今日出书格局,形成如上所述的几大特色。中华版图书很少能有上排行榜的,却在学界中口碑相传,通过权威的征引显现其价值,增加其信誉度。像台湾记者称赞其"精校精注精排"来完成文化使命与出版责任(台湾《中央日报》1992 年 9 月 9 日副刊),已故文史专家邓云乡先生关于"古老的新楼"的比况(《新闻出版报》1998 年 9 月 18 日邓云乡文《古老的新楼》),韩石山先生对中华书局编辑作风与出版形象的嘉许(《大公报》1999 年 4 月 5 日和《北京晚报》1999 年 6 月 2 日韩石山文《"即致薄酬"赞》)等均属此类。它的读者一般要有古文基础,高中以上文化程度,以中老年男性读者居多,有相对固定的目标读者群体,适合于网络营销,它的海外图书市场也是"三中商"中最大的。毛泽东同志建国后曾要逄先知同志搜集商务、中华出版的"所有图书",可见当时两家老牌社影响之大。"三中商"正是以其权威性、实用性和精校精印赢得了一定的出版声誉。它们一直保持着出版个性和出书特色,也才形成一定的品牌影响力。留心者会注意到,三家社都开始某种程度的转型和市场开拓,和一些形成出版特色的后起之秀一样,品牌经营都还没有成为众多出版社的自觉行为,这在某种程度上将为它们发展产生滞后作用。

杨牧之同志在《"我们的事业并不显赫一时"——谈精品图书与精品战略》(《光明日报》1997 年 11 月 22 日)一文中指出:"我们要通过抓一部精品书发展到抓一批精品书,形成精品群;以精品群树立自己出版社的形象,形成出版社的风格和品牌。"

品牌不单单是商品的商标名称,成功的品牌同时也是一整套战略性统一设计的完整体系和附加价值活动。首先是品牌组合与更新,出版社要有意识地将已有的原生产品开发为成熟产品,也包含大众通俗品牌,可以有精装平装,开本形式的变化,也可以进行音像电子出版物的综合开发。出版业迅速发展已使得各种媒体之间的界限不那么分明了,如新闻体图书,杂志型图书,网络出版物等等。清华大学出版社每年出版计算机图书 600 种,品种占整个计算机图书市场的 10%,市场占有率高达 30% 以上,人大社考研图书有 80% 以上的占有率,可见品牌经营带来的市场价值很大。特别是专业图书,读者简单的判断就是看作者和出版社。是否是品牌图书,这是读者无情检测的结果。

其次,保持图书合理结构的同时,注意常销书市场的开发。国外经验显示,新书有时会有惊人的销售额,但支撑一个出版社发展的却是常销书。特别对于形成一定品牌图书特色的出版社来说,它需要提高再版书的总量,以形成规模效益,常销书和重版书将占利润额的 50% 以上。因为常销书在宣传推广方面不需要太多的投入,而且制作成本也相对较低,所以占销售收入可能不高,占利润额却可能较高。"出版社的终极目标是一定的资金回收率,一种所期望的增长系数,某种思想的传播,对教育和研究活动的支持。"(斯坦利·昂温《出版概论》)教育性和娱乐性是常销书的两大主题,严格意义上讲,除大众市场外,学校参考书和专业市场也是主要的常销书的销售市场。编制一专门的常销书目录也很重要,许多社热衷于搞自我认定和标榜的精品书目,但笔者更加肯定商务和三联的常备书目。建立常备书目制度,保持再版书的一般品种要求,积极推出修订和续集也是常销书营销策略之一。

再次,充分开发利用好自己的无形资产,这是企业重要的第四资源。联合国教科文组织高级官员奈尔将其概括为:1. 出版社的声誉;2. 与作者的合同;3. 作者群;4. 同行间的关系;5. 职工的素质;6. 得到并掌握的版权;7. 商标。除上述七点外,还应包括企业生产经营管理上的秘密;选题、作者、读者网络;财务、促销策略与手段;企业名称、产品及领导人在社会上的知名度等等。这些潜在的资源优势一旦运用于经营环节中,便会产生极大的附加值,有很强的增值能力。品牌经营的重要一点是通过顾客维护并保住品牌,顾客对某一品牌所表示的忠诚也表达了他们期望该品牌稳定的愿望。这里顾客包括最终读者和流通人士或中间商,两者对于品牌图书的维护同样重要。

最后,品牌经营还需要立足于品牌优势,坚守专业化,适度多元化。要使一个品牌成功,需要投入最低限度的资金和人力资源。一些出版社通过名牌图书的经营已有了一定的经济实力,可以利用资金与资源优势,进行适度资产融合与品牌扩张,形成一系列的副品牌效应,在系列产品开发上占据新的市场。笔者一位朋友曾提出搞一个"三中商"版图书专销店,专门销售三联、中华、商务三家老牌出版社的图书,不失为一种畅想。这类似于国外流行的主题书店的形式,依读者生活习惯与兴趣的不同专门陈列销售某一两个主题的图书,笔者更认为,主题书展在不远的将来会被组织者所青睐,届时拥有一定风格和品牌的图书会独擅胜场。

出版业中渐渐形成一个共识:即精品拒绝急功近利,需要一如既往的执着精神,真正的精品将永远存在。想想古代、近代的卓越思想家和作家,他们的作品远远超过他们的生命本身,而出版社正是延长优秀图书生命价值的忠实实践者。

（原载《出版广角》1999 年第 9 期）

出版单位之间的竞争战略选择

　　目前,我国出版业的发展正处于产业形成的初期,表现为明显的不完全竞争市场特征。各地区的出版单位组织结构相似,部分分布均衡,图书产品的内容和服务的差异性不大,在不同的区域市场中都有一定的成长空间,但受国家政策性保护,进入壁垒森严,垄断性较强。随着教材出版经营权的逐步放开及加入WTO后分销权的逐年开放,现有的560余家出版社之间的竞争日益加剧,竞争战略上的探讨已提上出版社社长、老总们的议事日程。

　　美国学者迈克尔·波特将企业获得竞争优势的一般性战略(generic strategies,又译通用战略)分为三点,即成本领先(cost leadership)、差异化(differentiation)和专一经营(focus,也译目标集聚)。波特认为企业针对不同市场和竞争对手而应用的战略可以有多种,而总括起来一般性战略不外此三种。不同的企业应采取不同的组织安排、控制程序和激励制度。资源丰富的大公司一般以成本领先或差异化为基点进行竞争,而小公司则往往以专一经营为基点。波特强调战略制定者要进行成本—收益分析,以评估公司现有的和潜在的经营单位"分享机会"的状况。通过降低成本或提高差异化,共同行动与分享资源可以提高企业的竞争优势。根据产业类型、公司规模及竞争类型等因素的不同以采取不同的竞争战略。这一理论对于出版单位之间的竞争优势的取得同样有借鉴价值。

　　首先看成本领先战略。波特认为,在下列场合,应力求做产业中的低成本生产者:市场中有很多对价格敏感的用户,实现产品差异化的途径很少,购买者不太在意品牌间的差异,存在大量讨价还价的购买者等。这里的要点在于使价格低于竞争者,从而提高市场份额和销售额,将一些竞争者彻底逐出市场。这比较适合于一些中小出版社，其管理成本低，产品缺乏明显的个性，又多为产品先行者的追随者和模仿者，以低成本、低价位赢得读者的倾心。特别是一些书商更是大有用武之地，针对那些有较大读者群体的大众市场，推出价廉质差的图书以占据一部分市场空间。成功的成本领先战略通常应贯穿于整个企业，其实施结果表现在高效率、低管理成本、低奖金、制止浪费、严格审查预算费用、大范围的控制、奖励与成本节约挂钩及雇员对成本控制活动的广泛参与等方面。目前相当多的出版社实行了目标管理责任制和按经济效益提取奖励，其运行结果使编辑们懂得了成本核算，尽量减少不必要的开支以求利润最大化，这从总体上有利于出版社降低成本，提高竞争力。一些出版社还采取前向、后向和横向一体化战略，以控制购买者、供应商和竞争者的议价能力，从而获取成本领先的收益。当然采用成本领先战略还取决于企业的规模经济状况、生产能力及水平、与供应商和销售商的关系、学习和经验曲线效应、企业内部分摊的管理成本的大小、新产品研发成本、资源使用状况、营运成本、负担税率等等制约因素。而采用这一战略还存在一定的风险：竞争者可能会进行效仿，这会降低整个产业的赢利水平；本产业技术上的突破可能会使该战略失效；购买者的兴趣可能会转移到价格以外的其他产品特征上等等。图书市场上往往某一类图书畅销，模仿者紧急跟进，从而挤占其市场份额，由于大规模倾销和互打折扣战，必然降低整个行业的赢利水平。出版社针对某一本预计的畅销书，为防盗版，在印刷工艺上采取特种工艺印刷，必然相应增加成本，提高书价，而失去一部分对价格敏感的读者。

　　其次，差异化战略。所有的企业实际上都在采取这一战略，因为在任何一个产业中，只有一家企业能够以最低的价格实现产品差异化，其他企业则必须以其他途径使自己的产品实现差异化。当标准化产品可以充分地满足用户需求或竞争者可以迅速模仿时，差异化不能保证一定带来竞争优势。最好的方式是设置防止竞争者迅速模仿的障碍，以保护产品具有长久的独特性，如设置进入壁垒、打击盗版、选题规划审批等等，但因出版行业的竞争性特点以及有较高的利润回报，潜在竞争者众多，效果并不明显。一个出版企业决定采取差异化，必须首先仔细研究购买者的需求和偏好，以便决定将一种或多种差异化特征结合在一个独特的产品中，达到所需要的产品特性。现在出版社已开始注重市场调查，详细分析读者需求和图书销售数据，以便把握好图书的差异化特征。成功的差异化战略意味着更大的产品灵活性、更大的兼容性、更低的成本、更高水平的服务、更少的维护需求、更新的产品开发，而且它可以使企业以更高的价格出售其产品，并通过使用户高度依赖产品的差异化特征而得到用户的忠诚。特别是像一些老牌出版社，多年来已形成自己的出版个性和品牌效应，读者忠诚度高，由于品牌的影响和对于高质量的追求，读者购买图书对其价位并不十分敏感，在同类图书中读者对其选择性和依赖性较强，使其赢得稳定的销售收入。产品的差异化主要体现在下列几个方面：服务水平，产品、零配件的提供，工艺设计和产品的性能、寿命、能耗，以及使用的方便性等等，如果在其中的某些方面有独特性便可以实现差异化的要求。如金盾出版社服务于农村大众的市场追求，三联书店、中青社对图书的美感追求，商务印书馆、中华书局对传统文化读本的持久生命力追求等，都具有明显的产品差异化特征。采取差异化战略的风险在于：一是用户对某种特殊产品价值的认同与偏好不足以使其接受该产品的高价位，这样，成本领先者会轻易击败差异化的主体。二是竞争者可能会设法迅速模仿产品的差异化特征，这就要求企业生产者不断改进性能和服务水平，保持产品的独特性。如市场上某类图书畅销，不是遭遇盗版，就是遇上"李鬼"，这对选题与营销的创新提出了更高的要求。

第三是专一经营战略。实施该战略，要求所经营的产业部门有足够的规模，有良好的增长潜力，诸如市场渗透和市场开发等，这样的条件可以提供相当大的专一经营优势。中型和大型企业要想有效地采用该战略，必须将其与另两种战略结合起来使用，相对而言它更适合于具有灵活性的小型企业。当用户有独特的偏好或需求，以及当竞争者不想专注于同一目标市场时，专一经营战略最有效，它最容易形成企业的核心业务能力，使企业将目标集中于特定消费群体、特定地域市场或特定规模规格的产品，从而能够比服务于更广泛市场的竞争者更好地为特定的细分市场服务。它是机制灵活的小型企业避开强大的竞争者的锋芒而采取的有效竞争手段，严格说针对某一专门市场，专一经营战略是对前两种战略的综合运用。如一些中小型出版社强化市场细分，针对某一类读者的特定需求，专攻古籍书、建筑装饰书、职称考试书市场等等，从而赢取一定的市场份额。采取专一经营的风险在于众多的竞争者可能会认识到专一经营战略的有效性，并对其开发的产品进行模仿，或因消费者的偏好转向市场中的大路货商品等。这要求实施这一战略的企业不断深入挖掘潜在的市场需求，不断发现新的特定消费群体。

　　根据波特的理论，一个企业的业务过程可以被描述为一条价值链（value chain），其中所有开发和营销产品或服务的活动所带来的总收入减去总支出便是这一链条所增加的价值。在某一个产业中的任何企业都有类似的价值链，包括诸如获取原材料、设计产品、建造生产设施、制定合作协议及提供用户服务等增值活动。所有企业包括竞争者、供应商和经销商的价值链都在运营之中。对于一个企业来说，企业所生产的不同产品，对应于不同的时间和地点、不同的环境背景等都应有不同的竞争战略，特别是对一个生产非单一产品、其产品即将处于完全竞争的市场环境下的出版社尤其如此。像对一家组织结构多样化、图书品种丰富的出版单位来说，它所生产的大众休闲读物宜采用成本领先战略，出品的学术专著则更适于专一经营和差异化战略，其创品牌的精品出版物无疑更是差异化的体现，这些都昭示了一般性竞争战略理论的兼容性和丰富内涵，从而使得出版社的经营者在竞争战略的选择过程中提升其管理水平，能够应对日益复杂的图书市场环境。

（原载《出版广角》2002 年第 11 期）

我们要成为什么样的出版社

出版是选择作品向公众传播的社会行为,出版是一项富有激情的精神活动,它通过物化的生产流程出品表明一个国家一个时代文化品级的精神产品。每一个出版社,从它创立的那一天起,就有自己的经营目标和理想追求。王益老在《我心目中的世界一流出版社》(《出版参考》1998 年第 14 期)一文中提出了 11 条标准,与之对照,可以看出我们离这一目标还有多远,还需要付出多少艰辛的努力。

从开卷的调查报告中了解到:我局的市场占有率排名与我局的历史很接近,90 名开外,向 100 名靠近。最近,我们在书局内部结合开卷的图书市场调查进行了较大规模的市场分析和重要出版门类的选题规划,切实地探讨我们离市场到底有多远,在全局上下引起了一定的反响和热烈的讨论。我们希望通过讨论逐渐明晰我们的思路和发展方向,少走弯路甚至回头路,真正踏上迈进王益老所期望的那一类出版社的漫漫征程。

我们必须明确我们的核心业务能力,以此为支点转动我们的车轮。这种核心业务能力是由资源、流程和价值观决定的。须将我局的丰沛资源用足用好,包括我们身后强大的学者队伍,九十余年历史累积下来的一万五千余种出版物和出版资源,以及一大批的忠诚读者和品牌效应,要将这些资源转化为一种有效的出版流程(这方面需要调整改进之处还很多,通过流程重组和建立新的机制来强化适应市场的核心竞争力是我们今年的工作重点),将流程提升为一种正确反映市场特征和市场变化的价值观,针对多年来运行有序的管理流程,通过增加技术含量,全局业务数据共享的方式来使其完善和规范。

围绕着提高核心业务能力,我们提出先做减法,后加法再乘法的思路,集中有限的资金人力资源从事我们最擅长的事情,缩减生产规模,坚决清理一批与我们的专业方向偏离和产品关联度小的选题和项目,而把更多的精力、时间放在打造出品更少但更优秀的精品上,目标集中,这样,读者客户也能从书目上看出你的追求。人生本身即是摄取精华的过程,而出版更应体现一种选择的自由,以及这种选择带给你的收益大小。我们通过重印—整合—开发—创新的递进思路来规划我们的选题,推出一批断档时间久,读者热切期盼的老版书(这也正契合了今年全国新闻出版局长会议上倡导的实施断版工程的方针)。在此基础上开始对已有出版资源的全面整合工作。同时,围绕核心竞争力,开拓一批多年来有所探索而不够系统深入的新选题,努力按照市场需要规划出版诸如汉语工具书、传统文化普及读物、历史人物传记、历史小说以及反映当代现实需要的大众读物。中华书局应当为读者提供了解研究中国传统文化的最基本典籍和汉学名著,这应是我们的第一目标追求,而这些经典在某种意义上又是超越历史的,是属于每一个人的,因此设计制作出可以轻松阅读的经典读物同样应是我们的追求(传统文化读本同样是中华的品牌)。

由市场营销驱动,以客户为导向,强化系列品牌,应是我们需要深入人心的口号和出版行为,我们在局里倡导关注细节,关注焦点,要热情地"拥抱客户",实施"深潜"行动,把我们的品牌做足,把每一套系列出版物甚至每一本书做到位。针对已有图书结构的特点,面对书店、图书馆、学校、专业读者、网络销售等不同类型,逐步实行分类营销管理。研究市场细分和目标读者群体,建立庞大的信息数据库,同时考虑在大区域设销售代表,探讨发行销售部门进行改制的试点,真正解决把各类图书送到真正需要的读者手中的问题。

作为出版人,我们的理想一直是想出版那些与众不同,有独特价值的好书,要使书比人长寿,我们要努力把重点放在内容质量和深度上具备持久生命力的方面。以常销为主的专业图书是我们品牌和优势所在,当然能够出版一些大众畅销书更能激发我们的出版激情,让我们自信自足。在市场竞争愈益激烈,读者选择愈益苛刻的今天,我们的每一步选择都应是谨慎和理性的,我们在选择读者的同时,读者也在选择我们。我们希望成为一个有学术良知和社会良心的有个性的硬派出版社,并以此作为我们迈向世界知名出版社的基石。

(原载《出版参考》2004 年第 2 期)

中华书局要成为海内外最具影响力
的传统文化内容提供商

经历了九十五年的风风雨雨,中华书局在社会、在业界树立起了自己的品牌。我们自称是一个坚强的老树,还一直存活着。现在的一些举动,我们称之为老树发新芽。如何对已有品牌进行界定,对已有的品牌进行成熟的企业行为商业运作,如何继承和进行成功的转型,以下就中华书局近几年的发展简单回顾,供大家参考。

2003 年的反思——拨乱反正

2003 年 11 月,中华书局在北京大学专门召开了一个叫"弘扬传统、重塑品牌"的座谈会,众多知名学者都参加了。当时我记得袁行霈先生说过一句话"中华书局应该做推陈出新的典范",现在我们就是按照这个思路来运作的。很快,我们推出了一批断档几十年的图书,在业界引起了一定的影响,也让我们开始思考中华书局的品牌影响力到底有多大。

2004 年的启航——试试水的深浅

重印长期断档图书为我局赢回了读者、业界的赞誉和信任,但光靠吃老本、吃重印书,对可持续性发展没有实质性的帮助,也无法根本解决中华书局面临的一系列矛盾。这些问题不是中华书局一家出版社面临的,解决也不是一朝一夕的事情。比如业已存在的品牌与扩大产品线之间的矛盾,坚守主业与企业往更大规模发展之间的矛盾,编辑生产与印制人员的个人喜好、追求、能力与企业发展战略之间的矛盾,产品的特殊性(作为精神文化产品的图书)

与企业的共性(以赢利为主要考量标准)之间的矛盾,资金短缺与可发展项目之间的矛盾,短期效益目标与长期效益目标之间的矛盾,大量个体产品与企业品牌之间的矛盾。不过,我们以为,如果我们都能考虑这些问题,也许就可以调整思路,拓宽思路,哪怕绕开问题,也能往前发展。

2004年初,我局起用一批年轻人,成立三个内部工作室,尝试进军传统文化的大众读物市场。当时中华书局被认为是以出版历史读物见长的,面对大量历史被戏说,在10月地坛书市前,我们推出了以《正说清朝十二帝》为首的大众普及读物,两个月发行了700万元,业内惊呼杀出了一匹黑马。

现在回头看,我有一个欣慰,一个庆幸。欣慰是我们终于坚定地走出了进军大众读物市场这一步,庆幸是我们坚持只进军传统文化大众读物市场。这两点在当时都曾引发过激烈的争论,保守的人认为中华书局做大众读物是不务正业,做了超出中华书局品牌支持范围以外的事情,搞不好是要砸牌子的;激进的人认为既然做大众市场,为什么只局限于传统文化这个"狭窄"的范围,就应该进军生活类、励志类等图书市场。现在看来,当时的坚定源于对品牌的信心和发展。任何一个品牌都有它一定的特性和可延展范围。中华书局九十多年业已形成的品牌在我们的客户心目中表现为"古籍整理和学术著作出版重镇",简单地说就是一家擅长出版传统文化图书的出版社,如果我们贸然进军生活、时尚类图书市场,别说读者不信任,书店首先就会怀疑。同样,既然我们已经被客户视为出版传统文化图书的出版社,为什么不能延展我们的品牌,利用品牌优势,做传统文化普及读物呢?

2005年的进军——四处出击

2005年我们顺势而上,继续打造"正说"品牌,全年仅"正说"系列发货码洋就达到1800万元。"大众普及读物"这个概念被进一步细分,延伸出大众读物、学术普及读物、经典普及读物等等,我们推出了一批既叫好又叫座的好书,如"名家讲经典"系列、"大家说史"系列、"古代社会生活图记"系列、《启功给你讲书法》、《周思源正解金陵十二钗》、"四大名著"普及本,等等。

2005年是我局具有拐点性质的一年,没有人再对我局进军大众普及读物市场表示怀疑。归结起来,关于品牌,2005年我们主要做的是,在2004年的基础上,检验"中华书局"这个品牌的延展度,考查如何丰富这个品牌。在外

界看来,2005 年是中华书局蓬勃发展的一年,而在我们内部,更愿意把它看作
是蓄势待发的一年。

2006 年拓展——打造新的"重镇"

在进军大众普及读物市场的同时,我们一直强调并重视古籍整理和学术
著作的出版。2004 年到 2006 年,我们出版了如《全明词》等一批重要的古籍
整理图书,以及包括岑仲勉等一批现当代学术大家的著作集,以及《中国木版
年画集成》、"皓首学术随笔"等遗产、汉学类名著。我们如此看重古籍整理和
学术著作的出版,是因为我们将其视为"中华书局"这一品牌的核心。立足于
品牌优势,形成经营战略思路,在同一品牌下形成同心圆,或称同心多元化。
关键在于企业拥有核心能力的可复制性以及延伸拓展能力。2006 年 4 月,我
们召开了点校本"二十四史"及《清史稿》修订工程专家论证会,拉开了这一
被媒体誉为"具有里程碑意义的文化盛事"的大型工程的序幕。

在确保我们的核心业务顺利发展的同时,我们开始审视"中华书局"这一
品牌。经过几年的发展和市场的检验,"古籍整理和学术著作出版重镇"这个
定义已经不能涵括"中华书局"的品牌,我们决定将它调整为"传统文化出版
重镇"。

2006 年初,中华书局就考虑主动运作畅销书概念,而不是像《正说清朝十
二帝》那样被动畅销。于是有了首印 20 万册的阎崇年《明亡清兴六十年》,更
有了《于丹〈论语〉心得》,截至元旦前,已发货 120 万册,顺利地实现了一个月
突破 100 万册大关的预期目标。

除了在大众普及读物领域突飞猛进外,在"学术普及读物"领域,我们推
出了《顺生论》、《禅外说禅》等 5 种"张中行系列作品"以及《国史十六讲》、
《万历十五年》(增订纪念本)等,这个领域的出现,改变了人们对中华书局只
会出版艰深学术著作的认识。

在"经典普及读本"领域,推出了"中华经典藏书"系列以及《史记》、《三
国志》(白文普及本)等。这个领域的异军突起,不仅很好地利用了"中华书
局"的品牌优势,而且成为古籍整理图书与大众普及读物之间的桥梁。

2003 年底,正是《正说清朝十二帝》热销的时候,有人说,一本书救不了
中华书局;现在《于丹〈论语〉心得》发了 100 多万册,有人说,中华书局靠于丹

发了。我是这么看的，"中华书局"这棵梧桐树充满了吸引力，引来了阎崇年先生、于丹教授等一批金凤凰；《正说清朝十二帝》、《于丹〈论语〉心得》等等一大批图书横空出世，丰富了"中华书局"的品牌，让它变得更丰满、更雄厚。这里面，品牌是核心，是源泉。也就是说，不是某一本书、某一类书在支撑着中华书局的发展，而是"中华书局"这一品牌在引领中华书局的发展。这一观念将指导我们不必把希望只是寄托在一两本畅销书上，而是努力实现品牌的提升。一本畅销书也就卖到一两百万，而一个雄厚的品牌却可以提升中华书局全品种图书的整体销售。

品牌的运作，不只是观念的更新、选题的创新，更包括营销思路、运作的创新。总结这几年，我们在营销工作方面大致做了这么几点。

一是统一思想。原来在计划经济体制下，我局主要从事古籍整理和学术著作的出版，有着酒香不怕巷子深的思想。进入市场经济以来，我们也在以编辑为龙头还是以发行为龙头的问题上有过摇摆。实际上品牌效应本身即意味着以读者为中心而不是出版社自为中心。我们意识到营销工作的重要性，提出营销前移，并逐步将全局思想统一到以营销为核心的思路上来，上自领导班子，下至编、印、发、市场营销人员都按照各自的工作性质，积极开展营销工作。将一年分为四个销售节点，安排生产，均衡出版，按照销售时节来推动营销。

二是完善内部机制，加强服务。中华书局在 2003 年成立了市场部，明确以产品支持市场调研、宣传服务为其工作职能。市场部在重印长期断档图书、推动畅销书宣传等方面都起到了重要作用。我们还定购了"开卷数据"，便于了解自己和竞争对手在市场上的表现；在局域网上通过云因软件为编发人员提供数据服务，很多编辑已经习惯用云因跟踪自己的图书，并及时与发行人员沟通。

三是建立与渠道的良好关系。随着我局大众普及类图书逐步热销，"中华书局"这个品牌也为业界越来越多的有识之士接受并认可，各书店对中华书局运作畅销书有了信心，中华书局也对运作畅销书能力强的书店心中有数。《正说清朝十二帝》40 万册发往了 500 多家客户，而《于丹〈论语〉心得》只发了 300 家就实现了一个月突破 100 万册大关的目标，就是提前对各书店的摸底工作起了作用。针对全国很多地方实行省店连锁的新形势，发行部更加强调信息的沟通交流。发行人员将工作做在前头,利用 MSN、QQ 等迅捷工具和电子邮件提前将有关信息发给书店业务员,既介绍了图书,又获得了好的建议,业务员又迅速将意见反馈给编辑部,为图书适应市场需求提供了帮助。对畅销书运作,中华书局建立了相对固定的局领导牵头的营销团队,与当地媒体、书业界多向互动,预热准备较为充分,签售及拉动销售效果十分明显。市场部与各省市店、大书城的市场部对接,就地方媒体宣传签售活动等开展合作,还制作了介绍当季图书和即出新书情况的一年四期《中华书情》,发往各书店,便于业务员、读者了解我局图书的情况。而且,上下游互动还体现在一些重要的选题创意得益于书店老总们的恳谈与沟通,他们身处书业最前沿的经验与感知能力对选题的敏锐把握,常常使我们的编辑们深受启迪,成为取用不竭的创新源泉。这是我们至为铭感的。

2007 年,我们希望把中华书局建成名副其实的传统文化出版重镇,我局的出书宗旨也将从"弘扬传统,服务学术"逐步递进到"传播文化"、"优化生活",从而成为中国乃至海内外最具影响力的传统文化内容提供商。

（原载《中国图书商报》2007 年 1 月 12 日）

中华书局品牌构建常销"中盘"

　　"中盘"是一个常用术语,围棋有中盘,股市有中盘,我们出版界把销售环节也称为中盘。本文所说的"中盘"是指某出版社在一个较长的时间段里,能够实现稳定、适量销售的图书种群,因其介于出版社的核心出版物(我们称之为"底盘")和畅销出版物(我们称之为"尖端")之间,故而称为"中盘"。

　　中国的图书市场是广阔的,虽然每年会根据时代发展的需求推出大量的新书,但是我们不难发现,一些基本图书还是占据了相当大的份额,一些必需类图书也常销不衰。对于出版社来讲,这其实提供了很大很好的发展空间。利用自身的优势,在自己擅长的领域把功夫下足,把工作做细,把品种做全,构建自己的中盘,用市场营销的理念加以运作,就会获得相当丰厚的回报。

　　下面所谈由中华书局构建中盘战略产生的一些思考,更多的是从中华书局的实际出发,希望业内有识之士一起来探讨、交流。

构建"中盘"是一种需求

　　保证持续发展。不同的出版社有不同的特点,有每年都能推出畅销书走尖端路线的,如长江文艺出版社等;也有依靠雄厚底盘的,如商务印书馆等。不过,畅销书可能需要更多的"天时"和"人和",雄厚底盘则依赖历史的积淀。而这些不是一般出版社所能拥有的。对于相当数量的出版社来讲,更好的生存之道恐怕还是要立足于常销书。国外成熟出版业表明,相比于畅销书,常销书实为稳定的收入来源。而踏踏实实做好常销书,构建本社中盘,不仅可以保证每年的销售收入,一劳永"益",而且可以节约资金,腾出人力,开发新的领域,实现可持续性发展,出版社不会因为没能推出畅销书而出现大的起伏。

以中华书局为例,中华书局是一个以古籍整理和学术著作出版为核心的出版重镇,底盘非常扎实。但是,仅仅依靠这些难以实现经济的快速增长,因此,这几年我们在开拓大众读物市场上狠下工夫,连续推出像《正说清朝十二帝》、《于丹〈论语〉心得》这样的畅销书,对品牌的延展、全年销售收入都起到了很大的作用。同时,也引发了我们的思考:没有了这些畅销书怎么办,如何利用好现在的形势实现稳定快速的可持续性发展? 于是,为底盘和畅销书之间建立联接,构建稳定的中盘也就成了中华书局认真研究的课题。

应对市场竞争。每年市场对于必需类图书的需求量是很大的,总量也是相对稳定的。但是,此类图书市场又是竞争激烈、近乎无序的。几乎每个细分的领域都有出版社介入,特别是大众必需类图书市场。什么出版社都可以出健身、菜谱等生活类图书,什么出版社都可以出《论语》、《三国演义》这样的传统文化普及读物。如果不能形成一定的规模,形成产品线,形成品牌优势,很容易被新军冲乱,甚至冲垮。因此构建本社的图书中盘,既可以有效防止同质图书的冲击,更可以形成规模效应,吸引更多读者的关注。

如中华书局开发的"中华经典藏书"系列,一改以往丛书、套书零散出版,常年无法配套出齐的做法,首批推出 8 种,半年后推出第二批的 8 种,一下子就在市场上站稳了脚跟,获得了业界和读者的认可。

预备畅销机遇。市场往往会给那些有实力、有准备的出版社提供机会。某个时期市场会爆发出对于某类图书的需求,某一种畅销书可能引发对于该领域基本图书的需求。在这种情况下,原来的常销书可能在某个时间段里有畅销书的表现。如果自身原来不具备这个实力,没有一个稳定的中盘做准备,即使市场给了机会也是不容易抓到的。

《于丹〈论语〉心得》的推出,将国学热进一步升温,读者对经典读物表现出了浓厚的兴趣,中华书局适时推出的"中华经典藏书"便很好地借助了这一机遇,其中的《论语》更是表现突出,半年时间即销售 4 万册以上。其他配套图书如《论语》文白对照本、《论语 300 句》等也都受到了市场的欢迎。

品牌是构建"中盘"的保证

每个出版社都可以构建自己的常销中盘,但是它的大小、效果以及为市场的接受度是不一样的,这与一个出版社业已形成的品牌密切相关。一个出版社的中盘更多的是其品牌的展示和延展。

中国的出版业是一个不太注重品牌,或者说是品牌不太被关注的行业。读者在购买图书时,除了专业读者群,一般读者在购书时,出版社的品牌不是主要的参考标准。但是,如果出版社被动接受这一现状,不思改变,将更难以生存,特别是较有知名度的出版社如果不能有意识地发挥自身品牌优势,提升品牌在市场上的形象,也必然沦为芸芸众生之一员。从必需类图书市场来看,同质化现象严重,跟风行为突出,目前来看还没有什么好的解决办法。同一性质的图书,大型书城会选择四五种,小型书店也就一两种。主管经理、业务员的素质,书店的性质品位,已进货情况等因素,将决定书店选择哪种书,哪种书会被摆放在显眼的位置。这样看来,似乎出版社是无能为力的。

但是,有实力的品牌出版社应该积极应对同质化现象,用实力说话,用质量做保证,以品牌展现差异化。令人欣慰的是,书店这一重要的销售环节越来越重视出版社的品牌,特别是一些大的发行集团、大书城在同类书进货时并不单纯考虑进货折扣,而是首选品牌出版社,并且主动设置专架、专柜,引导读者关注品牌出版社的产品。以"四大名著"为例,市场动销品种有几百种。但是在市场上占据较大份额的,就是中华书局、岳麓书社、上海古籍出版社、人民文学出版社等几家,书店也都在显眼的位置给予摆放。

中华书局有着九十五年的历史,出书约 2 万种,什么类型的书都出过。但是近几十年由于专业分工,基本上形成了古籍整理和学术著作出版重镇的形象,通过这几年的努力,特别是一些强势历史哲学类畅销书的推出,中华书局在业界形成了出版传统文化好书的新形象,"中华"品牌被赋予了更新、更广的涵义。因此,我们提出中华书局的中盘是以经典普及为骨干的传统文史哲普及类图书。这样可以依托我们的扎实底盘,依靠品牌优势,依靠在业界树立的形象,拓展我们的中盘,而不需要走弯路,不需要重起炉灶。

构建"中盘"是一种战略

摸清家底,明确战略定位。并不是所有市场上常销的书都是自己可以进军的领域。盲目跟风,看市场上什么书好卖就做什么,觉得什么书好做就做什么,是无法形成中盘的。这就是为什么很多必需类图书每年都会有新的出版社推出,而第二年就退出市场的原因。一个出版社要清楚自己的根基和底盘。缺乏根基、底盘不牢,就无法构建中盘。有什么样的底盘建什么样的中盘,不可盲目扩张。另外,必须根据自身的实力,根据市场不断变化的需求,明晰战略定位,制订相应的短期和中长期发展规划。中华书局的中盘战略就是以传统文化中的优秀经典为核心,有层次、分步骤向外拓展,在若干年时间内,开发、健全几条产品线,形成中华书局的中盘。

根据市场需求运作中盘。常销书如果不能根据市场的需求而做出相应的调整,也会渐渐沦为"长销书",甚至退出市场。比如中华书局的"中国历史小丛书"出版时很受市场的欢迎,成为常销书,但是由于没能根据时代的变化而更新换代,逐渐被挤出市场;上世纪90年代末虽然重印,但只是老书翻新,没有获得市场的认可。因此,对于常销书,我们一定要注意跟踪,既要注意市场上同类书的情况,也要注意其在中盘中地位的变化,做好升级工作。同时,要根据市场需求,适时、适度调整发展战略。中盘不可能一成不变,战略也不可能一成不变。

充分发挥中盘位置优势。构建中盘是出版社发展战略的组成部分,构建中盘自然不是孤立的行为,而是与底盘、尖端密不可分的。底盘是中盘的源泉,因此要努力吸收底盘提供的营养,将其转化为中盘;同时,中盘的发展壮大也是对底盘的有效保护。中华书局已出的大批传统文化基础读本、古籍点校优秀成果将为产品的系列开发提供"母本",起到"中央厨房"的效能。尖端是中盘的风向标,要密切关注畅销书发展动向,根据畅销书提供的市场机遇适时调整,迅速出击。随着中华书局一批历史、哲学类畅销书的推出,越来越多的读者开始了解中华书局,希望中华书局能够提供给他们有关传统文化知识的普及类图书,这成了中华书局加速构建中盘的强大动力。

(原载《中国新闻出版报》2007年6月20日)

中华书局:梦想与超越

1912 年元旦,当中华民国推翻大清王朝,历史掀开新的一页的那一天起,中华书局这一海内外知名的出版社应运而生。九十五年来,几代中华人孜孜以求,不懈努力,终使中华书局声名远播海内外,成为中国传统文化出版重镇。

上个世纪 20、30 年代,中华书局曾在全国各地设立了 50 多个分、支局,1000 余家分销处,并先后在新加坡和香港、台湾地区设立分局,1936 年曾酝酿在柏林设立欧洲分局,后因战事搁置。当时的中华书局业务遍及海内外,迄今累计出书近 2 万种,期刊 30 余种。获奖图书数百种,其中获得国家图书奖 15 种,国家期刊奖 1 种。1954 年总公司从上海迁到北京,1958 年 4 月,国务院成立古籍整理出版规划小组,中华书局被指定为办事机构。同时,文化部调整中华书局的业务分工,成为整理出版中国古代和近代文学、历史、哲学、语言文字及相关学术著作和通俗读物的一家专业出版社,承担着国家级古籍整理项目的编辑出版任务。

近年来,中华书局在继承与创新方面有了长足进步,我们秉承"守正出新"的出版方针,围绕主业做足文章,取得了明显的社会、经济"双效",正逐步成为中华传统文化的主要内容提供商。"正说历史书系"一路引领历史文化普及读物的风尚,其中代表作——阎崇年先生的《正说清朝十二帝》累计发行 45 万册,《于丹〈论语〉心得》更成为近几十年来少有的超级畅销书,不到半年时间发行近 400 万册。一方面是传统历史文化普及读物的热销,另方面是以"中华经典藏书"为代表的传统经典文化读本的大行其道。除这两条线外,中华书局还加大既有强势品牌产品的延伸拓展,"二十四史"及《清史稿》修订工程全面启动，一批重点古籍规划项目逐年推出，每年在古籍出版领域形成几个关注点；更有为中华书局赢得海内外学术声誉的学术名家全集、著作集系列、海外汉学名著集群式问梓，掀起一片褒扬之声。中华书局本着感恩与推崇的心情，及时推出了黄侃、孟森、陈梦家、岑仲勉、张政烺、何兹全、王锺翰、王毓铨、严耕望、屈万里、劳榦等海内外学术名家代表作，即将出版的还有顾颉刚、唐长孺、王仲荦、阴法鲁、杨伯峻、王叔岷、何炳棣、萧启庆等先生的大作。中华市场占有率从2003年第141名上升到2006年第6名。

举凡重要的古籍与研究专著，中华书局都有其版本存世，凡欲了解、认识和研究中国传统文化的读者，无不将中华出版物奉为案头清供与架上庋藏之本，其出版物的文献征引指数在人文科学与传统文化领域独标新帜，高居榜首。陈寅恪先生弟子、北大王永兴先生曾评价说："中华书局作为一个出版机构对民族国家在学术文化方面的贡献，绝不亚于拥有较高学术水平之老师队伍的大学文史哲学系的贡献。"从某种意义上说，九十五年来中华书局的图书目录见证了中国近现代学术史的历程，成为一个重要的侧影。作为近代以来两家历史最悠久、最知名的老牌出版企业，现在已经有多人在研究商务印书馆和中华书局这一出版文化现象，多位博士、硕士论文涉猎这一领域，便是很好的证明。

九十五年以来，几代中华人在努力地实现着一个个梦想；九十五年之后，如何很好地继承并实践着前人梦想的超越，将是新一代中华人奋然前行的强大动力。

（原载《人民日报》海外版2007年7月3日）

推进出版业的创新发展
培育全民族的人文精神

一

　　胡锦涛总书记在党的十七大报告中明确指出："当今时代,文化越来越成为民族凝聚力和创造力的重要源泉、越来越成为综合国力竞争的重要因素,丰富精神文化生活越来越成为我国人民的热切愿望。"从现实生活中,我们也不难看出党和国家近年来对文化建设的投入,达到了前所未有的力度;对文化发展的重视,达到了史无前例的高度,这充分体现了中国共产党在新的历史时期对未来历史发展前景的把握能力。

　　因为,文化的力量可以坚固一个民族的根基,文化的自觉可以提高一个民族的自信,文化的内涵可以洗礼一个民族的灵魂,而最为重要的是文化可以为一个民族带来持久的创新能力和鲜活的生命力。文化创新与文化吸引力决定着大国崛起的长度与宽度,纵观世界各民族历史发展历程,这是一条重要的历史经验。近年来文化产业发展提速,文化产业增加值占国民生产总值的比重逐年加大。现实的选择应该努力去解决并调整物质与精神生产失衡的天平,在创新文化中去谋求和谐文化的共赢。在一个民族和国家经济腾飞,物质产品极大丰富,人民生活水平大幅提高的今天,着意突出文化创新主题,激发全民族的创新活力,建设社会主义核心价值体系,提升文化发展与建设在构建社会主义和谐社会进程中的重要作用,提出重大出版项目带动工程,加大国家对文化基金的投入,拓宽多种融资渠道,鼓励多家文化传媒企业上市融资,这些都是国家文化大发展大繁荣中的大手笔,值得大书特书。

在积极利用好国家文化发展基金和项目投入的同时,出版业应逐步树立文化产业链的经营理念,打通各媒体的边界,大力发展创意产业(数字出版与动漫产业为主体),做好相关多元化发展的战略调整。一是内容上的延伸,在品牌经营的基础上围绕核心业务做好图书产品的梯次开发和延伸拓展;二是空间上的扩张,寻求最大的空间即国际化经营战略。为此,必须大力培养和引进媒体融合型人才,如网络、视频、广播、平面媒体等多种媒体汇流的复合型人才。这里既有渠道、运营、内容商的融合,也有诸如移动、电信、出版、金融、投资机构以及影视传媒、数字动漫等的融合,它们会不断衍生新的业态和商业模式,会逐步打破传统出版业的界限,寻求图书产品线和文化产业链的增值。

在我们以大手笔做大做强出版产业,寻求出版业繁荣发展的过程中,还应时刻牢记出版人的文化使命和文化责任。培养全民族的人文精神与人文情怀,保护好文化原生资源、文化生态、不可再生的遗产和民族的文化血脉等,这是我们出版人应终生铭记的理念。我们应当重塑出版人的文化理想,重新认识出版人的社会职责。香港一位知名学者曾说,好编辑“不能单靠经济条件培养,他的才干是基于文化理想累积起来的”。也恰如温家宝总理所说,一个民族,既要“关心脚下”,也要“仰望星空”,否则便是一个没有前途的民族。这也是我们大力提倡又好又快发展,保持出版业生态平衡,共筑和谐出版业的真义。

弘扬中华文化,建设中华民族共有精神家园。加强各民族文化遗产的挖掘与保护,做好文化典籍整理工作。这是胡锦涛总书记在党的十七大报告中对出版工作提出的新要求,也是中国出版人义不容辞的责任。中华书局作为一家以整理出版中国传统文化典籍与优秀读本为主要宗旨和任务的出版单位,拥有九十六年的光辉历史,我们有责任继续出版和传播中外优秀文化遗产成果,将中国传统典籍中的优秀精品呈现给广大读者,如“二十四史”、“中华经典藏书”系列和《资治通鉴》、《中华大藏经》、《甲骨文合集》、《大中华文库》等。同时,我局还承担了国家重点图书规划和全国古籍整理出版规划项目的主体,理应成为中国传统文化出版重镇,几年来通过结构调整和资源优化配置,形成古籍整理、学术著作,传统历史文化普及读物,汉语工具书等几大板块,形成多个优势品牌,在引领阅读风尚、经典普及与传播、品牌营销与推广和推崇学术交流与创新等方面引起业界广泛关注。

二

回顾几年来的选题创新工作，我们大致经历了迫于生存压力，局里主动引导的自发创新；靠正说历史书系畅销选题带动，乘势而上的自觉创新；以及有目的有计划的整体创新的过程。

2003 年底，局里新设市场部，明确表达了与市场接轨的强烈愿望和坚强决心。市场部针对当时我局受计划经济思想束缚、漠视市场的状况，敏锐地提出"我们离市场究竟有多远"的问题，并引为中华书局首次市场分析会的主题。从各种相关数据分析来看，显现出我们与各主要竞争对手、同行间的差距，令编辑们十分震惊，开始深刻认识到，即使从事古籍整理学术著作出版，也应考虑其市场效应，而当务之急就是从读者的需求考虑选题的运作。换句话说，就是放下高高在上的架子，将我们的专业素质与读者的需求相结合，向大众普及读物领域进军。经过认真仔细的市场调研，一些青年编辑们目光向外，尝试主动出去组约稿件。一个非常偶然的机会，我们约到了阎崇年先生的《清宫十二朝疑案》。经过慎重推敲，我们将书名定为《正说清朝十二帝》，并以《正说清朝十二帝》为首的五六本新书封面和内容直接发给各地一些书店的朋友，开始有了主动营销的意识。2004 年地坛书市，《正说清朝十二帝》列为十大畅销书，一炮走红，各地添货不断，终于使中华书局尝到了畅销书的甜头，有了些许自信。

局里反应迅捷，意识到应该把握这一契机，不仅是为了保护编辑的创新积极性，更是发现了中华这棵老树可以发新枝的大好机遇。当时在加大品牌营销和核心竞争力的支持下，中华书局已经在考虑逐步向相关相近的文史哲普及领域拓展。以前，中华书局也出版过一些传统文化普及读物，但效果并不理想。通过《正说清朝十二帝》的成功运作，中华人发现，以往的传统文化普及读物更多的是向现代人灌输传统文化思想，而不是从现代人的现实需求出发为他们提供传统文化的丰富营养。优秀的传统文化类的大众化图书，完全可以成为传统文化和现代生活之间的一座可以来往、相互理解的虹桥，对历史进行"正说"正是呼应了人们对于被戏说的历史的关注。中华书局作为一家以弘扬优秀传统文化为己任的出版社,一向以严谨、务实著称,更应为读者提供准确的历史知识,以"正说"的态度引导广大读者正确对待历史、阅读历史。于是,我局马上让编辑们着手策划组约后续相关选题,并在半年时间内,一气推出了十本"正说历史书系",从而形成历史文化普及读物的热潮。面对跟风仿作汹涌袭来、"正说"概念被滥用时,我局又从维护自身声誉和品牌影响力角度考虑,果断向媒体宣布,暂停"正说历史书系"系列产品的开发。这也成为事件营销的一个典型案例。

在运作"正说历史"系列的成绩面前,中华人保持了清醒的头脑,我们不能仅仅停留于偶然的机会,而应该顺势而上,充分把握"读史热"、"国学热"带来的市场机遇,从"被动"运作畅销书积极向主动运作畅销书发展。为此,局里制定了明确计划,将2006年定为"畅销书运作年"。工夫不负有心人,在我局领导层及各部门通力合作、缜密调研、积极运作下,当年推出了阎崇年先生的新作《明亡清兴六十年》(上)。与《正说清朝十二帝》首印仅5000册相比,这本书首印即达到20万册,它的成功运作不仅向业界展示了我们的自信,也唤起了业界对于中华书局的期盼。随后,在11月,我们推出了《于丹〈论语〉心得》,创造了业界神话,至今销售已突破460万册。虽然业界将其视为特殊现象,我们也清醒地意识到这一点,但大家还是为实现这一神话所付出的创造性劳动而自豪。畅销书的成功运作使中华书局在整体图书市场的排名逐年快速提升,从2004年的第105名,到2005年的第66名,再到2006年的第35名,2007年更是达到了第21名。业界更是将中华书局誉为"一匹黑马",充分肯定了《于丹〈论语〉心得》为促进、拉动全国整体图书市场所做出的积极贡献。

畅销书的成功运作不仅给我们带来欣喜,也带来思考。中华书局一直以古籍整理、学术著作出版重镇为社会关注,如何在文史哲畅销书和古籍整理、学术著作之间建立一条走廊,成为我们关注的课题。中华书局拥有强有力的传统文化出版的品牌优势,由畅销书带动的阅读经典的热潮给我们提供广阔的市场空间。我们立即着手对已有出版资源深入挖掘,摸清市场需求,进行了有效的延伸拓展系列开发,取得了不错的销售业绩。比如2005年推出的"四大名著"普及本,2006年推出的《史记》、《三国志》、《资治通鉴》白话文普及本和"中华经典藏书",都在激烈的市场竞争中占有了优势地位。可以说,在各出版社都开始关注传统文化类图书时,中华书局长年积累下来的品牌资源和优势是开发和扩大这一市场非常有利的条件。同时,我们还与中国民间文艺家协会协作出版了《中国木版年画集成》22卷,编有《中华遗产》杂志等,每年都有几部重要的古籍整理和学术著作精品推出,引起学术界较大关注,如《读史方舆纪要》、《太平寰宇记》、《日藏汉籍善本书录》、《天一阁藏明钞本天圣令校证》、《新获吐鲁番出土文献》、《水经注校证》等等,力图使中华传统经典、民间文化带有抢救性的工程、中外文化遗产等,能够让广大民众接受、阅读并使用,净化国民的心灵,增强民族自信心,增强国家软实力和竞争力。

三

除了选题创新,中华书局还努力探索机制创新和传播手段的创新,力争以全方位的创新将出版业做大做强。

2003年,中华书局成立了市场部,收集市场信息,分析相关数据,为企业发展提供信息支持、数据支持,当好决策层的参谋;同时,与发行部、编辑部密切配合,拓展和提升中华书局的品牌空间。在2004年重新确定发展思路后,中华书局成立了大众读物编辑室和文化读物编辑室,前者的选题方向重点在于对传统文化普及的创新设计,后者致力于对优势古籍经典资源的再开发,现在这两个编辑室是创新思路最为活跃的部室。

2003年后,中华书局制定了一系列激励编辑部、发行部、市场部发挥工作主动性和创造性的政策,打破了平均主义,充分尊重员工的劳动成果与收益,拉大了收入差距,极大地激发了员工的工作热情,全局上下精神面貌焕然一新,意气风发。中华书局还大胆起用年轻人作为业务骨干,给年轻人施展的舞台和成长的机遇。如今,中华书局已经拥有一支令业界同仁都羡慕的编辑业务骨干队伍。

再以《于丹〈论语〉心得》一书为例,真可谓精耕细作,精雕细琢。首先,编辑部对于丹的电视讲演稿进行了深层次加工,将演讲文本改编为阅读文本,并仔细核对经典引文和注释,确保对《论语》中字词的基本解释不出问题;其次,请两位老编审全文校读把关,改正了演讲中的口误,提高了图书的文字质量,并将《论语》全文编为附录,方便读者查阅;第三,再配上著名书画家陈传席先生的精美插图,装帧设计典雅大方,书一面世,便深受各界好评。目前,该书已发行460余万册,版权输出到韩国、日本,最近全球英文版的合作协议已经与麦克米伦公司签署,这是对推动我国图书走出去,落实图书海外推广计划的一个重要的举措。

近两年,我局年销量5万册以上的图书达十几种,积累了丰富的畅销书运作经验和体会。为此,我们还专门成立了畅销书营销团队,与作者紧密配合,协调全国各地的演讲、签售等促销活动。局里在编辑流程监控上加强管理力度,保证重点畅销书适时出版,做到了多种媒体互动配合、立体营销的效果,相继推出《明亡清兴六十年》、《说慈禧》、《兵以诈立》、《国史十六讲》、《于丹·游园惊梦》、《于丹〈论语〉心得》、《马未都说收藏·家具篇》、《于丹〈论语〉感悟》等,引领图书风尚,带动大众图书阅读活动,参与全国书市、海外书展、读书月、读书节的重大活动,极大地提升了中华书局的品牌影响力。

我们还以多种载体多种媒介形式,包括运用高新技术创新文化生产方式(如我们与北大方正阿帕比公司、新浪网、当当网、卓越网、博库书城以及新兴手机媒体合作的尝试等),培育新的文化业态和传播模式,筹建"古籍在线"和"中华遗产互动网络",让广大人民能够真正共享文化发展成果,充分体会到中华传统文化的博大精深、取精用宏的特性。

随着中华书局品牌影响力的逐年提升,我局网站不断更新,内容含量不断扩充,点击量逐年攀升,已成为业内著名的网站。

我们还加大了海外版权输出力度,新加坡、韩国、日本以及欧美的图书业务贸易与版权贸易都有较大幅度提升。

总之,让世界了解认识中国优秀文化传统,增强中华文化的国际影响力,早日实现中华民族的伟大复兴,是我们中华人多年的追求。

（原载《编辑之友》2008 年第 3 期）

《于丹〈论语〉心得》中文版权输出的启示

版权输出重在产品内容

版权引进,重点是引进经典。世界重量级的学者和作品都是我们关注的对象,我们的目光始终没有离开中国传统文化。到目前为止,引进各类中国传统文化经典著作200余种,侧重于海外汉学和经典学术著作,占引进类图书80%以上。海外汉学是中华书局引进的特色,1998年我们成立了汉学编辑室,这是全国唯一一个以汉学命名的编辑室,专业性非常强。我们组织翻译的一批汉学研究著作和一些重要丛书,都受到了学术界的认可和欢迎,有些还得到了驻外使领馆的资助。国外出版社重要学术和研究成果也是我们引进的对象,目前已经出版的《世界思想家译丛》,获得引进版社科类优秀图书奖。很多图书都成为了学生和学者的案头书。

版权输出,以弘扬文化为主。中华书局以古籍整理和学术类图书,以及对传统经典的注释作品为主打,在版权贸易上注重发挥专长,十余年来向海内外输出版权百余种。针对我局图书的特点,我们重点向日本以及香港、台湾地区进行版权输出,并与数十家海外出版机构建立了长期的友好合作关系,较好地促进了我局版权贸易的发展,也使更多的海外读者接触和了解到博大精深的中华传统文化,知晓了国内学术界最新的研究成果。

自2004年以来,我局进一步加强版权输出工作,调整了版权输出思路,力图在更广泛的层面上传播中华文化,本着尊重、诚信、合作、共赢的原则,在版权贸易、选题开发、图书营销和人员交流等方面与一些合作伙伴开展全面合作,版权输出数量因此有了很大增长。就图书类型来说,2004年以前主要是学术研究、学术普及类图书、汉语工具书以及对传统经典的注释作品；2004年以来向海外输出的多是面向大众的传统文化普及读物，如"正说历史"系列、"名家讲经典"系列等等。

版权输出必须有外向型的产品。近年来，我们有两个编辑部致力于普及类读物的开发，以严谨的态度为广大读者奉献着文史哲方面的普及读物。相当多的图书图文并茂，内容涵盖历史、哲学、文化、教育、艺术、文学等各个方面，为海外读者阅读中国、了解中国提供了方便，获得了不俗的成绩。《正说清朝十二帝》、《兵以诈立》、《国史十六讲》、《复活的历史》、《启功给你讲红楼》、《于丹〈论语〉心得》、《马骏说〈孙子兵法〉》、《问吧》等都是市场叫好、读者欢迎的作品。一经出版，海外出版社就主动联系。在版权输出上取得明显效果，说明我们外向型图书在内容和装帧上定位更加准确，更加适合海外市场的需要。

4个月的版权贸易实战演习

《于丹〈论语〉心得》英文版是版权贸易实战演习的大练兵。在4个月的时间里，数十封邮件往返，数十个国际长途的讨论，数十页合同文本的逐条推敲，沟通、辩论、妥协、坚持，终于在2008年春节前夕双方完成了出版合同的文本，14个月后英文版顺利上市。这是中华书局第一次面对国际大型出版公司运作大项目，而此次合作又涉及欧美出版业运作方式、版权贸易的国际惯例、各国的金融税务知识等等多种完全陌生的内容，在技术上和实际操作中又缺乏经验，完全是边学边做。

到目前为止，《于丹〈论语〉心得》已经签订了21个语种、26个版本的国际版权，涉及30多个国家和地区。这是我们这些年版权输出上的一个突破。

分析《于丹〈论语〉心得》走出去这一案例的成功要素，我认为，第一是经济崛起的现代中国人的精神世界。《于丹〈论语〉心得》的切入点是中国经济高速发展，背后一定有文化的原因。《于丹〈论语〉心得》受到国人欢迎，就说明了这个问题。中国传统文化支撑了中国社会的和谐和提升，现代西方社会对传统经典的态度和认同出现了危机，为什么中国人对两千年前的经典能如此重视，这对西方有什么启示？

第二，坚挺的市场表现，媒体的公开、高效，引发国际出版界、新闻界的兴趣。《于丹〈论语〉心得》在经历一年多的畅销之后,现在进入持续长销阶段,销量稳定。公众对此书已经充分认同,媒体报道非常充分,对于丹现象、国学热的各种不同意见和争议,也都毫不回避。这引发了国际出版界和新闻界的浓厚兴趣,也使他们对中国新闻出版行业有了更加公开透明的全新看法。这一现象也刺激了西方世界对中国文化的关心、了解。

第三,符合国际出版惯例的操作模式。欧美主流图书市场大部分版权靠版权代理人提供,这已经成为一套成熟的运营模式,寻找国际顶级的版权代理商来运作外向型图书,一方面可以事半功倍、提高效率,另一方面可以把相关多方的商业利益通过合同捆绑在一起,目标一致,形成合力。《于丹〈论语〉心得》一书输出时,我们请了代理公司,代理人对选题、译稿,与各大出版社的联络、宣传推广计划等,都有完整的计划,并逐一实施,与各国出版社沟通顺畅、运作规范、态度严谨,成效十分明显。这些工作是我们自己无法完成的。

第四,合作双方认真、专业的态度。我们与各方真诚合作,弥补缺陷,是成功的保证。中华书局与代理人沟通密切,真诚解决碰到的各种问题,互相信任,使得版权输出、国际书展、宣传推广、资金往返中的各个问题都得到了妥善解决。

文化、语言和版权归属影响"走出去"

《于丹〈论语〉心得》版权输出的成功,也带给了我们问题与思考。

第一,文化隔阂影响"走出去"。中国图书版权输出在某种程度上比较困难,因为我们开展时间比较晚,文字与西语系差别比较大,如果不是到过中国或者因为某种原因必须面对中国,很难说服西方人百忙之中像研究文献一样阅读中国的书籍,好奇心不能持久,而我们日益亲密的经济关系只能吸引他们认识中国人和中国经商政策环境,没有上升到文化层次,短时间内,他们能理解的更多的是跟西方风格雷同的小说作品和直观图片书,所以我们的文化输出任重道远。

《于丹〈论语〉心得》之所以在西方引起注意,得以进入主流市场,是因为这本书虽然是写给中国人的,但其哲学思想对于西方人同样具有参考价值。现代西方人在生活中也会遇到相似的问题与矛盾,在书中,于丹也引用了大量西方素材来论证孔子的思想,其中包括许多西方民间传说和黑格尔哲学。

　　第二,语言即翻译问题也是一大难题。国外众多出版社的翻译作品都选择他们母语译者来翻译。这是因为各国文化差异比较大,有一些文化现象很难理解。中国图书"走出去",翻译问题尤其突出。目前中国的译者能够顺畅地用外语写作和翻译文化读物的实在太少。《于丹〈论语〉心得》英文译者是一位具有中国文化背景的爱尔兰教授,具有丰富的翻译中国文化图书的经验。为了这个译本,他多次到北京和于丹教授、和中华书局进行交流沟通,逐字逐句打磨修改,同时译稿经过代理和编辑多次审读修改,得到了英国总部、美国部和亚太部的一致认可。

　　作家自身的英文水平也是制约中国作品走出去的一个因素。国外有几个影响大的中国作者可以用英文写作,用英语接受媒体采访,与文化界、出版界直接对话,与读者互动,这对于文化传播更有利,因为我们共同处在一个紧张高效的地球村,没有语言就没有发言机会,用翻译就永远慢一步,离自己要表达的意思差一步。

　　第三,版权归属不明晰,不利于合作。制约中国文化"走出去"的一个因素,就是中国的版权归属不明晰。很多作者比较缺乏版权意识,代理版权分割不清楚;还有多方授权问题,哪一方可以真正负责,搞不清楚。一家出版社有一个项目,比《于丹〈论语〉心得》早起步半年,早在10个月前就定稿出片了,却依然陷在困境里,因为图书版权不明晰,多方授权,存在隐患,成为照章办事、遵纪守法的外方出版社悬在头上的剑,最后项目只好停掉。

　　总之,我们的文化要进一步"走出去",还需要不断增进了解,互相学习,做更多的实际工作来推动和实现自己的目标,任重而道远。

（原载《中国新闻出版报》2009 年 6 月 4 日）

新中国古籍整理出版六十年述要

　　中国是世界上惟一有持续不间断的文献记载的文明古国,因而古籍存佚数量也是最多最大,号称"浩如烟海","汗牛充栋",实不为过。从古迄今,先哲存留下来的文献整理与研究便是后人绵延不绝的一项基础工作。历史经验证明,昌明盛世的一个显著标志,便是对古代文献编纂、整理的总量递进以及大型古籍集成性成果的界标式出版(问世)。1949 年中华人民共和国成立以来六十年,可以书写之处正多。

一、六十年来古籍整理出版简况

　　1. 党和国家领导人高度重视,是古籍整理出版工作持续稳步发展的关键因素。

　　在毛泽东、周恩来、邓小平、陈云、江泽民、胡锦涛、温家宝等历届党和国家领导人亲切关怀和领导下,全国古籍整理出版事业得以持续发展。1958 年2 月国务院科学规划委员会成立了国家古籍整理出版规划小组,由文化部副部长(国务院副秘书长)齐燕铭任组长,制订了《三至八年(1960—1967)整理和出版古籍的重点规划(草案)》。同年 4 月,文化部调整中华书局的业务分工,使之成为古籍小组办事机构,并由此形成了中华书局享誉海内外的出版风格与品牌。"文革"期间,毛泽东主席批示同意,周恩来总理亲自过问的"二十四史"及《清史稿》点校工作继续进行,从 1958 年开始,历时二十年,于 1978年全部出齐,为海内外治中国史学者推广引用。1981 年 9 月 17 日中共中央下发《关于整理我国古籍的指示》(中发[1981]37 号),1982 年《古籍整理出版规划(1982—1990)》颁布实施。党的十七大报告中,明确提出了"要做好文化典籍整理工作",具体而细微。温家宝总理几次就《大中华文库》、"二十四史"及《清史稿》修订工程、《黄宗羲全集》、《恽毓鼎澄斋日记》等重要古籍出版工程做出具体批示,这些都昭示着领导人对古籍整理出版工作的关心和关怀。

2. 古籍整理出版规模不断扩大。

《新中国古籍整理图书总目录》(岳麓书社 2007 年版)记录 1949 年 10 月至 2003 年 12 月历五十四年间新印古籍约计 1.2 万至 1.3 万种。据不完全统计,六十年间全国共整理出版古籍近 2 万种,其中 80% 是改革开放三十年间完成的。

3. 古籍整理出版总体布局进一步拓展。

除传统四部及文史哲古籍外,农医科技类、少数民族古籍均有重要成果问世,方志类、域外汉籍、出土文献、海外珍藏善本古籍等均有不同成果出版,古籍产品数字化屡有新品问世。

4. 古籍整理中长期规划不断完善,体现出全国古籍出版的整体一致性。

从 1958 年到 2006 年,由政府主管部门主持,先后制定了 6 个古籍整理的中长期规划,涉及近 4000 个品种,引导并规划着全国古籍整理出版的总体发展。古籍小组日益加强其组织协调作用。国家财政逐步加大了对古籍整理出版事业的支持和投入,从 1983 年的 170 万元,增加到 2008 年的每年 2000 万元。

5. 古籍整理出版队伍进一步扩大。

从上个世纪 50 年代末开始,直至今日,全国高校设有 4 个古典文献专业,80 多所高校设立了古籍研究所,全国古籍整理专门人才有数千人。全国有 23 家专业古籍出版社,共有员工 1700 余人,其中编辑 600 余人,年出书品种逾 5000 种。古籍小组办公室从 2001 年起,连续七年举办专题培训班培训古籍编辑近 400 人。

6. 古籍资源梳理编目工作取得重要进展。

《中国古籍善本书目》、《新中国古籍整理图书总目录》、《中国丛书综录》、《中国家谱总目》及各馆藏、地方文献等综合目录大部分编竣,《中国古籍总目》历时十七年,将于年内由中华书局和上海古籍出版社推出,预计收书约 20 万种,这将是历史上首次集中全面清理古籍总数的集成性成果,收录古籍收藏机构逾千家,著录了全球收藏的现存中国古籍的绝大部分版本,颇具价值。全国古籍保护工程全面展开,展现了古籍出版的勃勃生机。2008 年 3 月 1 日文化部公布首批《国家珍贵古籍名录》2392 种,其中简帛 117 种,敦煌文书 72 件,古籍 2020 种,碑帖 73 部,少数民族文字古籍 110 部。

二、六十年来古籍整理出版的重要成绩与重大成果(仅列条目)

1. "二十四史"及《清史稿》点校本,是代表新中国古籍整理出版事业最高成就的标志性成果、最大的古籍整理出版工程。

2. "七全一海"、四库系列等大型古籍整理出版项目。

"七全一海"已有 7 种(《全宋诗》、《全宋文》、《全元戏曲》、《全元文》、《全明诗》、《全明文》、《清文海》已出,《全粤诗》未出)陆续出版。《四库全书》两种阁本,《续修四库全书》、《四库存目丛书》、《四库禁毁书丛刊》等陆续影印出版。另有《中华大藏经》以及一批总集、别集、大型类书丛书的出版。

3. 各类大型出土文献。

俄藏、英藏、法藏敦煌文献,俄藏黑水城文献,吐鲁番出土文书系列,马王堆汉墓帛书整理本,《甲骨文合集》,《殷周金文集成》,《中国藏西夏文献》(17 册),《天水放马滩秦简》、《居延新简》、《敦煌汉简》等大量简牍陆续出版。

4. 域外汉籍系列。

《日藏汉籍善本书录》,严绍璗编,2007 年 5 月中华书局出版。《韩国所藏中国汉籍总目》全 6 册,2005 年 6 月韩国学古房出版,著录达 12500 余条。

《域外汉籍珍本文库》2008 年出版第一辑,五年内计划影印 800 册,包括 2000 余种,人民出版社与西南师大出版社合作出版。

5. 各类专题文献古籍。

《中国中医古籍总目》经四十年编纂,2008 年上海辞书出版社出版,收 150 家图书馆藏 13455 种,薛清录主编。

《中华再造善本》1313 种,国家图书馆出版社陆续推出。

《两汉全书》约 3500 万字,山东大学出版社已出。

《魏晋全书》,吉林文史出版社已出 2 册,其余 6 册年内推出。

《历代赋汇》184 卷,收先秦至明代赋文近 4000 篇,江苏凤凰出版社即出。

《中国佛寺志丛刊》(全 130 册),广陵书社出版。

《山西历史文献珍本丛刊》2000 万字,三晋出版社出版。

《中国地方志集成》多家社承担,次第推出,据仓修良统计,宋以来各种方志有 8500 种左右,共 11 万多卷。

《清代赋役丛书》5000 万字,计划 2009 年国家图书馆出版社出版。

6. 历代学者特别是清代学者全集、文集大量出版。

如朱熹、吕祖谦、王阳明、刘宗周、顾炎武、戴震、段玉裁、赵翼、王鸣盛、钱大昕、万斯同、孙诒让、顾千里、皮锡瑞、王士禛、曾国藩、王先谦、魏源、郭嵩焘等等。

7. 目前正在进行的几个大型古籍出版工程。

《大中华文库》全套 100 余种,已出 75 种,汉英对照本,国家重点规划项目,目前正在规划推出法文、西班牙文、日文等文本。由近 20 家出版社承担。

《中华大典》22 个典,100 余分典,8 亿字,由 10 余家出版社承担。

《续修四库全书总目提要》整理本,2500 万字,中华书局与国家图书馆出版社合作。

《中华大藏经续编》,任继愈先生主持,列入中华书局古籍整理出版规划。

《中华再造善本》第二辑,仍由国家图书馆出版社出版。

《中国数字全书》(新闻出版总署牵头立项中)。

三、古籍整理出版的未来走向及可拓展领域

总结六十年来古籍整理的重大成果,目的在于明晰已走过的路径,更好地规划未来,明确我们所肩负的历史重任和工作目标,凸显古籍整理出版的时代需求。

1. 普及与提高并举。

在清点古籍总数,盘查全部现存古籍及推出善本古籍目录的基础上,应该说中国古籍中的重要典籍及各个领域都已有成果呈现,现在是深耕(原来整理成果不到位,须重新修订或完善)与广种齐抓,普及与提高并举的好时机,加强图文本、普及本、白话本、今译、浅注、简排等形式,让更多青年读者认知古籍,了解传统文化的博大精深,多家出版社已有成功尝试。

2. 古籍资源数字化与数字出版须整体规划,全面提速。

从上个世纪 80 年代开始,已有多位前贤有所创获,如国学宝典、各类唐

诗索引、香港中文大学的魏晋以前文献数据库,电子版《四库全书》、《古今图书集成》、《中国基本古籍库》等等。但力量分散,文献检索海量不足,资源垄断性强,不便于全面推广使用,须国家投入力量,投入巨资,资源集成化以达到全民使用的目的。古文字知识库与数字化平台建设、历史地理信息系统的综合开发、自动标点以及语义分析人工翻译等智能功能的完善是未来古籍数字化的重点发展方向。

3. 古籍文献的专题性整理出版更符合时代发展和学者、读者们的个性化需求。

①利用数字化技术,大量编制古籍主题索引,以及古代文献的按类型需求的检索。

②各类区域性文献丛书,如绍兴丛书、云南丛书、义乌丛书、西湖文献集成、岭南文库、湖湘文库、陇右文献等,各类海内外所藏旧志的整理。

③明清起居注册、实录及大量明清近人野史笔记、日记的整理以及综合性检索使用。

④各类舆地图、古代行记(燕行录)等地理类衍生文献整理、海外所藏来华传教士非汉语文本文献的整理、域外汉籍系统整理。

⑤各类少数民族语言文字文献的整理,如已出的《中国女书合集》、《水书》等。

⑥家谱宗族谱、明清人书信手札等公私所藏的私密传承性文献整理(包括一些重要的非物质文化遗产)。

⑦大量考古发掘报告,出土文献的延时性整理成果(如清华简、北大简、先秦文学文献、秦汉简牍、马王堆帛书、唐宋墓志遗存、明清秘府档案等)。

(原载《古籍整理出版情况简报》2009 年第 11 期)

出版人须牢记文化使命和文化责任

出版的历史就是人类智慧或集体记忆载体的传承过程。随着载体形式的变化,阅读传统也渐次发生着变化。从甲骨到青铜器,从简帛到纸张,人类文明的传承载体不断发生变化。

如今,新型的传播载体不断涌现,阅读的方式也变得多种多样。然而,手机阅读及包括网络阅读在内的新兴阅读方式能否带来从传统纸质阅读方式获得的阅读感受,是新兴阅读方式在发展中面临解决的问题。手捧浓浓墨香的小书一本,在书页的翻合之间,内心宁静下来,细细体味,慢慢品尝,心中江河日月,超然书外,这是纸质阅读带来的愉悦。然而,在信息化时代产生的网络、手机阅读能给人们带来庞大的信息量,而且快捷、高效。

在这样的背景和趋势下,作为一家以整理出版中国传统文化典籍与优秀读本为主要宗旨和任务的出版单位,中华书局也在摸索走一条与时俱进的道路,努力探索传播手段的创新,积极开展和新兴手机、网络媒体的合作。

中华民族几千年积淀下来的文化成果和智慧结晶,以文化经典的形式传布下来,让后代不断释读、演绎与阐扬,这已成为我们民族的生命本源的一部分。目前网络、手机等媒体提供的涉及古代经典的有关内容来源不尽相同,存在不少讹误,影响了中国传统文化的准确传播。凭借自身的优势资源,中华书局可提供经专家校订过的较准确版本,更让读者信服。与手机、网络媒体合作,力图做中国传统文化的内容提供商或信息集成商,正是中华书局在多种媒体形式繁荣发展新形势下的努力方向。

不仅如此,中华书局还筹建了"中华古籍网"和"中华古籍语料库",让广大人民能够真正共享文化发展成果,充分体会到中华传统文化博大精深、取精用宏的特性。

目前,出版业界面临不少问题,其中之一就是出版的无效品种太多。2009 年全国图书品种已将近 30 万,市场真的有这么大的需求吗?这其实是不正常的现象。这当中有三分之一是教材、教辅,还有许多是重复出版,造成了极大的资源浪费,也让人们对出版质量打了个大大的问号。无效品种的大量增加与我们对出版社的考核制度有一定关系。对出版社的考核更多地以经济利益来衡量,却忽视了另一个重要方面:一个出版社的社会责任和社会贡献率。社会责任和社会贡献率体现在很多方面,如出版社的捐赠、纳税,员工人数与有效品种的比率、从事的慈善事业、获奖图书、社会评价等等。社会贡献率的考核也许不便于操作,但需要加大对出版社的社会贡献率的认知度,提高出版行业同仁的自觉意识。

在寻求出版业繁荣发展的同时,出版人还必须时刻牢记其文化使命和文化责任。培养全民族的人文精神与人文关怀是出版人应当铭记的理念。我们提倡的是一种赏心悦目的阅读。通过阅读,让内心宁静下来,沉潜下去。让阅读增加我们的人生乐趣、提高我们的生活质量、提升我们的精神品级。

(原载《中国社会科学报》2010 年 4 月 27 日)

坚持体制机制改革、做好文化内容创新，满足人民群众文化需求

　　中华书局是一家有着近百年历史的老牌出版社,归属中国出版集团公司旗下,近年来我们响应中央号召,加大改革步伐,不断进行体制机制创新,坚持"守正出新",使"老树发新枝",闯出一条繁荣发展的新路。

　　乘着文化体制改革的东风和出版物市场繁荣的有利时机,我们从提高核心竞争力入手,全面提升品牌社会影响力,紧紧围绕主业做文章。经过几年探索和努力成为传统文化出版领域的重镇和排头兵,从"正说历史书系"开始,连年引领市场,形成多部畅销书群,为促进出版业繁荣做出了贡献。《于丹〈论语〉心得》国内发行520万册,马未都说收藏系列130万册,"中华经典藏书"50种,累计发行250万册。今年年初创刊的《月读》月刊受到云山同志等中央领导的肯定和赞许,每期一个主题从和谐、廉政、情操,到爱民、赈灾,从起印6千册,到如今首印2万册,相信会赢得更多的读者和市场。今年又陆续策划了古代经典类编汇聚书系,如艺文类聚、璀璨星座、新编诸子集成合编本等适合多层面读者需求的图书。中华传统文化这几年形成热潮,读者充满阅读热情,也使得海外推广大行其道,引起海外读者研究了解中国传统文化的极大兴趣。如《于丹〈论语〉心得》2007年创下首付金10万英镑的国内图书海外授权新纪录。三年来签约33个,涉及26个语种,31个版本。目前已出版17个语种,20个版本,累计销售18万册。今年法文版在法国翻译类图书销售排行榜上已经连续12周列第七八名,精装销售5.4万册。该书多种文本精平装本已经摆上了欧美各大主流书店,匈牙利版已被提名为2009年度匈牙利封面美装奖。国际知名的主流媒体均有采访报道,这是中华传统文化

在海外播扬的一个典型案例。

几年来改革发展闯新路，创新传统出版内容，让我们深刻体会到：

1. 创新内容必须坚持弘扬先进文化。传统文化是中华文化的一个重要组成部分，其中的精华是我们民族保持文化定力、坚守文化自信的灵魂和根基，是需要新时代大力弘扬的，是我们出版单位、文化传媒机构勇于担当的文化责任和使命。实践证明这些精华的呈现形式也是深受广大读者喜爱的。

2. 创新内容必须坚持改革，激发活力与创造力。中国出版集团作为35家首批文化体制改革试点单位，我局转企改制，转变市场观念，转换经营机制，通过适应市场环境的部门机构设置、出版流程重组、员工奖励机制的落实等，激发了员工的主动性和创造性，吸引并留住了人才，从2005年开始发力，到2008、2009年连获新闻出版总署和商务部重点文化出口企业的奖励、表彰，在取得良好经济效益的同时履行了一个品牌老社的文化担当、社会责任和社会贡献。

3. 创新内容要以重大出版工程为龙头，以出版繁荣为目标。按照"十七大"提出的文化大发展大繁荣的战略部署，充分实施重大项目带动工程，承担"二十四史"及《清史稿》修订、《中华字库》、《中华地域文化通览》、冯骥才主编《中国木版年画集成》（23卷）等重大工程，确保精品力作和具有文化传承意义的重大出版项目如期完成，并以此带动一般图书的出版，既保证文化品位，又完成繁荣出版的使命。明年是辛亥革命100周年，我局将推出十五卷《中华民国史》、《民国人物传》、《民国大事记》、修订《蒋介石大传》等，全部2500万字，将会在两岸辛亥革命百周年纪念史上涂上浓墨重彩。同时用好"对外图书推广计划"和"经典著作海外翻译工程"资金，成为中华传统文化"走出去"的一支生力军。

4. 创新内容还必须充分研究市场，了解广大读者多方面、多层次的文化需求，提供多样化的文化精品。几年来我们向先进出版社和优秀的民营书业学习，学习他们的市场意识和营销理念，定期开市场分析会、营运协调会，努力生产出适合当代读者需要的图书佳品。充分利用多种媒介的表现形式满足不同读者群体的个性化需求，在传统文化出版领域占据重要市场份额。未来，我们坚信专业出版社盈利能力会因互联网推广普及专业数据信息的健全而更强，专业出版大有可为。

结合具体的出版实践,提出三点建议:

1. 传统历史文化是中华民族几千年积淀下来的文化成果与智慧结晶,已成为我们民族的生命本源的一部分。欣逢国富良机,建议建设一个国家级长远工程,构建基于信息技术高速发展下的海量存储的云端资源库,如中华五千年历史的长时段历史文献集存,暂名"中国国家历史文献库"(包括断代或按一个世纪划分的全部存世文献,历代人物传记检索系统,历代气象、生态、生物物种变迁、地理沿革的全部文献积聚等),可以避免基于各个院所机构的利益分割和重复建设,以及资源严重浪费,而最终受益的将是全体民众和我们的后代子孙。

2. 为了提高全体国民的人文素养和自信力,避免妄自菲薄、急功近利的文化焦虑,普及传统历史文化知识不失为一条好的路径,有关书刊与影视传媒包括网络、移动阅读器内容信息不少,但良莠不齐,讹误较多,影响了传统文化的准确传播。希望在中宣部主导下,发挥传统出版传媒单位在多媒体多介质方面的主导作用,组织编写制作并提供具有权威性和感染力的读物、节目和信息数据内容,让广大民众能够真正共享文化发展成果,充分体会到中华传统文化博大精深、取精用宏的特性。

3. 创新是一个企业乃至一个国家、民族的生命线,人才强国战略是提升文化产业发展中创新能力的根本保障。2009 年调研成果:德国文化产业已成为机械、汽车工业后第三大产业,可资借鉴。希望中央加大倡导文化创意产业,提升文化企业的核心竞争力,加大扶持与投入力度,真正实现经济发展方式的转变。更好地发挥"四个一批"人才在各宣传文化领域中的积极作用,为我国文化大发展大繁荣再立新功、再展宏图。

2010 年 5 月 29 日

坚持传统　开拓创新

——写在《文史知识》创刊三十周年

对于个人而言，三十而立，意味着成家立业、独立承担责任，对于一本刊物而言，则另有一番意味。在《文史知识》2010 年第二次编委会上，编委们为刊物过去的三十年和未来发展提炼总结了八个字"坚持传统，不断创新"，我认为是十分精准的。

三十年来，《文史知识》形成了自己鲜明的传统特色，大专家写小文章，深入浅出地介绍评述我们的优秀文化，锻造了《文史知识》科学、准确、生动、有用的特质，滋养和吸引着一代又一代渴求知识的读者。

《文史知识》的创始人，杨牧之先生、黄克先生，以及一些前辈学术大家和编委们，他们塑造了《文史知识》传统的基石。《文史知识》在 1981 年创刊之后短短几年内，便受到了读者的极大欢迎，发行量节节攀升。这里固然有时代因素的作用（那时知识饥荒是普遍现象，而《文史知识》以文史方面的知识为切入点，满足了大家的求知愿望），但更为重要的是，刊物的办刊宗旨和定位准确为它奠定了稳固地位。刊物创刊人之一杨牧之先生 2010 年与黄克先生以及余喆、黄松、胡友鸣、张荷等人一起聚会，在追思中华书局已故总编辑、《文史知识》的创始人之一李侃先生时，曾说过这样的话：

李侃同志内心里想把《文史知识》变成雅俗共赏的刊物，这一认识也和季羡林先生对《文史知识》的定位不谋而合。季先生觉得《文史知识》应该成为一本深入浅出、生动活泼、严谨务实的普及刊物，但一定是学术性的普及刊物。我做了一辈子出版，到现在仍觉得最了不起的书就是雅俗共赏的书,文史专家比如季羡林、任继愈需要,自然科学专家像茅以升、周培源也需要,一般中等文化的读者努把力也够得着。雅俗共赏是《文史知识》初创时的一个共识,我们大家也是这么努力的。实践证明当初在李侃同志领导下,大家对刊物宗旨、水平的定位是符合当时的形势和后来的发展的,是经得起时间考验的。

的确是这样。三十年来,《文史知识》坚持深入浅出、雅俗共赏、普及学术的传统,受到学术界、知识界、文化界的广泛好评和各界读者的喜爱,在社会上享有良好的声誉,拥有比较稳定的读者群。

《文史知识》经得起这三十年的考验,还在于她有"不断创新"的活力。在栏目设置和策划上,《文史知识》编辑根据时代需要灵活调整,或撤销或新增,三十年间,共设置了70余个栏目。"特别关注"、"文史百题"、"讲堂实录"、"民俗志"、"戏曲苑"等特色栏目都颇受读者好评,一些保留下来的传统栏目也始终为读者所青睐和认可。把握时代脉搏,面向社会、面向读者,是《文史知识》不断创新的动力源泉。

三十年来,《文史知识》也获得了许多荣誉——曾被列为"中文核心期刊"和《中文社会科学引文索引》(CSSCI)来源期刊;2001年被评为中国期刊方阵"双效期刊";荣获第三届国家期刊奖百种重点期刊;被中国期刊协会评为"新中国六十年有影响力的期刊";多次获得中国出版集团期刊奖、荣誉奖、优秀编辑奖和优秀栏目奖等。这些荣誉是对《文史知识》的肯定,也是对办好《文史知识》的鞭策。

传统得以坚持,创新仍在继续。而立之年的《文史知识》开通了自己的官方微博,开办了自己的博客,创立了面向广大文史爱好者的群众组织"历史之友",举办了论坛,排版形式上也有了新变化……我们有理由相信:《文史知识》的明天会更美好。

（原载《中国社会科学报》2011年4月26日）

中国古籍出版数字化展望

　　中国是世界上惟一有持续不间断文献记载的文明古国,因而古籍存佚数量也是最多最大,号称"浩如烟海"、"汗牛充栋",实不为过。从古迄今,先哲存留下来的文献整理与研究便是后人绵延不绝的一项基本工作,也是海外汉学得以昌盛不衰的基础课题。历史经验证明,昌明盛世的一个显著标志,便是对古代文献编纂、整理的总量递进以及大型古籍集成性成果的界标式出版(问世)。随着时代的进步,古籍整理出版借助网络数字技术的平台得以更迅捷的发展,为人类文明成果的集结与分析研究提供了更新颖的视角、更广阔的领域和无以超越的可能。

　　古籍数字化是延续文化传统的重要手段

　　数字内容出版(digital content publishing)是内容出版与信息技术结合的新型出版模式,是将传统出版中的图像、文字、视频、声频等内容进行数字化和数字资源整合,并在数字信息技术平台上呈现、发布和应用。自 20 世纪 90年代以来,新兴信息网络通信技术给传统出版业带来挑战,古籍出版同样受到冲击。

　　数字出版经历了桌面印刷、电子出版、网络出版、复合出版(跨媒体平台)等过程。从数字出版的样式变化来看,包括:软件读物与数据库、多媒体光盘产品、电子与网络游戏、电子书与电子纸、网络书店、按需印刷、移动出版等形式。

　　古籍数字化就是利用现代信息技术对古代文献进行整理、研究与保护,并以电子数据的方式传播与使用。中国古籍是中华民族历史发展和思想智慧集聚的珍贵文献,是传统文化的重要载体,而数字化正是延续文化传统的重要手段。近二十年来,古籍产品的数字化与数据资源整合开发方兴未艾,兹列举大型项目如下:

1.《国学宝典》,收录古籍4000余种,逾10亿字,还有历代笔记、小说备览等,由国学时代文化传播有限公司制作。

2.《文渊阁四库全书》、《四部丛刊》全文检索光盘版,由香港迪志文化出版有限公司投资,书同文数字有限公司制作。

3.《中国古籍基本库》,收录古籍1万种,全文18亿字,1200万页影像,由北京爱如生数字化技术研究中心制作,黄山书社出版发行。

4."宋元善本全文数据库",由上海图书馆1996年启动全部数字化,并分期实现上网服务。

5."中国历代典籍总目分析系统"(Historical Book Catalogue of China,简称HBCC)。2008年,由国家图书馆与北京大学资料分析中心联合制作,国家图书馆出版社出版发行。

6."中华字库工程",是国家"十一五"重大建设项目,建立汉字及少数民族文字的编码和主要字体字符库,新闻出版总署组织实施,项目总体组由中国出版集团承担,裘锡圭先生为首席专家。

7."日本所藏中文古籍数据库",由日本京都大学人文科学研究所等多家机构企划设计,有55个图书馆加入数据库,数据总数达748585笔。

8.《汉及以前全部传世文献电脑化资料库》和《魏晋南北朝全部传世文献电脑化资料库》,由香港中文大学中国文化研究所中国古籍研究中心研制,其前身为汉达中国古代传世文献电脑化资料库,1988—2005年建设了上述项目。将扫描魏晋南北朝之前的全部传世文献悉数输入数据库。数据库输入文献所据版本,均为未经后人恣意改动的旧刻善本,然后由研究人员重新标点、校勘;凡经校改之处,均加上校改符号,以此建立原始文献资料库。

9.《汉籍全文资料库》,由台湾中研院史语所研制,始建于1984年,是目前台湾地区最具规模、资料统整最为严谨的中文全文资料库。资料库内容包括经、史、子、集四部,其中以史部为主,经、子、集为辅。从类别上讲又可分为宗教文献、医药文献、文学与文集、政书、类书与史料汇编等,二十余年来累计收录历代典籍已达460多种、3.91亿字,内容几乎涵括了所有重要的典籍。并附有比较完备的检索工具可供利用。

10."中华古籍语料库",2002年立项,前期收录350种,约2亿字,差错率在万分之一以下,将中华书局古籍资源的主体部分数字化,并开发建设了"资治通鉴知识分析系统",可以对《资治通鉴》全文进行关键字检索,基于时间、人物、地名、事件等文本信息重组,并以图形方式展现分析成果。待今明年结项,推出部分数字化产品。

11.《中国口头文学遗产数据库》。"中国口头文学遗产"是中国文联民间文艺家协会六十年来征集、记录、整理的我国民间口述文学的成果集合,统计有8.4亿字。《中国口头文学遗产数据库》是将全部5000余种口头文学资料数字化,保留原文图像,以原始分类为依据,建立文本资料库。它具有各种形式的检索、统计、分类浏览等功能。该数据库是"中国口头文学遗产"的第一次大规模数字化整理,具有重要资料价值和学术价值。目前与中华书局合作正在开发中。

古籍数字化是嘉惠学术文化界的重大工程

古籍整理出版本质上是具有特定读者对象、受众群体定位清晰的专业出版,建设标准化的数据库,进行已有古籍内容出版资源的整合开发,实现多重开发利用与下载使用,可以通过售卖数据库的服务和多种形态的产品,产生复合效益,包括定制个性化需求的产品。将来立足于建立内容管理的复合出版系统平台并推广使用,使不同版本图书实现立体开发,使不同内容组合成新的知识内涵。

目前,数据库出版正在逐步成为传统文化资源的主流出版形式,电子图书和按需出版成为新的产业链,付费阅读和下载是其直接的赢利模式。此外还有会员收费、交易佣金、广告收入等方式。另外的商业模式将是与门户网站和搜索引擎联手实现海量信息存储处理。

专业古籍出版社提供相对精准的经过点校整理的从古迄今的传统文化资源,实施网络营销,建立直销渠道,特别是开发各个图书馆客户与专业读者客户,实行定向营销和定制出版。且移动手机内容信息定制服务也是未来发展方向。将来的电子阅读器(电子书)会逐步被海量传输、运行速度快的移动终端所取代。

根据《中国古籍总目》编纂工作中的统计显示,现存古籍品种应在 20 万种左右。另据不完全统计,全国图书馆系统保存的古籍有 2750 万册,其中可列入善本的图书 250 万册。国家投资建设"善本再造工程"一期、二期可使民众罕见珍本化身千百,但毕竟是极少量的。更为遗憾的是,据调查,全世界所藏的宋元善本图书 5500 部左右,其中我国大陆只存有 3500 部。海外所藏的这部分中国善本图书,则更难与民众见面。钱存训、王重民、昌彼得、严绍璗、沈津诸位先生均对中国古籍在台港地区图书馆收藏情况做过详尽的调查与介绍,一些图书馆也编有各类古籍目录,但颇不完整又有缺漏,急需由政府主管部门出面组织编纂《海外所藏中国古籍总目》(约 10 万种),与今年年内出齐的《中国古籍总目》对读比勘,并适时推出便于民众检索浏览的机读网络版,这将是嘉惠学术文化界的重大工程。

古籍数字化建"中国国家历史文献资源库"

未来古籍数字化的重点发展方向是:古文字知识库与数字化平台建设(中华字库工程为主体)、历史地理信息系统的综合开发与推广使用、古代文本文献的自动标点以及语义分析、人工翻译等智能功能的完善,及构建一个集平面图像、三维动画、立体声响、虚拟现实等多媒体技术手段,穿越今古时空的历史人物交往对话的文化休闲平台,这是一个高度集成化的数字古籍创新技术平台,集研究与信息传布、休闲娱乐、教学科研于一体的综合功能。就像物联网联结空间区域于一隅,该平台将时空交错于一瞬,实现人类多重梦想。

2008 年,美国国家人文基金会资助佛罗里达州一所大学,利用多媒体技术和地球空间信息技术,以数字化方式重现 1964—1965 年的纽约世界博览会,使游客们能够在博览会场景中获取档案文件、图片和电影镜头。随着"三网"融合进程提速以及古籍资源库建设平台的有效利用,这一梦想可以早日实现。

根据我国古籍数字化的现状和存在的重复建设、标准不统一、内容割裂、资源庞杂等隐忧,笔者建议,建设一个国家级长远工程,构建基于信息技术高速发展下的海量存储的云端资源库,集存中华五六千年历史文献,暂名"中国国家历史文献资源库"。这是抢救和保护中华传统文化的重要手段,是最大规模的文化整理和传承的宏大工程。它不仅是对国民进行传统文化教育的工具,也是向世界展示中国传统文化博大精深的途径。其内容是集聚中国历代文献的资源总集。不仅有我们习见的版刻图书,亦应该涵盖甲骨文、金文、简帛、碑刻等各种载体和类型的存世文献。这些资源是中华传统文化的重要构成,是与版刻纸书相印证、相补充的珍贵资源。

"中国国家历史文献资源库"内容庞大,但不是一个单一的、孤立的文献平台,应当是一个了解与研究中国传统文化与学术的开放式生态系统。在文献资源的基础上,构建一个知识平台做支撑。这个知识平台利用已有的古籍研究成果、辞书工具书构建,通过知识支撑平台,使用者可以对自己需要的知识点做检索,辅助阅读和学习。知识支撑库可包括如下内容:人物库,包括中国历史人物的相关信息;地名库,包括中国历朝行政规划,辅以电子地图供使用者参考;古代名物库,包括文献中出现的各种名物信息,如天象、衣食、器具、果蔬、禽鸟等;事件库,包括对历史事件的介绍与说明。良好的知识支持系统可反映历史文献中人物的关系、地理的沿革,乃至生态物种的变迁。知识支撑库亦应当包括阅读和研究古籍的重要工具,如字典词典、历史纪年与公元的对照转换、版本比较、字词统计工具等。

"中国国家历史文献资源库",要能够灵活地为使用者服务,让使用者可以按照多种方式筛选出个性化的数字资源库。比如,可以形成某一朝代或某一长时间段的文献总集(如英国已构建一个 18 世纪历史文献的数据库供民众使用),可以筛选出某一作者合集,可以指定筛选某一类别的图书,还可以按照不同载体形成不同类型的资源库。

承担"中国国家历史文献资源库"项目,将有利于全国古籍整理出版队伍稳定和持续培养锻炼。累经数年,在项目规划运作过程中,通过人才吸纳与项目培育,逐步建设成"国家历史文献编纂出版中心",聚合全国的优势出版资源,为中国优秀传统文化的弘扬与创新作出应有贡献。

"中国国家历史文献资源库"是自成体系的中国文献资源总集,也是学术研究和文化普及的基础性平台。是将中国古籍文献集成化,供全国人民乃至全世界人民使用,最终受益的将是全体民众和我们的后代子孙。

(原载《中国新闻出版报》2011 年 6 月 13 日)

古籍图书的结构调整与市场扩容

大家好！很高兴和同仁、同学们进行交流。古籍培训班办了十期，八期在北京，一期在上海，一期在南京，我很荣幸每一期都参加了。有时候是交流，有时候是作为版协古籍出版工作委员会的负责人参与培训工作，中华书局作为会长单位，所以有机会参与这件事情。这期的学员比较多，而且年轻人居多，给我定的题目是"古籍图书的结构调整与市场扩容"。我想先作一个概况式的介绍，讲一下新形势和新变化，再来谈一下调整与扩容，可能针对性更强，更有说服力。有些同学从事这个行业时间不长，需要对这个行业的基本情况有一个大概的了解。关于这个概况，我主要讲两个大方面：一是古籍出版的基本情况，二是新中国六十年重点工程项目出版的状况。

一、古籍整理出版简况

主要从六个方面作一个梳理：

1. 政府和国家领导人高度重视，是古籍出版工作持续稳定发展的关键因素。

大家知道一个词，叫"盛世修典"，或者"盛世修史"，中国古代重要典籍的整理和出版，很多都是在经济比较发达、社会比较稳定的环境下进行的。当政者，过去主要是皇帝，重视文化、文治，就促成了一些重要典籍编纂问世。前面有先生讲到了，文献典籍有一个集聚和散佚的过程，水灾、火灾、战乱等导致了书籍的遗失和损坏。于是在治世的时候，就要对经典文献进行集聚、辑佚和整理，形成一定的规模，通过编目、汇总、集校，通过编纂新的重要典籍，让我们看到中国古籍延续的面貌。中国古籍还有一个重要的特点，那就是文献记载从来没有间断过。埃及、印度和玛雅文明都有间断,只能通过考古遗存了解其概貌。中国是历史上惟一一个有持续文献记载的国家,所以文明没有间断过。文字的记载、文献的积聚,世界号称第一。不仅国内,在国外,中国典籍的编目、整理,也是一个很大的学问。我国一直保留着文献遗存,这是一个最大的特点。

新中国成立以来,党和政府非常重视古籍工作,这是古籍出版工作持续稳定发展的重要因素。1958年2月,国务院科学规划委员会主任聂荣臻做了两件事:一件是科学规划,包括原子弹的研发等;另一件就是保护历史遗存和古籍整理事业。当时成立了古籍整理出版规划小组,由国务院的副秘书长、周恩来的秘书齐燕铭担任首任组长。新中国古籍整理,就是从这时开始的。同年4月,文化部对一些重要出版单位的分工作了调整,中华书局成为古籍小组的办事机构。从那时起,中华书局也开始形成享誉海内外的出版风格和品牌。

早期我们没有这么多古籍出版社,只有三家社承担古籍整理出版的任务,一个是中华书局北京本部,一个是中华书局上海编辑所——后来组合古典文学出版社于1978年成立了上海古籍出版社,还有一个就是人民文学出版社的古典文学编辑室。1958年到1962年,曾经做过八年的出版规划,只有这三家来承担。各地的古籍出版社,大都是1978年到1980年前后陆续由各地的人民出版社或出版总社的相关编辑室独立出来成为专业古籍出版社。

在古代,皇帝讲文治,喜欢舞文弄墨,就能影响一代文化风尚。比如康熙、乾隆,诗、文都写得很好。又如唐太宗喜好书法,由此使二王的作品传承下来。古代的当政者对文化、文献的重视,会影响到文化的遗存。我们当代的领导人,也非常重视这一点。大家都知道毛泽东喜好文史,在二十四史、《资治通鉴》、很多重要古书的整理上都有批示。毛泽东在1957年前后找了吴晗、翦伯赞等几位先生,提出为了便于一般的领导干部和读者读懂古书,要对前四史进行校点。后来吴晗等人提出论证,要把前四史拓展一下,拓展到二十四史。"文革"后期又增加了《清史稿》。二十四史和《清史稿》的点校工程,仍然是新中国成立以后最重要的古籍整理出版工程。毛泽东当时做了两个指示:要求校点二十四史和编制《历史地图集》。后一个任务交给了谭其骧教授。以杨守敬的地图集为基础,最终形成了《中国历史地图集》这部皇皇巨著。这两部大书都是在国家领导人的高度重视下产生的。1971年前后,周恩来总理按照毛泽东的指示,就具体一部书稿、具体出版工作作了很多批示。中华书局有了这样的条件,由国务院、文化部下文向全国调集了一百多位专家学者,在北京开展工作。我们很熟悉的一些老先生,比如说启功、王锺翰、何兹全等先生,都在那个时候集中到中华书局来。启功晚年的时候,总是说:"中华书局是我们的另一个家。"因为那个时代,这些老先生都在中华书局集中办公,每天上下班,地点先在翠微路2号院,后在王府井大街36号。在上世纪70年代,出版工作是停滞的,只有几件事可以做,而二十四史校点工作并没有耽搁。还有根据政治需要,做"评法批儒"的工作,于是一批法家的著作、儒家的批判著作,得以整理出版。

当时周恩来根据毛泽东意见作出的指示很具体,叫"由顾颉刚总其成"。点校二十四史时,各位老先生在中华书局合影,这张照片现在还保留着,挂在中华书局的楼上。启功先生保存的这张照片,专门在每个人头上标注了姓名,启功、顾颉刚、周振甫……这些都是我们需要仰望的著名学者。二十四史和《清史稿》从1958年开始,历时二十年,到1978年全部出齐,至今仍为海内外学者引用。第一本是《史记》,是为1959年建国十周年献礼赶出来的,现在看也有一些问题,需要修订。

时至今日,温总理也几次对古籍整理出版工作作过批示。例如《大中华文库》、二十四史修订工程、《黄宗羲全集》、《恽毓鼎日记》等,温总理都有重要批示,有的还见诸报端。这些都是领导人关怀古籍出版工作的例证。

毛泽东晚年患白内障,那时为了他看古书方便,专门制作了大字本。我们这次重印了《史记》与《三国志》,送给了温总理,同时报告了古籍出版事业的状况和印这本书的缘起。2010年1月27日中午的时候,温总理专门为中华书局题写了一段话,下午我们就得到了通知,很快通过有关渠道把批示给了我们,题词是"致力弘扬中国传统文化,努力提高古籍整理出版水平"。

领导的指示,以及十七届六中全会的决议,都体现了中央对文化事业的发展非常重视,这是具有远见卓识的,这对我们古籍出版工作是最重要的一点。

2. 古籍整理出版规模不断扩大。

岳麓书社2007年出版的《新中国古籍整理图书总目录》,著录了从1949

年到 2003 年 12 月五十四年间的新印古籍约 1.2 万到 1.3 万种。全国古籍整理出版规划领导小组办公室主任王然同志在各种场合也说过,我们现在新印古籍在 2 万种左右。出书规模在扩大,特别是后三十年,出书品种急剧增加。

3. 总体布局进一步拓展。

本期培训班前几位先生在讲座中也讲到了古籍的特点、分类和一般的特性,传统叫四部:经史子集,我们已拓展到文史哲古籍以外,农医方技类、域外汉籍出土文献、域外珍藏善本古籍等,都有重要整理著作问世。古籍数字化产品也屡有新品问世。

4. 古籍整理中长期规划不断完善,体现出全国古籍整理出版的整体一致性。

从 1958 年开始,由政府主管部门主持,已经做了六个古籍整理中长期规划,体现了古籍整理出版的一致性。特别是新闻出版总署的全国古籍整理出版规划领导小组办公室,一直致力于古籍整理的长期规划。现在正在制订一个十年规划,经专家论证之后将公布。这个规划,在座的很多出版社,都有重要的图书品种列入其中。在此之前,六个规划涉及到 4000 多个品种,新的十年规划涉及到七八百个品种(实际公布 491 种)。

随着古籍规划的不断完善,经费投入也逐渐增加。领导人里面毛泽东、周恩来喜好古籍以外,朱德、陈云同志,也都喜好古籍。1981 年前后,陈云同志专门派了一位秘书,到中华书局调研情况,并请了北大的一些教授参加。陈云同志说他关注两个事情:一个是粮食问题,一个是古籍问题。由于他的重视,中央专门在 1981 年 9 月 17 日下发了《关于整理我国古籍的指示》的中央文件,主要是陈云同志的讲话精神;又重新任命了古籍小组的第二任组长。因为经过"文革",很多工作停滞了,到上世纪 80 年代初拨乱反正以后,国家财政有所好转,领导人又重新开始重视,重新拨付相关的经费,恢复有关的机构。第二任组长就是老前辈、老革命家李一氓。他曾经担任过新四军的秘书长,后来担任中纪委副书记、中联部副部长,早期在延安的时候还担任过毛泽东的秘书。第三任组长是南京大学校长、著名学者匡亚明先生。到后来,按照国家编制委员会的思路,古籍小组和出版总署合署办公,现在的组长都是由署长兼任的,现任组长是柳斌杰,副组长是邬书林副署长和袁行霈先生。财政部专门下拨了古籍整理出版专项经费,从 1983 年开始是每年 170 万元,到现在已经增加到每年 2000 万元,主要用于重要古籍整理出版的资助,在座的责任编辑只要有重要的、有价值的项目,申报后经过专家评审,都会申请到相关资助。

5. 古籍整理出版队伍进一步扩大。

从上个世纪 50 年代开始,全国高校设立了 4 个古典文献专业,最著名的是北大,当时是和中华书局联合培养专门的古籍整理人才。早期的毕业生大部分都到中华书局工作。我们这次讲课的安平秋、曾贻芬、熊国祯、冯惠民、李致忠、崔文印、许逸民等专家,都是前三届的毕业生,大多数分配到中华书局工作。除了 4 个古典文献专业之外,还有 80 多所院校设立了古籍研究所。全国古籍整理的专门人才数千人,古籍出版社的员工接近 2000 人,编辑 600余人,年出书品种超过 5000 种。古籍办连续举办了九届古籍整理培训班,培训古籍编辑 500 多人。

我们这些专业古籍出版社,于 1999 年在北京成立了古籍出版社联合会(现为古工委)。中华书局是会长单位,副会长由上海古籍出版社和齐鲁书社的社长担任。当时是 18 家,前几年发展到 23 家,今年 5 月哈尔滨书市期间,古工委经过投票又正式吸纳了 5 家,所以现在是 28 家成员单位,还有 5 家出版单位作为观察员的身份备选。观察员参加我们的活动一年,然后每个成员单位派代表进行无记名投票,得票超过三分之二,才能加入这个组织。

6. 古籍资源的梳理编目工作取得重要进展。

这方面,特别是《中国古籍总目》,我想吴格先生已经介绍了情况。这是历时十七年,由古籍小组组织,收书 20 万种,历史上首次集中全面清理古籍的集成性成果,著录收藏单位 1000 家,著录了全球现存古籍的绝大部分版本,计划今年年内出版,由中华书局和上海古籍出版社推出。文化部也一直在公布珍贵古籍名录,首批 2383 种,现在已经公布了第二批。

二、六十年来古籍整理出版的重要成绩和重大成果

从 1949 年到现在,古籍整理出版成绩突出,有很多重大成果,我可以举几个例子。

第一个就是二十四史和《清史稿》校点本,这是最大的古籍整理出版工程。

　　第二个大项目，是高校古委会的"七全一海"大多已陆续出版。文渊阁、文津阁《四库全书》，《续修四库全书》，《四库存目丛书》，也都陆续出版了。

　　第三类是大型出土文献。如《新获吐鲁番出土文献》等。出土文献做得最多的是上海古籍出版社。另外《甲骨文合集》、《殷周金文集成》等等都是。

　　第四类是域外汉籍系列。《日藏汉籍善本书录》，严绍璗编的，差不多编了一二十年。《韩国所藏中国汉籍总目》，韩国的学古房出版。《域外汉籍珍本文库》，人民出版社和西南师大出版社合作，第一辑、第二辑已经出版了。

　　第五类是各类专题文献古籍，例如：

　　《中国中医古籍总目》，上海辞书出版社经过四十年的编纂，收了150家图书馆藏的13455种医籍。

　　《中国少数民族古籍总目》，印象中是由巴蜀书社承担，但是没有出版。

　　《中华再造善本》，国家图书馆出版社出版。

　　《两汉全书》，山东大学出版社出版。

　　《魏晋全书》，吉林文史出版社出版。

　　《历代赋汇》，江苏凤凰出版社出版。

　　《中国佛寺志》，广陵书社出版。

　　《山西历史文献珍本文库》，三晋出版社出版。

　　《中国地方志集成》，多家出版社合作。

　　《清代赋役全书》，国家图书馆出版社出版。

　　第六类，历代学者特别是清代学者的全集、文集的大量出版。如去年《赵翼全集》，凤凰出版社出的，获得了第二届政府出版奖。

　　第七类，就是目前进行的几个大项目，由各个社来承担的有：

　　《大中华文库》，集中全国十四家出版社，全套100多种，已经出了75种，原来是汉英对照，现在正在推出法文、西班牙文、日文版等。

　　《中华大典》，共22个典，3.7亿字，现在已经陆续推出。这个工程还没有完，我们知道全国十几家出版社参加这个项目。

　　《续修四库全书总目提要》，由中华书局和国家图书馆出版社，现在只整理出经部，还没有出版。

　　《中华大藏经续编》，任继愈先生生前计划出版的大型项目，两三亿字，已经列入中华书局的出版规划，体例上也在和编纂方协商。

《中华再造善本》的第二集。

《中国数字全书》,是由新闻出版总署牵头的。

《中华字库全书》,23 个子项目,新闻出版总署重点牵头,委托中国出版集团公司成立总体项目组,中华书局承担了其中两个子项目。

这都是我知道的大型出版工程。当然地方还在做大型乡土文献、乡邦文献的丛书等等。

三、出版业的新形势和新状况

整个出版业的新状况和新形势,主要有三个方面。

1. 文化产业渐渐成为支柱产业。

现在出版业面临的新形势、新变化,大家深有体会。从六中全会的新决定和有关领导的解读来看,预计到 2016 年或最晚到 2020 年,文化产业占整个国民经济的比重,要加大到 5% 以上,其中出版行业是一个重要的方面。从 2005 年开始的文化体制改革,各地方、各单位都加强了集团化运作的过程。地方出版社都归并到各自的集团里面,先做整体的体制改革,转成企业单位,成熟之后再谋求股份制改造和上市。最近中部区域的一些集团,纷纷上市,有做强做大的要求。初步统计有 25 家文化传媒类企业上市。

集团化的要求、加大产业布局的要求,对出版业提出了新的考验。集团化、集约化,资源的整合、人力的调整、结构的布局,都发生了很大的变化,至少大家感到了许多危机,有许多浮躁的状况。这种要求、这种形势下,我们专业古籍出版怎么做,如何做好,这是大家最关心的问题,在这样的条件下,如何做结构调整和市场扩容,是摆在我们面前的重要的问题。

2. 出版业从规模经济向范围经济转变。

总的来说,出版业是从规模经济向范围经济转变。过去出版业的发展,是单一产品的纵向延伸,靠规模增长,单本书的印量、销量,单本书整体的规模,有的是一本书的产量要求,有的是多套大书的规模要求。但是现在发生了变化,这种形式开始向范围经济、向多元化扩张,整合的要求渐渐加大。出版业在扩张,在向上下游延伸。你们在各个集团里,体会可能更深。上游向作者这一方面转化,在内容资源上扩张。下游更明显,从印刷行业,扩张到广告旅游、物业地产,变成全产业链的扩张。

过去我们讲一个出版社做多少版块的选题，做产品线的战略，到年底的时候，正是讨论一个出版社选题计划的时候，集团、上级单位要求做什么样的产品规划，什么样的板块，分几条产品线。一个出版单位，具体到一个编辑室，做几条产品线，这是我们一贯的要求。但是现在要做拓展，要向产业链扩张，你这个产品，不是单一的产品，而是借助多种媒体，转化为多种传播方式，是多种形式的扩张，由此带来了商业模式的转换。我想这个变化，大家要认识到。

3. 传播技术手段的变革，使我们处于一个重要的关节点。

最重要的影响，是数字出版和新的信息技术对我们的冲击。此前国家图书馆的陈力副馆长也讲了这样的问题，我是从出版人的角度讲数字出版对我们的影响及挑战。

传统做出版的一般把出版界定为专业出版、教育出版、大众出版这三个领域，过去《图书商报》的程三国做过这样的描述和规范。我们要做哪个出版？在座的大部分人毫无疑问地要做专业出版，但是这个界限逐渐模糊，专业出版要向大众出版扩张。比如说超级畅销书《于丹〈论语〉心得》，你说它是专业出版还是大众出版？界限模糊了，它是从专业出版切入，但是做成了大众出版物，让广大读者阅读的。它达到550万册的一个销量，绝对是大众出版的产物。还有教育出版，很多出版社都会介入教育出版的内容，无论是教材教辅的贴近，还是某一个区域的市场，都在考虑这个事情。三大出版的界限也在模糊，中央、地方、专业，互相都有渗透，区域上也有重新的布局与调整。各地出版社在北京设有分支机构；北京的出版社，在地方也有分支机构。商务印书馆在五个区域设立了分馆。中华书局也在两个区域设了分支机构，但是还没有成型，以后要成立分局。过去中华书局、商务印书馆都有这样的传统，1916 年，中华书局经过四年的发展，在全国设了40 多个分支局，1000 多个分销处。当然那时出版格局和现在不一样，那时是几家单位独大，现在全国有579 家出版社。确实出现了出版领域渗透，各区域相互渗透，乱象纷生的现象。现在的产业结构布局，在未来的一两年还要发生变化，这是我们面临的新形势和新变化。

以信息技术、网络数字出版为代表的新传播手段给我们带来的变革可能会更大。这种手段在寻找新的盈利空间和商业模式。后面我会详悉论述。

纵向来看,历史是一个长时段的过程,从古代有文献记载的历史开始,随着文明的演进,到最近六十年,经历了一个长时段。这样隔空来看,我们可以看得清晰,六十年的跨度是可以看出一些东西的。但是在当下,有些是看不清晰的。我说的三点新变化,都处在急剧的变化之中。

从文化产业到支柱产业的变化,从规模经济、单品种追求到范围经济、多元化的扩张,还有新兴传播方式的变革,这三个方面不一定总结归纳得全面,但是这三个方面使我们体会最深。

在这种形势下,我们怎么做专业古籍整理出版,确实面临着许多难题。今天我们进行交流,没有结论,只是需要提供视角。我们在座的每一位都有机缘成为未来发展变化的主角。

这两年,全国古籍出版社的社长们,每年至少聚会一次,研讨我们面临的共同问题,其他的时间也有机会交流。在交流过程中,我们研究了古籍整理图书怎么做调整,如何做市场扩容等问题。结构调整的目的是为了市场扩容,扩大规模,是为了企业更好的成长,我想从这几个方面开始切入正题。

四、古籍图书的结构调整和市场扩容

古籍在当代流传的最大问题,是在表现形式上与现代读者、特别是与青少年读者的疏离与隔膜。古籍必须经过多年文化教育的积累,才能看得懂。古籍在整体表现形式上,繁体、竖排、没有标点、古代汉语的字词,很多人不理解,这是最大的问题。时代的遥隔和语言沟通的困难,使得青少年读者远离古籍。现在我们在做这方面的努力,如古籍今译、图书绘画本、图文本。上海古籍出版社前些年做了一系列的图文本,引起一阵出版的热潮。

古籍的今译方面,巴蜀书社曾出过《古籍名著选译丛书》,后来改由凤凰出版社推出安平秋先生主持的今译丛书。最早是从上世纪80年代开始,就在做古籍今译、选译的尝试。

漫画卡通本、拼音背诵本,现在的国学热潮,最基本的典籍,"三、百、千、弟",包括《论语》、《孟子》这些,很多社都在做面向小学生的拼音背诵本。这些著述形式的出现,都是古籍出版试图走近青少年读者的努力和尝试。

历史小说和历史人物传记的热销,同样是一种积极的出版转向。

根据国外读者的需求,做一些外向型图书产品。古籍图书外向型选题的

拓展,也是重要的出版路径。国家"走出去"的战略给予我们许多资助,出版社也在积极拓展这种选题。

根据古代典籍编制的网络游戏产品,很多都是历史题材的,很多人玩过,也关注过,如最早的三国、战国游戏。电视剧中还有各类戏说、演义等。最近又有大胆突破,像穿越的戏如《步步惊心》,这些无意中填充了青少年读者历史知识的空白。

另类解读历史的书籍,从当年明月的《明朝那些事儿》开始,这些网络作品下线以后,流传推广,形成了非常大的规模,现在还在榜上。这些书确实吸引了一大批中青年读者,这是对历史的另类解读。有些出版社,考虑出一些重新解读历史的书籍。过去的那些传统的、正襟危坐的,恐怕没有多少市场,这是一个很大的变化。

一方面是一些教育社、大学社、综合性的出版社,依仗雄厚的资金,推出了许多创品牌的、高知识含量的重头书。在座的很多社做市场容量小,印量小的大部头书,甘于清苦、甘于奉献,还好这些年有所好转,国家资助的力度加大。但还是有一些重要的书籍被教育社、人民社、大学社做了。这些年获奖的重头书,得到认可的创品牌的书,大部分都是我们专业古籍社的选题范围,但我们没有精力、财力做。他们做这些书,还会请我们社的一些编辑参与。我知道中华书局的很多编审帮他们校点、把关。我刚从上海回来,复旦大学出版社、华东师大出版社、上海交大出版社,这三家出版社,他们的规模比我们任何一家古籍社的规模都要大,但你看他们宣传的全是我们这些书,比如域外汉籍、重要作者的全集。其实他们出版社生存盈利靠的完全不是这些书。这是创品牌的,提升出版社形象的。真正盈利的是大中专教材,他反倒不做任何宣传。我开句玩笑,这叫闷声发大财。他不说这些教材,他反复讲的,都是葛兆光等著名学者的书,实际上这都是我们的选题范围。他们要赢得声誉,提升品牌形象。有了品牌形象,就能够吸纳到更好的作者、更重要的产品。

市场份额本已狭窄的专业古籍出版社,在做悲壮的突围,在做一些童蒙读物、国学读本、教辅读物维持生存。但这种境况会有改变,国家加大了古籍整理出版的资助力度,加大了这方面的支持,动员全社会的力量重视传统文化的价值以及认识整理、传播、弘扬传统文化的意义,这给我们带来了很大的机会。另一方面,图书出版日益精致考究的同时,读者的鉴别和选择也渐渐苛刻,图书市场现在是毫无疑问的买方市场。素质教育类的读物,国学类的读本,提升精神品级的读物,不断叠压累积。我们可以换个角度去思考,古籍整理类的选题、分类和开发,要按照古籍的出版分成三六九等,根据不同的对象,不同的内容,采取不同的出版形式。

结合多年来选题结构调整的实践和市场营销的考量,可以从四个方面来思考:1. 分类管理。2. 梯次开发。3. 长销为主。4. 品牌创新。

首先要分三六九等。有了类别,才能梯次开发,要建立长销为主的营销模式,立足于品牌创新。下面就从四个方面展开讲讲我对结构调整与市场扩容的体会。

1. 分类管理。

《中国古籍总目》中,收古籍20万种,这么庞大的量,注定我们的出版不可能穷尽全部古籍。古籍有大部分是重复的,古代中国的学术走向,很大一部分是循环论证的演进过程,是对前人古籍的重复和新的诠释。一部《论语》,有多少人做了诠释,就是这样的状况。要从专业古籍出版社多年形成的状况出发,做一个整体的规划。古籍出版社多年来形成的品牌优势、出书特色和核心业务能力延伸拓展的情况,每个出版社都有自己的特性,有编辑人员的构成,有学术的积累,有背后的作者,这是核心竞争力。有的社在某一方面是有擅长的,有的社是区域文化特色鲜明,有的社掌握着当地的学术资源,有的社具有学科的独特优势。在这个前提下,可以对整体图书结构进行分类。

A类:高精尖的学术著作、重大古籍出版工程、国家重点规划项目、带有地方特色的大型文献丛书。

湖南岳麓书社在做《湖湘文库》,中州古籍出版社在做《中原文化大典》。还有重要学者的全集,例如中华书局的《顾颉刚全集》,是高精尖学术著作的代表。这部书,既是获奖书的主体,也是获得声誉的主体,是标志性的出版物。这是每一个社长、总编,要极力争取的项目,很多可以获得出版基金、古籍资助的支持。简单地说,这是创品牌的书,是立社之本。但是从产品结构、利润结构来说,它占的品种数很低,不会超过10%——当然各社情况会不一样。比如说,中华书局去年出书品种1234种,新书500种左右,明年、后年,在

500种新书里,有这么几套、几本这样的书,两部、三部就可以了,或者两三年有一部,这就很难得。但是它的利润额会占到整体的5%—10%,而且还有国家资助和出版基金的支持。

这种书,是经过多年积累,耗时耗力的。比如说《琴曲集成》,1961年开始出版,五十年的时间才出齐。这样的书一编四五十年,耗时很长,但是有盈利空间的,所以很快第一版售完,很快重印。又如《中华民国史》,第一本是1981年出的,也经历了三十年的时间才出齐,2530元一套,印了2000套,总共36册,这么大的规模,不到20天卖完。现在加印了。积累了这么长时间出一套书,应该说都是有很大的利润空间的。这是真正的好书,投入也值得,出版社的收入也很丰厚,但这些书最重要的收益,是出版社的品牌影响、学术声誉,这才是最重要的。这就是A类,出版社极力争取的重要项目。

B类:专业方向拓展类和外向型的图书。

这部分包括一些出版社大力扶持的中青年学者的论著、相关相近有学术品位的系列出版物,还包括资助类、补贴类的书,如国家社科基金的项目、学校重点扶持的项目。达不到第一类的水平,但也是学术积累的必要产品。有些书是适合于外销的。这类出版物品种和利润额大约占20%左右。

C类:文教普及类读物、各类传统经典的通俗读本、图画书、传记、大中专教材。

各出版社的产品中,这类书占了很大的比重。这部分的整理模式和出版形式上应该有所创新,其品种数应该占30%—40%,很多社这样的品种是比较多的,利润额占50%以上,很多社靠这样的书生存。如三晋出版社的《家庭藏书》、三秦出版社的国学读物、中华书局的《家庭经典藏书》,有一定的市场空间,在各社占相当大的比重。这些书,要求我们在出版形式和整理模式上都应该有所变化。沈津的《书林物语》,上海辞书出版社出的,小开本,小精装,28元,著名的设计家朱赢椿设计的,感觉很好,看到了就想拿在手里把玩赏读。今年的文史古籍订货会在三秦出版社举办,我也参加了,总体上看,我们的装帧形式、开本变化上,肯定不如少儿出版社,也不如其他专业出版社,从开本的变化、用纸、布局的讲究看,我们是落后了。

D类:语言类的专业工具书和综合性的辞书、手册。

各社情况不一样,如小的字词典、古汉语常识、手册等,这是稳定的经济增长点,也是不可或缺的类别。专业古籍出版社做工具书是有优势的,比如《职官词典》《历史大事年表》,文物出版社,包括中华书局也出过,经常有人读,有人要,这样一本小书,总有需求。不过形式要有所变化,以前的太旧了,可以有所创新,占的品种数很少,但是这是一个有增长点的类别。

E类:其他类。

这个比较模糊,本来考虑是以杂志为主体的连续出版物,现在形势在变化,出的书并不多了。比如《月读》,原来以书代刊,保持其连续阅读的特性,现在我们争取到正式刊号了。《月读》每期印数一万八到两万。还有涉及到延伸出版权开发的,袖珍本、多媒体出版物,都是专业出版社要结合形势,予以重点关注的类别。特别是对拓展读者群体来说,它可能更重要。

专业出版社,读者群体是固定的,如果做一个细致的调研,哪些固定的读者买你的书,你是能够了解到的。现在要做拓展,吸纳新的读者,吸纳过去不怎么读你的书的读者。于丹的书就做到了这一点,但是这不是我们有意为之的。《〈论语〉心得》,搞我们专业的,可能会读,但不会细读,反而有很多难以预料的读者来买于丹的书。我过去也说过一个观点,中华书局作为一个古籍出版社,在业内大家都知道;对一般民众,很少有人知道,中华书局经常被叫做中华书店。但是在于丹的书盛行的时候,确实有很多人知道中华书局。很有意思的是有些作者,打车到中华书局找不到,一说出于丹书的出版社司机就知道了,可见其影响力。我们要做的拓展,就是通过出版媒体本身的变化,采取新的出版形式、格局,这可能会带来意想不到的收益。

2. 梯次开发。

根据这样的分类,我们来看如何做开发。经过梳理后,每个社对选题类别都应有了一个清晰了解,并且能够看出其优势和不足。比如中华书局和上海古籍出版社,在A类、B类占的品种数比较大,要超过50%或更多,所以可以担纲古籍出版重镇的名号。但是仅有这样的分类还不够,还要对已有资源做系列开发。

比如上海古籍出版社的出土文献方面,在专业古籍社里是非常具有优势的。如在敦煌文献,大型影印书,如《四库》《续修四库》,清人诗文集,总集,大型出土文献和大型影印书上,优势很明显。中华书局也做基础资料、工具性图书的出版。来新夏先生《近三百年人物年谱知见录》,我们整理出版了增订本之后,也产生了好的效果;还有《书目答问汇补》,都是资料工具性的。

老一辈学者经常说,治中国古代史的四把钥匙,相关的书就是年谱、版本目录、职官和历史地图。我们现在欠缺的是地图的出版,中国有"左图右史"的传统,图很重要,但是地图类的书出版不够,当然有些专业的限制,比如出地图类的书,有许多规范要求,但是这方面应该是有许多选题可以拓展的。

大型类书,要选择资料工具性很强、便于后人使用的。最近中华书局出了《文献通考》的整理本,上海师大和华东师大古籍所16位学者参与整理的,14巨册,是《十通》之一,是政书的汇编;又如《元典章》校注,这些都是20万种古籍里最基本的典籍。类似这样的,还有很多重要的类书,如《白孔六帖》、《事林广记》、《山堂考索》等,是有整理空间的。就按古籍整理的基本要素来说,标点、校勘,包括资料的汇编,都是做内容,是对原有资料的开发。品牌做足,就是发挥核心竞争力的有力保障。当然这样重要的书,现在不多了,大部头的、重要的书,基本上都被整理了,只不过可信度、程度还不同。有的是早期整理的,存在很多瑕疵。类书的范围内,还是有一些没有经过系统整理的。

几家出版社的核心竞争力和专业特色很突出,国家图书馆出版社在影印书方面有优势,岳麓书社在乡邦文献、历史教材方面有优势,凤凰出版社在重要学者的典籍整理方面有优势,如《赵翼全集》、《全元文》、《册府元龟》,都是最有代表性的。原有资源的深度开发,各个社也努力做,中华书局也在做,如"中外关系史名著"、"历代史料笔记"、"二十四史"缩印本,上海古籍的《蓬莱阁丛书》,中华书局的《经典藏书》,它们都是原有资源的深度开发,不断拓展的衍生产品。又如上海古籍出版社的图文书,是赵昌平先生倡导的,有唐诗、宋词、元曲图文本,也都是风行一时、领一代风气之先的产物。用原有的书,再加一些图,都迎合了市场,是成功的范例。

我们在梳理过程中也还是能找到一些空白点。比如A类中多卷本的《清史》,情况比较特殊,国家投入力量,投入巨资在做《大清史》,很多出版社都在力争这个项目。这么几千万字的大规模;不是哪一家出版社能独立承担的。《清史》里很多项目,不少古籍社也都参加了。《大清史》分通纪、列传,内容很多,肯定是大型重点工程,出书就可以获奖的项目。

还有域外汉籍的整理,这两年大行其道,复旦大学做了越南、韩国、琉球王国的《燕行录》,中华书局也做了朝鲜时代的教科书。二十四史中诸史的修订,也列入我们的出版规划了。

族系谱牒、书信手札,空间还是有的。上海古籍出版社出过《中国家谱总目》,很重要,重要的家谱、族谱还是很有出版价值的。

B类的口述史的资料,现在有几家社在做。大百科全书出版社做了一系列近现代名人的口述史。还有中华书局出的《顾维钧回忆录》,最初是按口述史的方式来整理出版的,这些是有很大的拓展空间的。近代民国学者的口述史及后人的资料,都是很有空间的。"十一五"、"十二五"重大研究课题、国家社科基金项目,涉及到文史哲古籍研究著作范围的,每年都列了很多,我们应该关注其去向,和作者联络出版。

C类中的历史小说、人物传记、通俗读本,我认为还有空间。这两年掀起了读史的热潮,一直很有市场,也成就了几个著名的作者。人物传记,传记题材,是出版的重要盈利领域,我最近还通过当当网买了乔布斯的传记。看传记是很多人的喜好,通过传主人生来比照体会自己的发展历程。历史人物传记和当代人物传记一直是重要的选题领域。

高校和研究生教材也到了更新换代的时候。各高校也会像西方发达国家一样,逐渐有更大的自主选择权。过去统编教材、一本书打遍天下的情况越来越少了。成熟的教育,肯定是强调个性发展空间的,高校教材选择的自主权越来越大,为高校、高职高专出版文史类的教材与基础用书提供了很大的空间。这些都为我们抢占市场份额,扩大影响提供了很多商机。

3. 长销为主。

古籍图书的特点,决定了营销模式的特殊性,是以长销为主的。这些书很多人会用,而且是多年使用。古籍类图书出版的生命周期比别的书相对要长。三晋出版社出版《家庭藏书》,本身是适应市场的行为,我看最近又做了新的调整,出了新的版本。它肯定是在适应市场,但它以内容为主体,生命力要比其他类型的书长一些。

这些年超级书店、连锁书店、专业书店、网络直销机构,构成了四大类营销主体。大型书店、商城,强调多样性,丧失了专业展示,对我们不利。连锁书店现在也很少了。适合我们古籍图书营销的还是专业书店,包括网络书店。专业书店的特点,大家都知道,大学校区的周边集聚了一些专业书店,如国林风、万圣书苑、光合作用、鹿鸣等,他们也面临着很大的危机和经营上的压力、困难。建立专业读者营销网络、专业读者数据库,开展直销,是应该大力开拓的领域,可以解决图书出版后找不到读者,读者找不到图书的困惑。当然这个问题现在好得多,当当网络书店在做常备书的工作,解决了这样的市场需求问题。另外,还有图书的外向型销售,即实物出口。专业古籍出版社开拓外向型图书,可以争取版权贸易的收益,国家图书推广计划上有支持。我们多年来都是这样,大型的出土文献,大型的影印书,实体销售、实物出口都是占了很大的比重的。1988 年外经贸部批准了中华书局的对外图书出口权,当时作为出版社是第一家,现在有 33 家了。全国图书出口份额 3500 万美元左右,很大的份额是在座各位的出版社贡献的。上世纪 80 年代做过一个调研,中国图书,大陆的图书,销往海外的,三分之一以上是古籍,古籍中接近三分之一是中华书局的书,基于这样的考虑,同意给我们图书出口权。当然现在情况变化了,比如说上海古籍出版社、国家图书馆出版社的图书,海外销售量也很大。散居在北美、东亚的海外华人,是我们的销售主体。有些专业古籍社是依托于图书出口机构、中华书局对外图书贸易部做这个工作的。各个古籍出版社应该充分利用海外发达的销售渠道和网络开展实体销售。

我认为未来出版业的发展取决于三个要素:人力资源、技术能力、交易成本。人力资源方面,我们有非常明显的编辑人才积累优势,地方集团要是进行整合、人力调整的话,优秀编辑都出在古籍社,因为他们有多年的学术积累,有一定的专业素养的培养,所以专业人才优势很突出。专业古籍出版社的编辑,简单说就是在看稿子上能力很强,当然我们要加强市场营销意识和观念。古籍出版社要以其明显的编辑人才积累优势,把古老的内容,通过与数字内容结合,大大开拓市场扩容的新境地,大大节省交易成本即中间环节的费用。

长销书为主的模式,也是国外的经验,他们在努力制造畅销书,但是长销书依然是主要的资金来源。畅销书有风险,前期投入、后期退货、预估不准确、作者版税高,都是问题。长销书是稳定的资金来源,国外和国内很多经验证明了这一点。长销书宣传推广方面,不需要太多的投入;制作成本较低,利润比例很高。虽然实洋和回款不是很高,但单品种的利润率很高。古籍图书定价可以适当高一点,容易形成一个核心业务能力,创造独特的品牌效应,形成原创性的精品群。形成长销书的模式,还要解决备货量的问题。这需要计算库存,要尽量提高重版率。长销书和重版率是相伴而生的。这些年有些地方盲目扩张,不断扩大品种,增加新书,形成了恶性循环。我认为每年 30 万种新书,有一些是垃圾,是不能作为文化积累存留下来的。单单追求品种数,并不是好事情;对于一个单体的出版社来说,重版率很重要。外研社的重版率,许多年前可以达到 80%。这个比例很高,这就是一个成熟的运营模式,所以要追求重版率,追求长销,需要比较到位的长销书推广和建立常备书目制度。品牌的书,一定的备货量是要有的,库存的量也要增加的。比如上海古籍出版社的《续修四库全书》,有时候断货了,一断货就有人高价买,当然这个部头太大了,例子极端了一点。小一点的有二十四史、《资治通鉴》、四大名著,任何一个社断货,其他社马上就跟上来,经销商就会买另一家的。产品不具有惟一性,读者对你品牌认知度没那么高,很快就会转换门庭。重要的书要保证不断货,就要根据部头大小、流转量,设一个销售的临界点。王力的《古代汉语》,库存到了 1000 部了,或者 500 部了,就提示你该加印了,不能等到剩 10 本了再加印,空间就被别人挤占了。每一个出版社都有自己的看家书,根据看家书建立基本书的概念,形成常备书目制度,保证不断货。这是出版经营的理念,很重要。所以说长销书仍然是主要营销模式。

4. 品牌创新。

刚才举例提到华东师大、复旦、上海交大这些出版社的例子,都力争创自己的品牌,也从某种程度上形成了这样的品牌。成功的品牌不仅仅是商品的名称,同时也是一整套战略性统一设计的完整体系和附加的价值活动。出版社要依据原生产品,开发各种衍生产品。比如《赵翼全集》,全集买的人并不多,要从里面选择《廿二史札记》等,开发成选本;比如《李白全集》,要做李白诗选的开发。大众品牌的开发、音像电子产品,都是利用品牌优势来做。每一个成功的品牌都需要时间的打磨,首先是作者对作品的深研,还渗透了责任编辑、二审、三审的精细加工,美术、校对、印制共同努力,最后经过市场的检验和读者的认可。一本书形成品牌,并不是一本书、一个人能做到位的,是一个流程的配合。读者对一个出版社品牌的忠诚度,对这个出版社的认可,是一笔宝贵的财富,会带来相当重要的附加价值。其实出版业在这方面做得并不好,人们买电器、服装,都要选择品牌。在一个文明程度高的国度,读者会逐渐认可品牌的,这是一个发展趋势。在某一类品种上,优势特别明显的就会成为品牌,但现在品牌经营还没有成为出版社的自觉行为。另外建立完备的社会学术评价体系十分重要,对品牌的营造能起到非常大的导向作用。

英国的出版家斯坦利·昂温说:"若干出版社在某个领域里享有出版最佳图书的声誉。这些出版社要围绕本身享有优势的主题出版新书时,考虑到出版社会爱惜自己的声誉,人们有理由认为这些新书也都是优秀的著作。"商务印书馆是一般图书先出,经过市场检验,成型了,下一次重印时再纳入《汉译世界学术名著丛书》。这时,读者就会毫不犹豫地买,他认为这是品牌。有了品牌,不需要太多的投入,减少了进入市场的成本,但是品牌也需要维护和更新,随着品种的极大丰富,媒体间渗透的加强,品牌的创新尤其重要。这就要求出版社对原创产品做深入的挖掘,适时推向市场,延伸价值,不断增强创新意识和能力,努力成为实现图书优秀价值的实践者。

一个产品有产品的寿命,就像一个电灯泡,有自己的寿命。要使书比人长寿。一个出版人最欣喜的是,出版一本书有很多人看,看的人越多,心里越欣慰,过了几十年,在图书馆还成为被时常翻阅的书,这样编辑就会很高兴。古籍类型的图书相比其他类别,作用还会大一些。你的一生,在编辑生涯里每年会编很多书,每年投放市场,个人收益很高,这是一种追求;还有一种追求,你的出版物,作者非常优秀,获了奖,带来了学术声誉,这也是你的追求。要追求这一点,就要考虑做品牌。但是品牌的形成不是简单的工作能做到的,需要各方面精心打造,各方面内容形式的创新。

总而言之,古籍出版首先要有分类、梯次开发,确定书的类型,建立长销为主的营销模式,从品牌创新得到突破,最后得到出版价值的实现。

五、如何进行古籍数字化和面对数字化浪潮的挑战

中国是惟一一个有持续不间断文献记载的古国,文献留存数量也是最多的,用"浩如烟海"来形容亦不为过。从先秦开始,对先哲存留下来的文献进行整理研究,成为一项绵延不绝的基本工作。同时这也是海外汉学长盛不衰的基础性课题。历史经验表明,昌明盛世的标志,就是文献整理的总量递进和大型古籍集成性成果问世,如《册府元龟》、《古今图书集成》、《永乐大典》等。随着时代进步,古籍出版借助网络数字技术平台,会有更迅捷的发展,为人类文明成果的集结和分析研究提供更广阔的视角和无限超越的可能,我们很难想象超越到什么程度。

到现在为止,我们觉得,建立各种专业古籍数据库,仍然是古籍出版的重要表现形式。古籍整理和数字出版的基本模式,就是建立数据库。古籍应对数字化浪潮,主要体现在这些方面。以下是一些成果:

国学宝典。收录了古籍4000多种,超过10亿字。

文渊阁四库全书、四部丛刊全文检索光盘版。

中国古籍基本库,收书一万种,18亿字,1200万页影像,爱如生公司制作,用黄山书社书号,北大刘俊文教授主持。

宋元善本全文数据库,上海图书馆启动。

中国历代典籍总目分析系统。国家图书馆、北京大学资料分析中心联合制作。

中华字库工程,中国出版集团承担,首席专家裘锡圭。

日本所藏中文古籍数据库,日本京都大学人文科学研究所等多家机构,由55个日本图书馆加入了数据库。

汉代及以前全部传世文献电脑化资料库和魏晋南北朝数字资料库,香港中文大学中国古籍研究中心陈方正研制,做到了魏晋南北朝以前全部传世文献的收集。

汉籍全文资料库,台湾中研院史语所研制,从1984年做起,是台湾地区最严谨的资料库。分类编。收入历代典籍460多种,3.9亿字。备有检索。

中华古籍语料库,中华书局2002年立项,2亿多字,收录了四五百种古籍。口号是将中华书局主体数据化。差错率万分之一以下,经过了很多专家校点,明年推出部分数字化产品。

中国口头文学遗产数据库,民间文艺家协会主持,征集整理了口述文学成果。

中国边疆史地研究资料数据库,中国边疆史地中心的项目。

以上12种,并不全面。结合上述内容,我对古籍数字化谈四点认识。

第一,古籍出版本质上是具有特定读者对象和受众群体,定位清晰的专业出版。建设标准化的数据库,进行已有古籍内容出版资源的整合开发,实现多重开发利用和下载使用,可以通过售卖数据库的服务和多种形态的产品产生复合效益。

数据库出版逐步成为传统文化资源的主流出版形式。很多大型机构是卖数据库的,卖网络或局域版,如《汉语大词典》。中华书局买了一套,在局域网上所有的员工都可以使用。

电子图书和 POD 即按需出版会成为新的产业链,付费阅读下载是直接的盈利模式,电子书、按需印刷,可能会成为新的盈利空间,通过会员制收费,交易佣金、广告收入等方式获取盈利。专业古籍出版社,提供相对精准的传统文化资源,实施网络营销,建立直销渠道,开发图书馆和专业读者客户,实行定制营销和定向出版,也是一种趋势。移动手机内容,信息定制服务也是未来发展的方向。现在的电子阅读器、电子书,将被海量传输、运行速度快的移动终端所取代。我前两年就有这个观点,所以和汉王也有一些争议。我认为,电子书是一种过渡形式,当然需要一定时间,但是实践证明汉王在走下坡路,IPAD 风行以后,汉王的颓势更明显。未来的发展,海量的存储,肯定会被一个类似手机的移动终端所取代。以前互联网风行一时,现在移动互联大行其道,成为了解信息、掌握信息的重要来源。移动互联,通过手机屏幕、终端、放大的 IPAD 解决。这是一个趋势,在这样的趋势下,我们也要发生变化。我们要开展定向营销和定制出版,信息和内容通过个性化的需求定制出版。古籍社是以内容取胜的,从短期数字化产品的发展来看,短期看终端,中期看平台,长期看内容,只是我们现在话语权很低。2011 年 10 月份古工委在杭州开了专题研讨会,要成立版权联盟,古籍社要发出自己的声音,这件事尤其得到了新闻出版总署领导的支持。行政管理机关做不到的事情,可以靠行业协会来解决。编辑、作者的大量劳动,古籍整理的内容,不能一上网就无偿使用,被设备制造商轻易地盗去。社会是会逐渐尊重知识,尊重产权的。要积极应对,开发适合读者的产品,开发适合移动终端上呈现的内容。现在有一种说法,这种内容,是一种碎片化的分类整合内容。手机阅读的重要特点就是碎片化,用零散的时间阅读,但局部内容是完整的,需要内容提供商提供,而且提供的内容是付费的,不可能是无偿的。尊重知识,尊重劳动,是社会进步的体现,到什么时候都要守住这个底线。要建立"中央厨房"的概念。古籍有这么多核心内容,要进行分类整理,整合内容。看哪些读者需要。比如楚汉之争,那个时候的史实、地图、知识,我可以给你提供,但你是要付费的。

第二,古籍总目编纂工作统计了 20 万种古籍,全国图书馆系统保存的古籍总计 2750 万册,可以列入善本的图书 250 万册。国家投资建设善本再造工程一、二期,可以使善本化身千百,但毕竟还是少数。全世界宋元善本图书5500种左右,大陆存有3500种左右,海外的中国善本书更难与民众见面。所以另外一个重要的工作亟需由政府出面,组织编纂整理海外所藏的古籍总目,初步统计有10万种左右。海外的有些机构,把中国古籍当做宝贝,有些并不重视,没人管理。拿这些与古籍总目对读比勘,适时推出民众机读网络版,这是学界重大的基础性工程。

第三,未来古籍数字化的发展方向:古文字知识库、数字化平台建设、历史地理、古文标点等。现存的将近50万的字体、字形,可以做字库整理,历史地理信息开发综合使用还没有大规模地做,古代文本文献的自动标点、人工翻译和智能功能也需要完善。北大的李铎教授,在做古代文本文献的自动标点。人工翻译是一种智能结果。我看过他的演示,不能做全式标点,只能是点断。对于人工翻译,古文能做到多大程度的翻译? 这是很难的,因为古汉语有很多歧义,需要做选项。但我想这都是发展方向,即利用机器、利用电脑的超级运算能力来做事情。

还有一个设想,就是可以构建一个集平面图像、三维动画、立体声响、虚拟现实等多媒体技术手段于一体,可以穿越今古时空的历史人物交往、对话的文化休闲平台,这是高度集成化的数字创新技术平台。我想很多穿越的历史剧,某种程度、某种技术手段可以做到,通过图像、动画等手段模拟历史现场,穿越今古时空。例如曹操,就可以把有关曹操的文献资料、保存下来的文本图像、考古发掘的遗存资料整理出来,给这个人做出模拟的画像,做成动画,按照文献记载,模拟他的行为。未来是有这样的空间的。比如我自己就可以模拟曹操,我对历史场景、事件、战役,作什么样的判断和分析,这是需要想象但很有诱惑力的。建立这样一个数字古籍创新技术平台,具有集研究与信息传布、教学科研、休闲娱乐为一体的综合功能。像物联网,链接空间、区域于一端,每个区域有一个技术结点,通过这个结点把一个区域的所有空间链接起来。通过信息的传递,建立一个空间的联络网。该平台把时空交错放在一个瞬间,实现人类的多重梦想。这可能会很遥远,可能会展示给我们不同于传统意义上的古籍整理,它是利用了现代技术手段,也利用了文献的积聚整理,在古代文化知识充分利用、认识的基础上,做成的很大的技术平台。掌握的信息知识越完备,平台建设得越完美,就越接近现实,其实历史研究本来就是不断接近现实的一种行为。2008 年美国资助佛罗里达一个学校,以数字化的方式重现了 1964—1965 年的纽约世界博览会。它通过数字化的方式、大量的图片和文献,利用多媒体技术和地球空间信息技术,重现了这个博览会,使游客们能够在博览会场景中获得文件、电影镜头、图片等。这还是一个近时段的。对古代的时段,能不能大胆设想做场景重现呢? 随着三网融合进程的提速和古籍资源库建设平台的有效利用,这一梦想可以实现。这已经不是传统意义上的古籍出版的概念,已经跨越了产业链,跨越了文化产业所要拓展的空间,但是其利用的材料,是基础的文献和信息技术,利用了基础的出土文献、文本文献、图像资料,这些是我们提供的相对准确的资料,别人提供不了。

第四,现在的古籍数字化重复建设,标准不统一,内容割裂,资源庞杂,所以要建立一个国家级的长远工程,基于信息技术高速发展下的海量存储的云端资料库,辑存中华五六千年的历史文献,可以定名为“国家历史文献资源总库”。这是对历史文献的抢救和保护,是对国民进行文化教育的工具,也是向世界展示传统文化博大精深内容的平台,是中国历代文献的资源总集,是传统文化与学术的开放式的生态系统。如古籍整理的研究成果、辞书工具书的构建,历代人物的相关信息资料、地名库、历代的行政区划和电子地图的对应,古代名物库、古代的天象、衣食器具、果木禽鸟等资料,这些资料可以反映人物的关系、地理的沿革、生态物种的变迁。这样的知识库可以提供简单的工具,字典词典、历代纪元和公元的转换、版本的比较、字词统计工具等。

英国已经做了个 18 世纪历史文献数据库,是国家投资供民众免费使用的。我们也可以从中拓展,集合全国古籍整理出版的优势资源,形成文献总集,做基础性的平台,供全民、全世界使用。当然这只是未来发展的环节,不是当下最紧迫的任务。从发展空间来看,当下可以利用的古籍资源,应该是拓展性的,而且也应该是拥有知识产权的资源,这很关键。只有在拥有资源的基础上,去做拓展,才有生存的空间。现在技术提供商话语权比较大,我们要主动应对,才能在未来拥有大的话语权。现在出版社的老总们也在呼吁,建立话语权,提升自己的分量。古籍出版业的群体的呼吁和共同的智力成果,应该得到尊重。

(原载《古籍整理出版情况简报》2011 年第 11、12 期)

百年岁月 时代芳华

——中华书局一百周年寄语

1912年元旦,在南京,中华民国宣告成立。同一天,在上海,中华书局应运而生。

今天,中华书局迎来了她100岁的生日。

百年,中华人趟过了中国近现代出版的长河。水声激激风吹衣。百年,中华人栽种起中国文化学术的书林。红如丹砂绿似碧。一百年来天光云影,潮起潮落,那些逝去的人和事,那些繁简横竖排列的文字,那些在心灵深处叩发的激动和温情,今天,都在生日的杯酒中荡漾。

前贤逝矣,只有比人长寿的书可以留下,只有我们千锤百炼的理想不曾磨灭。

我们关注国民教育——

书局创始人陆费伯鸿先生说过:"我们希望国家社会进步,不能不希望教育进步;我们希望教育进步,不能不希望书业进步。我们书业虽然是较小的行业,但是与国家社会的关系却比任何行业为大。"

我们关注中华历史与文化的传承——

铭刻先民作息的甲骨金文,书写战国秦汉的竹帛,使我中华历史数千年相贯绵延的官修私修史册,振拔我中华民族理性的诸子百家,荡涤我中华儿女情怀的唐诗宋词,使我中华文化绚丽多彩的佛教道教,还有敦煌藏宝,海外逸珍……这一片片中华民族精神的田园,是我们呵之护之,爱之惜之,经之营之,无日忘之的劳作之地。

我们由衷感念梁启超、陈垣、刘海粟、徐悲鸿、陈寅恪、吴晗、顾颉刚、王力、钱锺书、唐长孺、季羡林、任继愈……这一代代学界大家和艺文泰斗，将他们一座座著述的丰碑，融入书局百年基业，为中华的发展注入绵绵期许与厚望。百年同行，鱼水之情，思念不已，感激不尽！

我们无法忘记梁启超、舒新城、张相、李达、田汉、张闻天、陈伯吹、钱歌川、宋云彬、陈乃乾、杨伯峻、周振甫、赵守俨等数代编辑同仁的文化深情和文化理想。回望得到中外学人认可的几千种古籍学术资料，盘点飞入寻常百姓家的万千普及读物，轻抚案头 600 余种获奖图书，历数各类名列前茅的国家级出版奖项，细览连年入选国家文化出口重点企业的名录……我们在自豪中仍有忐忑，不知这一切是否实现了前辈们编辑出版的理想？

我们更不能忘怀毛泽东、周恩来、朱德、董必武、陈云、薄一波、李一氓等老一辈革命家对古籍整理出版事业的一次次指示与重托。几十年了，关怀铭感于心，记忆葆有潮湿。我们会牢记"致力弘扬中华传统文化，努力提高古籍整理出版水平"的嘱托，努力去做中华优秀传统文化的有效传播者和内容提供者，不忘担当，不辱使命！

百年登览，我们肃然伫足。在构筑中华民族特有的核心价值理念、倡导中华民族文化伟大复兴的今天，我们由衷认同：生生不息，博大精深的中华民族优秀传统文化，造就了一代代倾心尽力、总结提炼人类智力成果精萃的学人们，同时也成就了为构筑中华学术文化史与广大民众社会文化心理作出特别贡献的这家出版社。中华书局幸哉！

今天，我们生活在一个珍视历史和传统的时代。整理与复原中国典籍，商量旧学，培养新知，是我们的自觉。为社会提供绵久的书香，我们当凝神聚力。

今天，是一个敛卷幸福，期待花放的时刻。

今天，是一个凝聚力量，蓄势待发的时刻。

今天，是一个直挂云帆，远望前程的时刻。

百年中华，在这一天，再出发，向着新的百年，向着新的辉煌。

（原载《光明日报》2012 年 1 月 1 日）

关于《政府工作报告》三点建议

建议一：开展"书香中国"活动，提倡阅读风尚，提升全民族人文素养。

建议提升"全民阅读"活动指导委员会，由国家领导人亲自领导全民阅读，通过活动恢复并重建中华民族重人文、爱读书、崇尚诗书礼仪的传统。西方大国都有国家阅读行动。1997 年美国政府开展了"美国阅读挑战行动"，当时的克林顿总统亲自作了"美国阅读挑战行动报告"。布什政府在 2001 年初发布了《不让一个孩子落后》的教育改革法案，该法案关于阅读改革的力度之大令全球瞩目，仅仅 2001 年就为"阅读领先"行动投资了 9 亿美元。2002 年 9 月由当时的布什总统宣布启动一项"我们的人民书架"读书工程，确定了新的书目，总统带头阅读。日本参众两院通过决议将 2000 年确定为"学生读书年"，2001 年 11 月制定了《关于推进中小学生读书活动的法律》，规定了读书活动的理念，明确了国家、地区和公共团体在读书活动中的责任。英国将女王的生日定为全国读书节，王室成员请孩子们一起读书。德国、以色列等一直注重培养国民的阅读习惯，历任总统担任"国民阅读促进委员会"的主席，国家配置图书到家庭，其国民每 4 人中就有 1 人藏书 200—500 本，超过 40% 的家庭拥有"家庭图书馆"，阅读提高了国民素质。

要全面提升全民族的科学素养和科技能力，教育有巨大的推动作用。如今要提升全民族人文精神素养还是要读书，读书能养育民族心魂，增强广大青少年文化自信和文化自觉。国家可以通过"书香中国"活动，加强对优秀传统文化思想价值的传播，使更多的公民懂得民族文化基本精神，使优秀文化成为新时代鼓舞人民向上的精神力量。

建议二：加大对书业界扶持力度，促进新闻出版产业繁荣发展。

书业是国家文化积累和传承的基础载体。在支持国家书业发展上，要有配套的金融财政税收扶持政策，应继续扩大增值税返还的适用范围和所得税减免、出口退税等政策，建议逐步施行对出版发行业减征增值税或先征后退的优惠政策。特别是对于实体书店应采取特殊优惠政策，使之成为一个中心城市的文化地标和市民的精神乐园栖息地。比如德国对整个出版发行行业采取增值税减免 7% 特殊政策（其他行业如家电、日用品等为 19%，一般为16%）。为鼓励图书出口贸易，德国政府还对出口书刊一律免征增值税。韩国利用税收、信贷等经济杠杆，向相关产业提供优惠政策，如减少或免除电子出版等产业税负，在文化产业园区建设中对出版业免除相关的土地费用。建议在推进文化体制改革进程中抓大放小，兼并重组，壮大大型传媒集团的实力，形成几个大的核心企业，经过几年努力，实现产业结构布局的优化。再如国有发行物流企业，应由政府出面加以整合重组，建成全国 3—5 个大型连锁企业、覆盖区域性市场，逐步构建全国统一开放、竞争有序的大物流、大市场。

建议三：大力支持中国出版企业"走出去"，建立分支机构，落地生根。

2009 年法兰克福书展"中国"作为主宾国，在中央高层领导重视和全国出版业协调配合下，办得非常成功，极大提升了我国出版业的国际影响力。今年 4 月英国伦敦书展中国又作为"市场聚焦"主宾国，将会成为 2012 年奥运会前在伦敦展现的一场中国文化盛宴。但是，中国文化海外传播，还需要扎下根去做。目前已有出版集团和出版社设立了海外分支机构，但规模小，实力弱，亟需由政府支持，政策上要鼓励大型出版集团或海内外有影响力的品牌出版社如商务印书馆、中华书局、三联书店等出去开办分支机构，以企业的经营行为和文化传播方式来打造更多文化品牌产品，策划针对欧美图书市场的外向型图书。借助多种载体形式，品牌出版社容易获得成功（如《于丹〈论语〉心得》的海外传播，目前已签约转让版权 33 个版本 28 个语种，累计海外销售 34 万册）。图书是思想文化载体，打造更多深受海外读者真正喜欢的名牌产品，以更便捷、更有力的手段让中国文化的精髓进入西方主流社会的读者群体当中，就像于丹的书在法国一年内卖出近 20 万册精装本，成为法国本土引进版的畅销书，那影响力就大了，真正能为中华优秀文化的海外传播谱写新篇章。

百年企业的文化理念在于激情与超越

——总经理寄语

出版是一项复杂的体现多智能的有情趣的行业,它需要从业者较强的判断力,敏锐的文化感受力,持续的创新能力,这是一项提高人们精神品级的有益劳动,能够潜心从事这一行业,我们感到由衷的欣喜和愉悦。

中华书局,一个中国近现代文化史上有着重要地位的百年出版老社,又是一个具有传统学术文化品牌、在海内外享有盛誉的著名文化企业,应该注重发挥企业文化的引领作用,增强全局干部员工的凝聚力、亲和力和向心力,提高企业的整体效应,形成具有企业自身特色的经营管理模式,并累积成为一种"文化范式"。

中华书局在近百年的发展中,积淀了较为深厚的文化底蕴。但面临新的形势、新的任务、新的机遇、新的挑战,要在激烈的市场竞争中取胜,把企业做强做大,做出特色,就必须对原有的传统的企业文化进行整合和创新,更新理念,营造培育先进的企业文化,用先进的企业文化推动企业的改革发展,提高企业的创新能力和核心竞争能力,营造出有正气、有生气、有名气、有士气的发展环境。为实现跨越式发展战略目标,为百年老社的基业长青提供不竭动力。

根据《中国出版集团企业文化建设工作规划》的基本精神,结合我局《五年发展战略规划》的总体思路,中华书局已经制定了企业文化建设工作的总体规划。经过党政班子和全体员工的努力,基本上搭建了一个以"守正出新"基本理念、经济可持续发展、建设良好企业文化为主旨的平台,但是距一些走在前面的兄弟单位和先进的出版企业尚有很大差距,我们尚须加倍努力。

首先,企业管理与经营者要熟知企业的文化,并努力去践行企业文化。一个出版经营者的文化心态既影响着他代表企业进行的一系列文化经济活动,也从根本上影响着企业内部的凝聚力。

所以,在倡导和推行新观念和行为方式时,领导者不能单纯凭领导者所拥有的法定权和强制权,而要靠自身的影响力,靠自己所具备的人格魅力、知识专长、经营能力、优良作风、领导艺术以及对新的企业文化的身体力行,率先垂范,去持久地影响和带动员工,使员工看到这种新观念和行为方式能给企业带来发展,给员工个人带来更大的利益。领导者和领导群体的特质、个人魅力、工作风格和经营哲学等均对企业文化建设产生重大影响。

企业文化是企业家理念的升华,企业家是企业文化的倡导者、缔造者和推行者。不仅理念要领先于他人,更重要的是能把领先的理念转化为企业的发展理念、企业的管理体制、企业的运作规则和企业的执行能力。领导干部在企业文化建设中,要带头思考,带头实践,给员工做出榜样,有创新、有建树。领导者应明确自己的角色定位,承担起应负的责任,并善于集中群众的智慧,调动起全体员工的积极性、创造性,依靠全员的力量投身企业文化建设。

其次,企业文化是全体员工共有的文化信念与理想的一种无处不在的表现形式。中华书局与集团其他许多老字号成员单位一样,有浓厚的文化底蕴,有独特的文化积淀,有独具特色的运营方式,也有自己与众不同的追求目标,还承担着不同的历史使命。

因此,我们在新形势下,既要弘扬传统,又要改革创新;既要尊重前辈创下的品牌精神家业,又要出新跟上时代的步伐,不能离开讲求实际的原则。

其中最重要的一条就是,我们是企业,是文化企业,还是有一定影响力的文化企业,更是担负着历史重任的文化企业。这一条,就决定了我们的企业文化建设工作不同于一般的企业。

中华书局近百年风风雨雨,仍屹立于学术之巅,靠的是两个字:一个是"特"字,一个是"精"字。"特",举世无双,是谓不求第一,但求惟一;"精",精益求精,是谓不求最大,但求最好。在纷繁的世界面前,追求差异,不求同一,关注焦点不做目光散乱之人,不舍近求远,不随风逐浪,不为小利而动,不为一时的困难所吓倒,力争成为一个有良心的有个性的硬派出版社的忠实代表。

这种精气神,是一种凝练,虽然不是企业文化全部,但确实就是一个企业全体成员所共有的信念和期望模式,是一种理念的核心。没有"特"字,我们就会在市场上乱闯乱撞,以己之短,迎人之长,我们就没有出路,难以生存;没有"精"字,粗制滥造,不担负社会文化责任,我们就愧对祖先,也对不起自己,就是历史的罪人。

所以,我们进行企业文化建设,一定要切合企业实际,符合企业定位,一切从实际出发,制定切实可行的企业文化建设方案,借助必要的载体和抓手,建立规范的内部管控体系和相应的激励约束机制,逐步建立起完善的企业文化体系。要以科学的态度,实事求是地进行企业文化的塑造。

在企业文化的建设实施中,做到重点突出,稳步推进。要使物质、行为、制度、精神四大要素协调发展、务求实效,真正使企业文化建设能够为企业的科学管理和企业发展目标的实现服务。

最后,企业文化应有深刻的内涵,不能简单归结为文体娱乐活动。局党委、局工会在企业文化建设工作中一定要当"有心人"。谁都知道,企业文化建设工作不是等同于"文体活动",不能说我们这个企业搞活动多,员工活跃,我们就有"企业文化"了。

但是,如果在这些活动中融入了安排者的匠心,体现了组织者一以贯之的企业发展理念,展现一种昂扬向上勇于进取的文化精神,那么这些不起眼的文体活动也是必然能够成为企业文化建设工作的重要组成部分。

关键是持之以恒。一项小小的新春抽奖活动,一直坚持了二十多年,人手一份,无论是领导还是员工,无论是老同志还是新员工,春节前夕,大家都会热热闹闹地排队抽奖,哪怕是一份小小的礼物,大伙都得到了新年的祝福。

调动更多人和部门集体的积极性。中华书局工会组织下面有8个俱乐部:乒乓球、羽毛球、台球、桥牌、象棋、围棋、垂钓、摄影等,在工会的支持帮助下,积极开展活动,调动了不同乐趣的员工。球类比赛组织双打、混双、团体等比赛,调动了更广大员工的兴趣。

奥运前夕,中华书局举办了"迎奥运"趣味运动会。其中设置的项目"神奇的天路"、"城铁快车"、"同舟共济"、"你追我赶"、"海底传月"、"8字跳绳"等,全部都是集体项目,还硬性规定了女员工的比例,对每个部门、每个队的协调配合都是个考验。不完全拼体力、没有高难技巧，只是对协调配合要求极高。最后得奖的都是意想不到的队和部门。这样不仅使干部员工锻炼了身体、活跃了生活，还能从中感悟到一些更深刻的道理。

一个单位的内部价值观，关键是要尊重每一个员工，要求大家也互相尊重，在相互尊重中体现出个人的价值。还要重视员工的培训和局史教育，对员工的发展也要做长远的规划和展望，让他们有着强烈的归属感和荣誉观。这些都是企业文化建设中尚须努力的方向。

总之，积极地、有意识地搞好企业文化建设工作，对企业员工的价值取向和行为方式有非常强的导向和支配作用。企业文化可以在企业中形成凝聚力、激励力、约束力、导向力、纽带力和辐射力。

对于企业来说，如果形成有自己特色的企业文化，干部员工就会在潜移默化中接受共同的价值观念，由此可以形成持久的竞争力，对企业长期经营业绩和企业活力的提升起着重大的作用。

要通过不断规范、扎实的企业文化建设，使全体干部员工对发展战略目标更加坚定，自觉践行"外创环境、内强管理、激活资源、提升价值"的经营理念，坚持"以人为本、高严细实"的企业管理理念，按照"持续、快速、科学"的发展理念，不断加强企业科学管理，优化资源配置和图书产品结构，提升企业管理水平和干部员工队伍素质，不断增强中华书局的核心竞争实力，实现企业社会与经济效益最大化目标。

在推进企业发展的同时，干部员工也有了更好的发展机遇、更广阔的发展空间和更优厚的物质利益，员工与企业的命运紧密相连。培育、激发干部员工的敬业精神、创造力和工作热情，自觉为企业负责。干部员工之间相互尊重、相互理解、相互信任、相互关爱，创造更和谐的人际关系与工作环境。

企业文化建设是一项长期的系统的工作，需要全体员工共同努力营造，在中华书局即将迎来百年诞辰之际，我们编制这样一个小册子，希望是将百年企业文化发展的价值观念、文化精神做一个小小的总结。这份浓缩式的总结相比于我们企业长远发展的历史，总是微弱的，带有缺憾的，但同时，这也让我们更加敬畏历史，更应礼敬这个老树发新枝、时时焕发生命活力、充满创新精神的百年老字号——伟大的中华书局！

学习六中全会精神　弘扬优秀传统文化

——中华书局的精品战略与实践

一、六中全会精神解读

中华优秀传统文化凝聚着各族儿女自强不息的精神追求和历久弥新的精神财富,是发展社会主义先进文化的深厚基础,是建设中华民族共有精神家园的重要支撑。六中全会关于深化文化体制改革的《决定》,是党中央对深化文化体制改革、推动社会主义文化大发展大繁荣、深入贯彻落实科学发展观、提高国家文化软实力、切实解决当前文化建设面临的突出问题,作出的重大的战略部署。这是一个划时代的纲领性文件,蕴含着丰富的理论价值,具有切实的实践意义,是出版界当前和今后改革与发展的工作指针。

从历史上看,综合国力的强盛,往往伴随着一个文化繁荣时代的来临。《决定》特别反映了自十六大以来,党中央对建设中国特色社会主义新形势和新任务的高度自觉。突出了文化作为中华民族和中国人民精神家园的价值,提出了建设社会主义文化强国的任务;同时辩证地、高瞻远瞩地阐述了文化繁荣发展对实现全面建设小康社会奋斗目标、坚持和发展中国特色社会主义的意义。《决定》对传承中华优秀传统文化、整理出版重要典籍文献、增强中华文化国际传播力和影响力,都有十分明确的表述,这对中华书局——即将迎来百年创建历史的老牌出版社来说,更是一次难得的历史机遇,这要求我们必须勇于担当神圣的历史使命。

　　《决定》提出要"建设优秀传统文化传承体系",强调"要全面认识祖国传统文化,取其精华、去其糟粕,古为今用、推陈出新,坚持保护利用、普及弘扬并重,加强对优秀传统文化思想价值的挖掘和阐发,维护民族文化基本元素,使优秀传统文化成为新时代鼓舞人民前进的精神力量"。中华民族五千年文明史传承和积累了极为丰富的文化遗产,既有文物、典籍等物质形态存在的文化遗产,也有口头文学、传统艺术、节庆礼仪、民俗活动、民间工艺等以非物质形态存在的非物质文化遗产。《决定》指出,"加强文化典籍整理和出版工作,推进文化典籍资源数字化。加强国家重大文化和自然遗产地、重点文物保护单位、历史文化名城名镇名村保护建设,抓好非物质文化遗产保护传承"。要提高文物保护水平,贯彻保护为主、抢救第一、合理利用、加强管理的方针,科学规划,保障投入,切实保护好中华民族的瑰宝。加强非物质文化遗产保护传承,健全非物质文化遗产普查、建档制度和代表性传承人认定制度,对濒危非物质文化遗产项目和年老体弱的代表性传承人实施抢救性保护,对具有一定市场前景的非物质文化遗产项目实施生产性保护,对非物质文化遗产集聚区实施整体性保护。加强中华古籍保护与出版,认真做好文化典籍整理工作,继续实施文化典籍编撰出版重大工程,推进文化典籍资源数字化。拓展文化遗产传承利用途径,深入挖掘民族传统节日文化内涵,广泛开展优秀传统文化教育普及活动。《决定》指出,要"发挥国民教育在文化传承创新中的基础性作用,增加优秀传统文化课程内容,加强优秀传统文化教学研究基地建设"。要结合中小学、幼儿教学特点融入优秀传统文化内容,从增强爱国情感做起,深入进行中华民族优良传统教育和中国革命传统教育,弘扬和培育以爱国主义为核心的伟大民族精神,从小树立民族自尊心、自信心和自豪感。面向全体高校学生开设优秀传统文化课程,让他们了解和认识优秀传统文化。选择若干基础好、有特色的学校,组织专门研究力量,加强与各类博物馆、纪念馆、展览馆、文化馆、少年宫、烈士陵园以及有代表性的非物质文化遗产的合作,进一步弘扬和传承中华优秀传统文化。少数民族文化是中华文化的重要组成部分,是中华民族的共有精神财富。《决定》指出,要"繁荣发展少数民族文化事业,开展少数民族特色文化保护工作,加强少数民族语言文字党报党刊、广播影视节目、出版物等译制播出出版"。要加快民族地区公共文化基础设施建设,国家实施各项重大文化工程时,加大对少数民族和民族地区的倾斜力度。加大少数民族公共文化产品和服务供给。加强少数民族传统文化保护、抢救和传承、创新,促进现代技术和手段在少数民族文化发展中的应用,推进少数民族文化对外交流。

《决定》的具体内容具有很强的针对性。明确提出"坚持保护利用、普及弘扬并重,加强对优秀传统文化思想价值的挖掘和阐发,维护民族文化基本元素,使优秀传统文化成为新时代鼓舞人民前进的精神力量。加强文化典籍整理和出版工作,推进文化典籍资源数字化","加强同香港、澳门的文化交流合作,加强同台湾的各种形式文化交流,共同弘扬中华优秀传统文化"等,既总结了我党对待中国优秀传统文化的正确认识,同时又有新的提法和更加明确的指导。值得我们认真学习体会,用以指导实践。关于"构建现代文化产业体系",《决定》明确提出"要在重点领域实施一批重大项目,推进文化产业结构调整,发展壮大出版发行、影视制作、印刷、广告、演艺、娱乐、会展等传统文化产业,加快发展文化创意、数字出版、移动多媒体、动漫游戏等新兴文化产业",指引方向,富于启发。在"推动中华文化走向世界"方面,《决定》提出"开展多渠道多形式多层次对外文化交流,广泛参与世界文明对话,促进文化相互借鉴,增强中华文化在世界上的感召力和影响力,共同维护文化多样性",结合中华书局近几年的实践来看,发人深思。此外,《决定》提出"在国家许可范围内,引导社会资本以多种形式投资文化产业,参与国有经营性文化单位转企改制";"鼓励文化单位同国外有实力的文化机构进行项目合作";"设立国家文化发展基金,扩大有关文化基金和专项资金规模"等等任务和措施,对中国出版集团和我局的改革和发展,都具有很强的现实针对性。

全面贯彻"六中"全会精神,需要我们全面领会和认识中华优秀传统的现代价值和当下意义,真正体现"古为今用"、"推陈出新"的科学命题,这对于推进文化建设和构建社会主义核心价值体系至关重要。

1. 对 2009 年颁发的《文化产业振兴规划》进行全面修订完善,使之成为由全国人大立法通过的《文化产业振兴法》,确定实现文化大发展大繁荣的路径、目标任务、政策措施和保障条件,确定 2020 年文化发展的一些具体数据指数。如全国公共图书馆、文化馆、博物馆、电影院、电视台、书店、文化产业园区、主题公园以及人均拥有书、报、刊等阅读指数,驻外文化机构与孔子学院数量,建设文化遗产保护基地、文化会展区域中心等等。截至 2011 年 8 月,我国共成功申报世界文化遗产 29 处、自然遗产 8 处,自然和文化混合遗产 4 处,共计 41 处,居世界前列。十年来,我国共有昆曲、古琴等 34 项列入人类口头和非物质文化遗产名录,数量为世界第一。在确定未来十年文化繁荣发展的一些具体文化指数的同时,每年确定一批重大的文化创新工程,努力实现、逐步接近总体目标。

2. 在确定国家文化产业发展总体目标的基础上,要有配套的金融财政税收扶持政策、继续扩大增值税返还的适用范围和所得税减免、出口退税等政策,特别是对于实体书店应采取特殊优惠政策,使之成为一个中心城市的文化地标。比如德国对整个出版发行行业采取增值税减免 7% 特殊政策(其他行业如家电、日用品等为 19%)。鼓励抓大放小,兼并重组,壮大大型传媒集团的实力,形成几个大的核心企业,经过几年努力,实现产业结构布局的优化。再如大型发行物流连锁企业,由政府出面加以整合重组,建成全国 5—6 个大型企业、覆盖区域性市场,进而形成面向全国的竞争有序的统一大物流。

3. 按照中央领导指示,我们要在理论普及、国学文化普及、医学科技普及等方面下大力气,全面提升国民素质与人文修养,这既是长远的春雨彩虹工程,更是亟待解决的迫切问题。建议设立国家层面的人文科学基金会,由国家领导人亲自主持倡导全民阅读、文化普及与提升全民族人文素养的工作。如日本参众两院通过决议将 2000 年确定为“学生读书年”,2001 年 11 月制定了《关于推进中小学生读书活动的法律》,规定了读书活动的理念,明确了国家、地区和公共团体在读书活动中的责任。德国一直以来注重培养国民的阅读习惯,历任德国总统担任“国民阅读促进委员会”的主席,其国民每 4 人中就有 1 人藏书 200—500 本,超过 40% 的德国家庭拥有“家庭图书馆”。

4. 动员思想理论与学术界的力量,为构建社会主义核心价值体系,使之成为全民族的高度认同和自觉行动而凝心聚力、集思广益,贡献智慧。要用几句话来高度涵盖几千年文化积淀、马克思列宁毛泽东邓小平等理论思维的结晶以及当代建设中国特色社会主义的现实要求,十分不易,甚至比我们建设小康社会还要艰难。这需要总结几千年来传统文化精华,包括古代思想家的全部智慧学说、古代政治家的官德、民本思想、人文情怀、道德操守,总结出诸如“民本、诚信、尊严、公平、正义、立心、立命”等等高度凝练的言词,既代表中国文化的特质,又有普遍的适用性,使之成为全民族的文化认同和政治信念,这是当代思想文化领域一个重大的课题。

上述四条建议得以实施和实现的基础上,我们还需要在具体的出版工作实践上加以贯彻执行。

二、百年岁月怀想

2012 年,中华书局迎来了自己的百年华诞,回望过去曲折起伏的百年岁月,不禁心潮随之奔流。回溯至 2009 年 4 月 8 日。那一天,我们为中华书局创办者陆费逵先生的铜像举行揭幕仪式;同时,礼聘季羡林、任继愈、何兹全、饶宗颐、冯其庸、袁行霈等六位海内外学界泰斗担任学术顾问。以这种方式拉开百年局庆序幕,对中华书局而言具有特殊意义,它类似于一种文化和出版宣言,昭告了中华书局饮水思源、不忘先贤、继承传统、自觉肩负弘扬文化责任的坚定信念。

百年以来,中华书局始终关注中华历史与文化的传承,累计共出版图书 3 万余种,新中国成立后获奖图书 500 多种。有学者说过,现代凡是研究中国传统文化的,大概都曾受到过中华书局在学术上的厚惠。"环堵半是中华书",对于近现代中国知识分子来说,中华书局与他们的知识积累、学术成果和精神塑造是密不可分的。南京大学新近完成的《中国人文社会科学图书学术影响力报告》称:在全国近 500 家出版社中,中华书局各学科图书学术影响综合排名位居第二,其中历史学、民族学、中国文学等四个学科名列第一,考古学、语言学等四个学科名列第二。

我们以此为骄傲,也以此作为鞭策自己前进的动力。精审细校的古籍整理和学术著作,是中华书局安身立命的出版主业,这是对中国文化的自觉传承;而让大众了解传统文化的精髓,涵养中国人的精神与情操,则是对中国文化的普及与传播。百年之间,服务大众、普及文化一直是中华书局的出版信念之一。

中华书局成立早期,从 500 余种新式教科书,到《大中华》、《小朋友》等 40 余种影响广泛的刊物,以及各类通俗、普及读物等,都致力于同一个文化追求——从不同角度服务大众,推进对于中华传统文化的认识和推广。

进入新世纪以来,中华书局越来越认识到,大众需要从传统文化中汲取营养,因此开始把自身的定位从"传承者"扩大为"传播者",在作为主业的古籍整理和学术著作之外,奉行"以专业的精神出普及读物"的理念,努力探索成体系、成规模、高质量的文化普及读物的出版。如《正说清朝十二帝》、《马未都说收藏》、《奢华之色》、《于丹〈论语〉心得》、《姥姥语录》等,在取得经济效益的同时,也丰富了中华书局的品牌内涵。

中华书局已经走过了一百年的历史,它留下的精神遗产是什么? 究竟是什么在支撑着一个出版机构屹立百年而不倒? 我时常以创始人陆费逵抱持的"坚守,执着,专一,强毅"的精神作为指导和参照,具体来说觉得有如下三个重要方面:

一、以社会责任为重的出版理念

在中华书局成立的宣言书中,怀抱着"开启民智"理想的陆费逵这样表达道:"我们希望国家社会进步,不能不希望教育进步;我们希望教育进步,不能不希望书业进步。我们书业虽然是较小的行业,但是与国家社会的关系却比任何行业为大。"

在谈到从业者的人格时,他说:"书业商的人格,可以算是最高尚最宝贵的,也可以算是最卑鄙最龌龊的。此两者之判别,惟在良心上一念之差;譬如,吾人如用尽头脑和心血,出一部有价值的书,贡献于社会,则社会上的人们,读了此书之后,在无形中所获的利益,定非浅鲜;反是,如以诲淫诲盗的书籍,贡献于世,则其比提刀杀人,还要厉害,盖杀人不过杀一人,恶书之害,甚于洪水猛兽,不知要害多少人。所以我们当刊行一种书的时候,心地必须纯洁,思想必须高尚,然后才可以将最有价值的结晶品,贡献于世;否则,不但于道德方面要抱缺憾,即自己良心方面亦受责罚。"

在百年庆典之际,重读这样的文字,就能够理解中华书局百年的内在精神气质。在它的历史源头,中华书局始终与民族、国家命运息息相关,陆费逵先生对出版业的认识与实践以及一代代中华人的努力,铸就了中华书局一百年始终不渝的传统:那就是对国家民族的强盛进步、文化学术的传承发展具有强烈的责任感和使命感。

在近百年的时代变局中,中华书局一直坚持着这样的社会责任感,"像爱护眼睛一样爱护书的品质"、"从不把经济利益作为出书的主要标准"。正是这种以社会责任为重的出版理念,才使中华书局在过去激烈的市场竞争中脱颖而出,基业长青。

二、尊崇学术、以诚待士的企业文化

在百年的时代变局中,中华书局一直秉承着尊崇学术的传统。陆费逵曾经"七顾茅庐",锲而不舍地约请舒新城主编《辞海》,舒新城最终被打动,于1930年出任中华书局编辑所主任兼图书馆长,月薪为300大洋,而陆费逵作为总经理,工资只有220块。

陆费逵很早就意识到了人才问题,和他共过事的人多半说他"用人唯贤",善于用才,"爱才若渴,知人善任"。金灿然先生在非常时期提出"人弃我取,乘时进用"的人才观。到今天,中华书局不以学历取人,而以真才实学任用编辑的传统一直保留。

在对人才的追求与器重,以及对职工的职业培训方面,中华书局一直持积极态度。它的"以诚待士"之风贯彻始终,能提供诸多良善条件,让编辑、作者们"自安其位"。比如中华书局的图书馆,陆费逵在任时,一度藏书60余万册,书库与编辑室间,有"小型升降机"运送图书,以方便编辑和作者使用。现在的中华书局收书30万册,为编辑查阅资料提供了便捷的条件。

爱才的企业文化一直延续了百年。舒新城曾经谈到,总经理陆费逵充分信任他,给予全力支持,编辑所的同事也多是"恂恂儒者",工作关系之融洽愉快,是他以前在学校教师岗位上不曾有过的,他很享受中华书局这种"独特的家庭式的企业文化氛围"。现在新进局的年轻人也能感受到中华书局独特的融洽氛围。也许正是这种独特的"中华情结"使得中华书局得以延揽大批知名学人加盟,在百年历史中具有很强的向心力和凝聚力。

三、尊重作者、真诚服务的学者型编辑风范

在出版界,中华书局素来以具有高水平学术能力的学者型编辑而著称——范源廉、舒新城、张相、李达、田汉、张闻天、金兆梓、陈伯吹、钱歌川、金灿然、宋云彬、章锡琛、陈乃乾、徐调孚、杨伯峻、周振甫、赵守俨、李侃……这些人是这支百年相传的编辑队伍的杰出代表。他们"甘为他人作嫁",将自己的心血和智慧融入他人的学术成果,并视此为自己的历史承担和价值追求。

是他们,为中国现代出版业留下了让人敬佩的编辑风范和品格。

有关编辑和作者学术情谊的佳话数不胜数,如钱锺书亲笔赠言《管锥编》责任编辑周振甫:"校书者非如观世音之具千手千眼不可。此作蒙振甫兄雠勘,得免于大舛错,得赐多矣。"周振甫是古典诗词、文论专家,后来他在接受《东方之子》采访时,当被问到没有成为一个职业学者会不会遗憾时,他回答:"中华书局给我编审,就可以了。"

袁行霈先生回忆他的著作《陶渊明集笺注》的出版过程说:"数十年中,书局的编辑从未催促过我,只是关注着我,不断送来书局的稿纸。中华书局一直都有这样的传统,对年轻的学者很扶持,而且能体谅作者的艰辛。"

复旦大学中文系教授陈尚君在参加修订点校本"二十四史"时说:"最近几年修订正史,反复讨论体例样稿,在出校改动与否的细节把握上,每次都曾仔细推敲,历经数日,以求达成共识。正是许多这样的坚守和追求,造成中华书局的出版地位。"

金灿然曾这样说:"我们有责任为作者提供和创造各种写作条件,使一切有真才实学的、下过功夫的作者的著作,都能够得到出版的机会。""编辑要尊重作者、耐心地帮助作者,和作者交朋友,建立相互间的信任和友谊,使作者乐意和我们建立经常的联系,帮助我们共同把工作做好。"

这些朴实无华的话语,却是中华书局在百年间留下来的有关编辑文化的最值得珍视的精神遗产。

回望过去的一百年,中华书局与中国的文化精神一直紧密相连,其经营百年的原动力,来自于恢弘的精神气象和文化格局。前辈传下来的精神在我手中一定要发扬下去,正如我一再说的:"中华书局将在坚持主业的基础上,不断创新传统文化传播的方式,恪守'守正出新'的理念,做有良心、有个性的百年老社。"我们一直在努力。

三、中华书局的精品战略与实践

中华书局走的是文化体制改革不断深化,文化生产力得以释放的成功之路。用我们自己的话说,守正出新,闯开了传统文化出版的新局面。

观念解放是关键——从八个字到十六个字

文化体制改革首先是观念的解放,其次才是经营的改革。思想的解放是推动改革取得突破的关键所在。对于这一点,中华书局体会良深。

作为中国历史最悠久的出版社之一,中华书局在中国的古籍整理事业与出版行业中占有重要地位,是一家中外知名的出版机构,在 1958 年成为古籍整理和学术著作出版的专业出版社之后,得到了国家的有力支持,编辑出版的多种古代文史哲经典文献,以及"中国古典文学基本丛书"、"新编诸子集成"、《中华大藏经》、《甲骨文合集》、《全唐诗》、《全宋词》、"中国近代人物文集丛书"等,为学术研究提供了大量的基本典籍。特别是历经二十年时间组织整理、出版的"二十四史"及《清史稿》点校本,被公认为新中国最伟大的古籍整理工程。中华书局在这个领域积累了卓越的声誉。盛名之下,中华书局习惯于为学界服务,编辑也努力往学者型方面发展,长期以来中华书局的出版宗旨就是八个字:"弘扬传统,服务学术"。"阳春白雪"的出版追求限定了市场的空间,在改革的过程中,高高在上的姿态难以为继。想要生存和发展,就必须改变只为学界服务的理念。这对于中华书局是一次痛苦的反省,但起到了溯本清源的作用。

在谈起观念变革的过程中,中华人坦言长久以来对"古籍整理"的理解存在一些偏差,是造成保守出版,忽视普通读者文化需求的原因。中华书局的老员工回忆道,1981 年 7 月,中央办公厅王玉清同志到中华书局来传达陈云同志关于古籍整理工作的谈话记录,其中说:"古籍整理还不光是解决标点、注释,这还不行,要做到后人都能看懂,要译成现代语气。"稍后不久,1981 年 9 月 17 日,中共中央书记处随即下发了《中共中央关于整理我国古籍的指示》,其中第二点就说:"整理古籍,为了让更多的人看得懂,仅作标点、注释、校勘、训诂还不够,要有今译,争取做到能读报纸的人多数都能看得懂。有了今译,年轻人看得懂,觉得有意思,才会有兴趣去阅读。"当时的领导人高瞻远瞩地指出,在经典典籍校勘注释的基础上,推出适应更广大读者阅读需求的传统文化普及读物,才能使文化更好地传承。而中华书局更多地关注传统典籍的标点校勘和注释,满足学界研究的需要,而对普及性、现代化的工作重视不够,无法满足当代读者对于传统文化的多元需求。中华书局新一任领导班子在反思中意识到中华书局拥有非常雄厚的品牌资源,却没有与之匹配的产品支持；缺少向主业周边产品进行不同层次的拓展和开发，中华书局的品牌显得苍白乏力。

在中华书局不断实践探索，寻求出路的时候，来自学界的声音说应该"守正出新"，大家都敏锐地意识到中华书局不是一个学术机构，他所出版的高品质的图书应该寻找一条新路让更多的传统文化爱好者得以共享。解决了这一深层观念问题，中华书局将自己的出版宗旨修正为十六个字："弘扬传统，服务学术，传承文明，创新生活"。观念的革新带来了巨大的变化。

机制体制是保障——从专业编辑室到分社制

改革需要试点，从一个小部分的得失成败总结经验教训，进一步推广，才能保证改革积极稳妥地进行。中华书局在寻找突破点的过程中，设立了许多以往没有的部门作为试点，这就需要机制体制上的创新和保障。

相对应于中华书局长久以来的自我学术定位，中华书局的编辑室长期是按照专业方向设立的，如近代史编辑室、哲学编辑室、语言文字编辑室等。这样划分的好处是编辑能够明确地和各领域的专家学者建立深入联系，为中华书局积累长期稳定优秀的作者资源打下坚实的基础。但是注重学科分类的体系，在以满足读者需求为改革目标的过程中与市场脱节，这一局面亟待改变。

2003年末，中华书局成立了市场部，这是这个老字号的文化企业迈向市场的第一个信号。在市场部的运作下，中华书局在北京大学举行了"弘扬传统，重塑品牌"座谈会，座谈会上袁行霈教授寄语中华书局要"守正出新"，给书局同仁很大启发。"守正"自然是中华书局长久积累下来的传统文化的整理、研究著作出版，但是新路要怎么走？大家心里没有底。2004年3月，市场部举办了一场"我们离市场有多远"的报告，使大家惊觉，不变革，不改变"曲高和寡""两袖清风"的局面，中华书局的前途堪忧，而一旦转变观念，进行体制机制的改革创新，中华书局将拥有很大的发展空间。同年4月，中华书局成立了大众读物编辑部、学生读物编辑部和辞书编辑部，试图打开中华书局跳入市场节奏的大门。

大众读物的出版在中华书局已有传统，当年的"中国历史小丛书"获得了很大的成功。但是时代在进步，人民对于传统文化的需求也已经发生了很大变化,如何才能找到切入点呢? 2004 年 9 月,当一个大众读物编辑部的编辑看到阎崇年教授在"百家讲坛"讲述"清十二帝疑案",眼前一亮。当时,影视界戏说成风,说明观众对于中国历史有着浓厚的兴趣,潜在需求很大。而戏说有可能歪曲人们对历史真相的认识,中华书局应承担文化责任,按读者喜闻乐见的方式讲述真实的历史。在这个讲座基础上打造的《正说清朝十二帝》推行上市,就迅速地引起了读者的关注,广受好评。一时之间,"正说"历史的概念引领了出版的风潮。许多出版社也跟风推出了以"正说"为主打书名的图书。2006 年末,中华书局出版的《于丹〈论语〉心得》掀起了"国学热",作者现场签售的热烈气氛在图书业极其罕见。这本书至今销售已超过 530 万册,创造了一个业界奇迹。中华书局在传统文化的普及出版成为业界的领军力量,这条新路越走越有自信。

在大众出版方向风生水起之时,传统高水平的古籍整理和学术著作的出版到传统文化普及读物之间出现了空白地带,即在高质量的学术研究基本典籍和大众读物之间缺少一个传统经典下行和上溯的桥梁。中华书局看准时机,成立了基础读物编辑部(现已成为基础图书分社),将大众急需了解阅读的传统文化的精华以现代读者乐于接受的简体横排、准确注译的方式呈现出来,出版了"中华经典藏书"、"传世经典　文白对照"系列、中华经典普及文库等,也获得了很大成功。

2009 年,中华书局继续破除改革的体制性障碍,在原有编辑室的基础上,重新整合划分出版资源,成立了古籍整理和学术著作出版中心、大众图书分社、基础图书分社、《中华活页文选》分社,实行分社自负盈亏,进一步简政放权,极大激发了各中心、分社的生产力。为了保证出书的高水准,又成立了编务和质量控制中心,对图书出版流程全程监控。2009 年末,进一步把发行部和市场部统属到新成立的营销中心之下,为科学的营销提供了机制上的保证。

一系列机构设置运营上的大胆革新为中华书局的改革成功提供了坚实的体制机制保障,也培养了一批业务骨干,使得图书出版的品质有了保证。2011 年中华书局又组建设立了新阅读分社和文化遗产分社。

细分市场是机遇——打造立体品牌,选题分类管理

满足人民群众日益增长的多元文化需求是出版业应尽的社会责任。中

华书局在文化体制改革的过程中,逐步明确了以读者需求为导向的出版思路。这个出版思路为中华书局打造立体品牌、实行选题分类管理明确了方向。

中华书局经过这几年的改革,已经由比较单一的古籍整理和学术著作的品牌认知丰富为立体化的品牌体系,这是针对多元化的读者文化需求而逐步建立起来的。中华书局2005年出版图书900多种,销售码洋2.5个亿,产品结构多样化。在各种指标中,古籍整理和学术著作作为中华书局核心主业,占有半壁江山,大众普及和经典普及图书占将近一半,到2011年出书1356种,销售码洋3.72亿。

2010年初,古籍整理和学术著作出版中心正式开始一体化运营,加强中华书局优势资源的整合力度和开发力度。作为中华书局核心竞争力的源泉,其服务对象是学界和研究者。古籍整理出版工作将以2010年制定的"古籍整理十年规划"为指导,以齐备学术研究"基本书"和标志性产品为目标。对古学中心不以经济效益为重点考核指标,而以中华传统典籍和研究著作的精品出版为理念,侧重考察社会效益和文化责任;随着这几年的改革,古学图书的规模也在逐步扩大,稳步实现市场化的发展。古学中心成立之后,即面临许多重大的古籍整理出版工程,如点校本"二十四史"和《清史稿》的修订工程、"新编诸子集成"的整体推出、《中华大藏经(汉文部分)续编》的编辑、《顾颉刚全集》的编辑出版、"中华国学文库"的整合推出等等,工作压力很大,局里对之给予政策倾斜,而国家的支持给了中华书局极大的鼓舞。2010年1月27日,温家宝总理在中华书局关于点校本"二十四史"和《清史稿》修订工程的汇报上作出重要批示:"致力弘扬中华传统文化,努力提高古籍整理出版水平。"这是国家领导人对于中华书局发展方向的肯定,也对中华书局的工作提出了更高的要求。2012年3月22日,中华书局百年庆祝大会,胡锦涛、温家宝、李长春、刘云山等中央领导又有新的贺信、题辞、讲话,对我们是更大的鼓舞与鞭策。

基础图书和大众图书以一般读者为对象,生产符合他们阅读需要的传统文化经典读物和普及读物。这个板块的出现,改变了中华书局只出版艰深学术著作的观念。在经典普及读本领域,为满足读者不同需求,注重细分市场的开拓。比如"四大名著"的产品线上,有物美价廉的精装普及本;有四大名著点评本,帮助读者深入体会经典的精彩;又有针对"银发市场"推出的大字本,给老年人看书提供方便;2012年又推出线装本,收到了很好的市场反馈。这些新的出版板块的成功运作,证明了依靠中华书局传统的古籍整理学术著作这一核心竞争力进行的选题拓展是极其有效的,不仅获得了丰厚的经济效益,还有力地支撑了中华书局的品牌影响力,社会反响十分热烈。

针对党和政府号召各地各级公务员加强学习,促进学习型社会氛围的形成,中华书局于2010年推出领导干部的经典读本《月读》,受到了领导干部的好评。北京、广东、陕西、宁夏、吉林的省级领导干部已确定其为党组学习的重要材料。2011年总署批准给予刊号正式发行。《中华活页文选》则是面对中小学生,以满足学生群体对语文阅读的进一步需求而设立的。针对不同群体细分市场,开发不同选题,使得中华书局的市场影响力逐渐扩大,发展空间也日益广阔。

文化担当是责任——走下去和走出去

当今世界,文化与经济政治相互交融,在综合国力竞争中的地位和作用越来越突出。在全面建设小康社会、实现中华民族伟大复兴的历史进程中,繁荣和发展社会主义先进文化具有全局性战略性的地位和作用。六十年以来,我国的经济建设取得了世人瞩目的成就,而中华民族的伟大复兴需要文化的复兴。中华传统文化是中国文化发展的雄厚根基,是中华民族精神的根本,也是中国文化产业振兴的力量之源。这几年在神州大地上已成燎原之势的传统文化热已经证明了这一点。以传统文化的整理和出版为己任的中华书局拥有重要的优势资源。把中华传统文化的传播推向深入,推向世界,是中华书局自觉承担的历史使命。

文化体制改革的重要内容之一是要丰富人民群众的精神文化生活,国家近年来加大了对公共文化建设的投入,中华书局也自觉地响应号召,积极从事公益文化服务。通过调研,中华书局了解到,现代农村读者的需求已经不局限在农业科普读物上,他们也需要文化生活的提高,中华书局出版的"中华经典藏书"和"问吧"系列、《于丹〈论语〉感悟》等15种图书入选新闻出版总署2009年农家书屋重点推荐目录,中华书局久享盛誉的《文史知识》也入选农家书屋重点报纸期刊推荐目录,中华书局被媒体评为2009年最受农民欢迎的出版社。传统文化走到农村去,将为社会主义新农村的文化建设和和谐社会的构建贡献自己的力量。

众所周知,中华书局出版的古籍整理类图书一向在海外的汉学研究界享有很高的声誉,每年图书实物出口工作相当稳定。与此同时,中华书局在大众普及出版领域的开拓与创新,也使近年来版权输出工作有了强劲的立足点。自 2004 年以来,以畅销书《正说清朝十二帝》所代表的“正说历史书系”的版权贸易为开端,中华书局面向港澳台地区以及日本、韩国、英国、美国等国家的图书版权输出数量逐年增加。其中,最具标志性的版权输出图书就是 2006 年出版的超级畅销书《于丹〈论语〉心得》。截至目前,该书共签约 29 个语种,32 个版本,已经出版英、法、德、西、意等 19 个语种。本书在英国、新加坡、德国以及香港等国家和地区的图书宣传进展顺利,市场反响热烈,英、法语种已重印。这些依托于中华书局出版特色的图书版权贸易,与中央提出的“走出去”的开放战略紧密配合,有力地促进了中华传统文化在世界的传播与推广,彰显了品牌大社的形象,也彰显了中国作为兴起中的大国的文化软实力。中华书局连续获得 2009—2010 年度和 2011—2012 年度商务部颁发的国家重点文化出口企业称号。

为进一步加强精品力作出版工作,使得祖国优秀传统文化得到有效传承、传播与海内外推广,并实现有意义的创新,我局主要从以下几个方面展开:

1. 保证国家项目的高质量完成,2010 年已完成《顾颉刚全集》;2011 年已完成《中华民国史》,引起海内外强烈反响;目前正在进行 2012 年项目《全元诗》和《中华地域文化通览》。此外两个大型的长期项目,包括点校本“二十四史”和《清史稿》修订工程和《中华大藏经(汉文部分)续编》,均在顺利进行中。我局作为以出版古籍和学术著作为核心业务的出版社,每年得到总署的大力支持,高质量地完成国家古籍资助项目,责无旁贷。同时,我们积极完成中宣部交办的“四个一批”人才和文化名家的作品出版任务。我局对此高度重视。2010 年的“四个一批”出版工作得到中宣部的肯定,2011 年有近 20 个品种,已经完成;积极参与国家哲学社会科学基金项目的出版。2011 年度社科成果文库有七种,此外还有大量后期资助项目的出版任务。

2. 响应中央号召,抓好提升国民素质的基础性文化建设,争取国学教育进课堂的大好契机,为广大青少年读者梳理文化自信、培养有根有源的生命个体、养育民众心魂、提升人文素养尽我局一份力量。包括编写国学教育课本和传统文化基础读本,与社会各界合办各层级的国学教育机构和传统文化普及课堂。

3. 对外,力争"走出去"工作再上台阶,继续贯彻"巩固港台,扩大周边,突破欧美"的战略方针,深化与港澳台出版界的全方位合作,扩大对中国周边国家的版权贸易的数量和实物出口的规模,策划针对欧美图书市场的外向型图书,借助多种载体形式,借助一个品牌出版社已有的成功案例(如《于丹〈论语〉心得》的海外传播),继续打造更多文化产品。以更便捷、更有力的手段让中国文化的精髓进入西方主流社会的读者群体当中,就像于丹的书在法国一年内卖出近20万册精装本,成为法国本土引进版的畅销书。相信好书不只这一种,奇迹不会只有这一次。

4. 在数字化出版如火如荼的今天,我局如何在数字化时代继续领先古籍整理出版的潮流,成为当务之急。在技术和思路两方面,都要从弘扬中华民族优秀文化的角度出发,创新突破,从而继续引领行业的发展。深入研讨基于移动互联网背景下的个性化需求。目前我局在建的中华古籍语料库已积累3亿多字古文献优质数据,"中国历史文献资源知识库"已列入国家"十二五"重点规划。我局考虑充分利用已出版的文献资源,挖掘潜在的文献资源,在数字化的过程中加大整理点校力度,并由国家投入资金,集合全国各区域古籍出版资源,从而打造建设中国历史文献资源总库及国家历史文献编纂出版中心,使之成为国家文化产业结构布局中一道独特景观。

中华书局将积极贯彻落实六中全会精神,秉承"弘扬传统,服务学术,传承文明,创新生活"的出版理念,始终以传承和弘扬中华优秀传统文化为己任,向全社会提供以中国传统文化为核心内容的优质文化产品,让中国优秀的传统文化深入人心,走向世界。

(在2012年5月第六十期全国社长总编培训班上的演讲发言)

在香港中华百年纪念会上的致辞

感谢文宏武、陈万雄以及兰真、李祖泽等先生对中华书局一贯鼎力支持、扶持与呵护,尤其感佩饶公等一代代前辈学人对我们的厚爱与鼓励,我想这也是中华一百年来得以长足发展的坚强柱石,忠实读者的支持与众多学者们的厚爱一直是我们得以依傍的后援力量与坚持坚守永续经营的信心所在。

应辛亥革命大势而兴起、我们的创始人陆费逵先生秉承"开启民智"、"用教科书革命"的宗旨,通过对教育与文化的支持,来实现人类优秀文明成果的有效传承。"厚德载物、诚信为先、善待读者与作者、倡导文化和谐、相生共荣,百川异源而皆归于海,弘扬传统、服务学术、传承文明、创新生活,乃至守正出新、弘扬德智",这些百年企业经营中的成熟理念已成为业界共同遵奉的信条,成为宝贵的从业经验。近百年来我局共计出书2万余种,早期曾在全国建50多个分支局、1000余家分销处,1923年设立新加坡分局,1927年创设香港分局,1946年设立台湾分局。早期中华书局曾有20余种刊物,并有《饮冰室合集》、《中华大字典》、《辞海》、《古今图书集成》、《二十四史》、《资治通鉴》、《中华大藏经》、《甲骨文合集》、"新编诸子集成"等一系列影响一代代民众文化心理构成的典籍,《管锥编》、《谈艺录》、《万历十五年》、《名家学术论著集》等一大批对近现代学术文化史具有深刻影响的学术名著等等。当然研究近现代中国出版业,中华书局更具有典型意义,文化的重建与文明的建设,中华优秀传统文化的海外播扬,更为京港两地中华书局提出了明晰而又艰巨的历史使命与文化责任。通过传统文化典籍整理出版和优秀学术著作的出版来体现中华文化传承与学术文化积累效能。中华学术丛书力邀海内外知名专家学者为编委会,实行匿名评审,中华出资支持已出三种,希望与港局联手倡议成立中华学术著作出版基金共担盛举。著名出版家王益先生曾撰文谈及他心目中的世界一流出版社,总结出 11 条,我略作一点归纳与阐释:1.持续五十年以上的经营业绩,我们一直在努力,而且还要"百年再出发";2.健全的机构与管理理念,确保持续经营的管理团队;3.永无止境的创新精神;4.做一个有个性的硬派出版,勇于文化担当,承接历史使命,强烈的人文情怀。愿与同业同道们共勉,为中华文化伟大复兴而不懈努力。

下面引用余英时先生为中华百年的寄语作为结语:

> 古人说,积德百年而后礼乐可兴。清末以来中国文化传统之所以危而未倾,中华书局在以往百年中之努力与有功焉。以下百年中国文化与普世价值相融和,必得由返本而开新,中华书局之任益重而道益远,其未来之辉煌贡献举世皆伫以待之,可断言也。

守正出新　追求卓越
为全民提供赏心阅读的精神佳品

　　出版是一项复杂的体现多智能的有情趣的行业,它需要从业者较强的判断力,敏锐的文化感受力,持续的创新能力,这是一项提高人们精神品级的有益劳动,能够从事这一行业,我们感到由衷的欣喜和愉悦。

　　一个出版经营者的文化心态既影响着他代表企业进行的一系列文化经济活动,也从根本上影响着企业内部的凝聚力。从业二十余年,对自己从事的业务有足够的了解并勇于接受现实,不会协同员工向自己毫无胜算的方向和领域进展,会果断舍弃边缘业务,坚守主业,确保方向的正确。所谓只做惟一不争第一,追求差异不求同一,关注焦点不做目光散乱之人,力争成为有良心的有个性的硬派出版社的忠实代表。

　　中华书局是一家拥有九十六年历史,在海内外享有较高学术文化声誉的知名出版企业,累计出书2万余种,在中华传统经典的整理与经典普及,在为广大读者提供中华优秀传统文化的优良读本等方面贡献卓著,台湾记者称赞其"精校精注精排"来完成文化使命与出版责任(台湾《中央日报》1992年9月9日副刊)。近几年来,中华书局在巩固传统主业优势、扩展品牌影响力、打造历史文化通俗普及读物上累创佳绩,连续推出多部畅销书,像《正说清朝十二帝》、《国史十六讲》、《于丹〈论语〉心得》、《马未都说收藏》等,特别是《于丹〈论语〉心得》,创造了多项书业界的新纪录,令业界心喜。试举例以言之。

　　2004年《正说清朝十二帝》的成功运作,使我们发现,以往的传统文化普及读物更多的是向现代人灌输传统文化思想,而不是从现代人的现实需求出发为他们提供传统文化的丰富营养。优秀的传统文化类的大众化图书完全可以成为传统文化和现代生活之间的一座可以来往、相互理解的虹桥。对历史进行"正说"正是呼应了人们对于被戏说的历史的关注,中华书局作为一家以弘扬优秀传统文化为己任的出版社,一向以严谨、务实著称,更应为读者提供准确的历史知识,以"正说"的态度引导广大读者正确对待历史、阅读历史。于是,我局马上着手策划组约后续相关选题,并在半年时间内,一气推出了十本"正说历史书系",从而形成历史文化普及读物的热潮。面对跟风仿作汹涌袭来、"正说"概念被胡编滥用时,我局又从维护自身声誉和品牌影响力角度考虑,果断向媒体宣布,暂停"正说历史书系"系列产品的开发。一时间深获媒体追捧和业界好评,昭显了中华书局作为一家严肃的有个性的有学术良知的出版社的社会与文化责任,这也成为事件营销的一个典型案例。

在运作"正说历史"系列的成绩面前,中华人保持了清醒的头脑,顺势而上,充分把握"读史热"、"国学热"带来的市场机遇,从"被动"运作畅销书积极向主动运作畅销书发展,由个别运作畅销书向推进图书选题的整体创新拓展。为此局里制定了明确计划,将2006年定为"畅销书运作年"。我们缜密调研、积极运作,当年推出了阎崇年先生的新作《明亡清兴六十年》(上)。与《正说清朝十二帝》首印仅5000册相比,这本书首印即达到20万册,它的成功运作不仅昭示了我们的自信,也唤起了业界对于中华书局的期盼。2006年11月,我们推出了首印60万册的《于丹〈论语〉心得》,当年11月26日,该书在中关村图书大厦首发签售,八个多小时共签出10600本,当日单店销售12600本,均创造了十几年来书业界的一个新纪录,创造了业界神话,至今销售已突破480万册。畅销书的成功运作使中华书局在整体图书市场的排名逐年快速提升,整体排名从2003年的第141名,到2004年的第105名,2005年的第66名,到2006年的第35名,去年更是达到了第21名。业界更是将中华书局誉为"一匹黑马",充分肯定了《于丹〈论语〉心得》为首的中华版畅销书为促进、拉动大陆整体图书市场所做出的积极贡献。

畅销书的成功运作不仅给我们带来欣喜,也带来思考。中华书局一直以古籍整理、学术著作出版重镇为社会学术文化界所关注,如何在文史哲畅销书和古籍整理、学术著作之间建立一条走廊成为我们关注的课题。中华书局拥有强有力的传统文化出版的优势品牌,由畅销书带动的阅读经典的热潮给我们提供了广阔的市场空间。但出版社内的诸多出版资源如何得到有效的激活,需要靠有目的的创新行为来实现,需要有一个通盘的运作,需要编印发各环节的协调配合,需要高、中、低端选题类型的贯通。有了这样的思路和认识,我们立即着手对已有出版资源深入挖掘,摸清市场需求,进行了有效的延伸拓展系列开发,取得了不俗的销售业绩。如 2005 年推出的"四大名著"普及本,2006 年推出的《史记》、《三国志》、《资治通鉴》白文普及本、"中华经典藏书"(已出 24 种平均销量 3 万册)都在激烈的市场竞争中逐步占据了优势地位。可以说,在各专业古籍出版社甚或一些综合性出版社都开始关注传统文化类图书时,出版社长年积累下来的品牌资源和优势是开发和扩大这一市场非常有利的条件。近两年我局年销量 5 万册以上的图书达十几种,有了畅销书运作经验和体会,我们还专门成立畅销书营销团队,与作者紧密配合协调全国各地的演讲、签售、媒体访谈、捐赠等促销活动,局里在编辑流程监控上加强管理力度,保证重点畅销书适时出版,做到了多种媒体互动配合、立体营销的效果,相继推出《明亡清兴六十年》、《说慈禧》、《万历十五年》、《复活的历史》、《兵以诈立》、《国史十六讲》、《于丹·游园惊梦》、《于丹〈论语〉心得》、《马未都说收藏·家具篇》、《于丹〈论语〉感悟》等,引领图书风尚,带动大众图书阅读活动,参与全国书市、海外书展、读书月、读书节的重大活动,极大地提升了中华书局的品牌影响力。我局还与新浪网、国家图书馆、中央电视台、曲阜市政府联合举行"我的《论语》心得"全球网络征文活动,并于 2008 年清明节在曲阜举行颁奖大会,进一步激发全民阅读经典、感悟经典的热情,引起广大民众的积极参与和响应,掀起了一场全民读书热潮。

中华书局始终坚守自己的出版主业,坚持"弘扬传统,服务学术"的出版宗旨,并于近几年的出版实践中凸显了"守正出新"的经营理念。这是北大季羡林、袁行霈先生先后送给中华书局的嘉许与鼓励,这也成为中华书局未来发展的明确思路。几年来中华书局出书品种规模不断上升,2007 年接近 1000种,其中重版率保持在 50% 以上,形成一个良性发展格局和选题结构。另有《中华遗产》、《文史知识》、《中华活页文选》、《文史》、《书品》等多种杂志,覆盖着不同层面的读者群体,在知识界、文化界和学术界有良好的合作与交流,蕴含着丰富的出版资源和学术网络。

我们还与中国民间文艺家协会合作出版了冯骥才先生主编的《中国木版年画集成》22 卷,在文化遗产保护方面做出自己的努力。每年都有几部重要的古籍整理和学术著作精品推出,引起学术界较大关注,如《读史方舆纪要》、《太平寰宇记》、《日藏汉籍善本书录》、《天一阁藏明钞本天圣令校证》、《新获吐鲁番出土文献》、《水经注校证》、《新民丛报》(影印)等等,力图使中华传统经典、民间文化带有抢救性的工程、中外文化遗产等能够让广大民众接受、阅读并使用,净化国民的心灵,增强民族自信心,增强国家软实力和竞争力,并以多种载体、多种媒介形式,包括运用高新技术创新文化生产方式(如我们与北大方正阿帕比公司、新浪网、当当网、卓越网、博库书城以及新兴手机媒体合作的尝试等),培育新的文化业态和传播模式,筹建"古籍在线"和"中华遗产互动网络",让广大民众能够真正共享文化发展成果,充分体会到中华传统文化的博大精深、取精用宏的特性,努力成为中华优秀传统文化的内容提供者和信息集成商。为寻求中华书局未来发展的突破口,我们对多媒体和新媒体发展趋势表现出了很大的兴趣。中华书局的一个主要工作是进行传统文化的再普及、再推广和再开发。在主业做足的基础上,结合新媒体的发展,做中国传统文化的内容提供商,成为中华书局未来发展壮大的契机,保持中华书局在中国传统文化资源内容和开发上的优势,力争最能代表中国古籍和相关学术著作的出版水准。同时,认准目前大众文化有向传统文化追溯源泉的趋势,中华书局拟在流行化与年轻化读者群体中有更多的拓展。如今,中华书局配合历史题材的影视剧推出了一系列历史人物、历史事件的图书,这种出版模式的成熟很好地支撑了中华书局的发展。将来,伴随 google、百度、新浪、当当等一些网站的图书搜索、阅读功能的开发,中华书局将会成为中国传统历史文化最有权威的内容供应者。再譬如将中华书局的内容资源和游戏产业以及手机业务结合,就能大大扩大青少年受众面,一些可靠有趣的历史情节就可以开发为游戏等文化娱乐产品,作为值得信赖的内容提供商,中华书局还可以保证游戏内容的严谨和知识性与趣味性,这种未来可能会出现的合作,也将为书局开辟新的盈利模式。目前中华书局网站不断更新,内容含量不断扩充,点击量逐年攀升,已成为业内著名的网站(业界综合排名列第六位)。

我们还加大了海外版权输出力度,除了港台繁体版外,新加坡、韩国、日本以及欧美的图书业务贸易与版权贸易都有较大幅度提升。与麦克米伦公司全球英文版《于丹〈论语〉心得》的合作,创造了大陆图书海外版权贸易额的单品种新纪录。通过我们的不懈努力和探索,中华书局在海内外的学术声誉不断提升,大大推进了传统国学的普及和传统文化的海外播扬,通过我们的图书产品研发和出版实践,履行了中华出版人的人文精神与文化理想,即让世界了解认识中国优秀文化传统,增强中华文化的国际影响力,为早日实现中华民族的伟大复兴贡献自己的力量。

最后,还有一点心愿愿与同道们共勉。

人们发现,面对浩如烟海,层累众多的图书(2007年大陆出版图书达24万种之多),还有不断更新的媒体形式和阅读方式,使得读书愈益成为一件难事。

所谓的读书难,即在于把别人的思想历程重新走过一遍,不知不觉会成为别人思想的俘虏。于是怎样读书,读什么书,一向是饱读诗书的学者们不惮其烦、循循善诱的重要话题。其实如何读是取决于读者的人生态度、生活经历与知识等等因素的,历来是言人人殊,仁智互见。但是人类历史长河中又总是积聚着一些共同的精神财富和最高价值的智慧结晶与人生体味的。开列出这些公认最好的书单是一个避开怎样读的两难境地而直取读什么的终南捷径。胡适、梁启超、傅斯年、顾颉刚、鲁迅、蔡尚思等学术名家都曾开列过一系列读书目录。美国著名节目主持人、专栏作家费迪曼教授所著《一生的读书计划》,为十八岁到八十岁的读书人精选并评价了一百多种欧洲古今名著。王余光、徐雁主编《中国读书大辞典》,将这些名著与国内一些名家所开列的中外古今名著合并起来阅读,相信会对广大读者有较大的裨益。

累积而筑城般的读书目录、推荐书目从长远看便是一部隐喻的社会史,一部宏廓的学术史,折射出人类的价值取向、心灵追求和学术旨趣。当人们面对数十万种的新书茫然无所适从时,读书目录无疑是使人们登其堂奥的阶梯。从另外一个视角来看,一个出版社长久积存下来的书目也反映着出版者的出版理想与文化追求。人们之所以特别关注三联、广西师大、河北教育、人民文学等社的书目,正在于书目中透射出较强的个性追求、富于激情的出版理念、艺术美感的特质和智慧的光芒,从中可以总揽人类智慧的结晶。因此,无论是读书目录、推荐书目还是一个出版社的品种书目,都可以给我们带来阅读的愉悦,排解心中的疑惑。诚望两岸出版同仁能够以我们的努力多多生产精神佳品,维护出版生态平衡,净化出版人的心灵天空,静下心来,沉潜下去,呼应中华民众的阅读热情,履行我们的文化职责,进而实现我们的文化理想。

（第九届大陆书展　台北《出版论坛》演讲稿）

卷三　文化评论与随笔

丰厚的奉献

——从一本书的视角旁观北大

大约二十年前,很偶然地在美术馆西侧的书摊上发现了一本《北大校长与中国文化》,出于一位青年学子对北大的由衷向往,便匆忙买下,一气呵成地从头翻到了底。我感到这是一本立意新颖独特的好书。

大约在上个世纪 80 年代中期,兴起一股文化研究的热潮。人们注意到,掀动文化讨论热潮翻涌跌宕的多半是高等学校的数代学者,他们与研究院所的同仁一道推动整个学术界的蓬勃发展。另一方面,出于对社会发展后劲的教育的推重,人们也把观察的视角指向对外国高等学府的介绍(如湖南教育出版社的一套丛书和《光明日报》的专栏介绍)和国内各高校校史的编纂上。而本书的编者们则独上高楼,蹊径独辟,将高等学府的领导管理者们与中国文化的研究影响嫁接到一棵思考的椿树上,做一番立体交叉式的考察,这不能不称道其高明与新颖。

本书着重在两个方面添重笔墨,因而形成了它的两个特色:一是着意表现近现代知识分子面对传统,对学术文化的矻矻追求与思索;二是凸现了他们对学术的社会功能,对社会现实的热切关注。二者相辅相成,共同构成体现“社会的良心”的理想追求。严复力图突破传统,而最后又回归传统的失落,从摇篮到墓地的“怪圈”行进,体现了传统文化对一代学人的影响。蔡元培以恢宏阔朗的胸襟抱负,倡导学术自由,开启了北大延续及今的良好学风。现代文化史上颇有争议的胡适则以其身体力行对现代知识群体的反传统的社会思潮产生了无可估量的影响。马寅初以追求真理和精神自由的强悍性格迎逆有失偏颇的政治权威和政治气候,捍卫了一个知识分子的尊严和亮节高风,并且终于在期颐之年赢得了社会的普遍肯定与推重。人口膨胀对社会发展的延滞给一个民族带来的挫折,这双重的代价只有以后来者的及时觉醒作为补偿。他如汤用彤、翦伯赞、季羡林几位先生更以其卓异的学术成就带动着北大学术发展。与他们的学术地位和成就相伯仲的陈独秀、梁漱溟、朱光潜,虽然没有较高的行政权力,但学术带头人的作用远胜于行政上的领导效应,推动影响着北大乃至国内外的学术发展。他们或作为反传统的急先锋、文化研究的带头人,开学术自由讨论风气之先,器局大、识见远,育一代新人,颇具一校之长的大家风范;或为真理而战,强调学术独立,思想自由,不为强梁所迫,坚信知识分子的人格操守,为后世师表。细读这些文字,怎能不牵动人的心弦,引发人的思索呢? 本书由著名学者王瑶先生首倡,汤一介、乐黛云伉俪及徐兰婷具体促成其事。王、乐二先生的序写得极有情致,这是北大校友对北大九十周年大庆的集体献礼,这也是对已故和健在的学界泰斗、著名学者的最恰当的感激之情,我想也可以作为对以往故去但其影响之深广足令现代人时时追忆的一生耿介的一代学人梁漱溟老先生的一个很好的纪念。除此之外,高扬北大精神,对现代学府的管理者和一代学子提出更高的要求,这不算是过分的期待吧。

二十年来,作为一个编辑和出版人,我与北大的师友们有了更多的编读往来。他们的教学与学术研究成果的呈现因为出版与传播的嫁接展现为一种独特的视角。我与他们的频繁交往甚至推杯换盏都成为我日常生活中无法磨灭的记忆。老辈学者的仙风道骨、淡然冲和;中年师长的深邃细密、怡然持重;青年学子的敏思独见、朗然快语等等,都让人回味悠长,随着时间的流逝而凸显出来,挥发开来,似浓酒弥久而恒香。

我愿意与北大人交往,与北大学子们交朋友,从他们身上,我总能感受到坐拥一百一十年历史的北大人所孕含的历史文化底蕴,以及他们对中华民族的思想智慧所做出的独特的丰厚贡献,这是其他院校的学子们所无法比拟的。

中华读书报庄建大姐的一纸邀约,勾起我联翩浮想,心驰意往般从书架上抽取这本略微泛黄、飘逸着淡淡书香的小书,生发出如上断续的游思遐想。

(原载《读书》1988 年第 12 期)

以作家的视角关注历史

——品评《李国文说唐》

当文学成为历史叙述的文本时,我们便获得了想象丰富的空间和崭新的观照支点。这是我们品读当代著名作家李国文先生最新力作《李国文说唐》的最真切感受。

前辈学者陈寅恪先生"以诗证史",其辉煌大著为后人树起无法逾越的令人景仰的丰碑,在他的研究定论之上我们谨慎地前行,去探究唐朝史实中的疑惑。这是史家的笔法与成就。

李国文先生也引领我们从唐朝出发,去找寻与古人的汇合点。他以恣意洒脱的文笔,传神动感的笔触,观史品人论事,以作家的视角反观历史,仿佛是着力泼墨绘就了一幅幅历史场景的水墨大写意,状写唐朝宏大气势,抒发诗人浪漫情怀,描摹旧时别样风情,感慨另类人生场景,读来意趣盎然,心绪起伏,久久不能释怀。

如作者在鲁迅先生摹想"唐朝的天空"的基础上,进一步描绘了"唐朝的天空下,是张开臂膀,拥抱整个世界的盛世光景"的鲜丽亮色;论述唐朝声音的大气、高昂、雍容、华彩,认为是那个时代的精神实质;从唐朝人的胃口引发出唐朝宽容博大充满健康活力的强健精神;叙说唐朝的歌手吟唱出的文化发达的盛世华章。作者对唐朝上至皇帝大臣,下至平民百姓特别是文人墨客的各类人生的细致刻画,入木三分,极尽人性的真实;他对历史事件以及日常生活琐屑细务的描摹,纵横驰骋,颇见叙事功力;他对人类情感的深度挖掘,他对诗酒人生的难忘记忆,他对盛世风情的种种领悟等等,让人畅想、回味,发人思考。

作为一个有着不间断历史的文明古国,承继这些丰富历史资源的现代中国人,我们也把自己的目光不断地投向历史,转向过去,去找寻历史中的智慧源泉和生活动力,从而折射出对现实的评判、理解与思考。李国文先生以他遍览沧桑的胸怀,超凡别致的笔力为我们提供了一种观照和诠释,让我们重获那想象的空间,时间的流逝不再被预知,记忆一再地潮湿,内心充满了愉悦。

《宋代藏书家考》^①书后

藏书之盛衰,关乎一代学术文化之隆替。书史有征,自西汉末刘向父子校书后,东汉渐有私人藏书之风,至唐代藏书万卷者不在少数。"宋初继五代抢攘,既归承平,广收图籍,屡诏搜访,中秘所藏,代有增益"(王明清《挥麈录》卷一)。另方面,经济的发展使得一些地主官僚有条件购书藏书,印刷技术的改进也为书籍的广泛流传提供了可能,又因宋代战乱频仍,国家无力组织大规模的图书建设,致使私人藏书至南宋超出官方,且有晁公武《郡斋读书志》、陈振孙《直斋书录解题》等名著的问世。故而研究我国古籍与图书馆史,不可不知有宋一代藏书概况。

宋以后很多学者已开始留意宋人藏书情况。明胡应麟《少室山房笔丛》中《经籍会通》,祁承㸁《澹生堂藏书约》均曾列举宋代私人藏书家,清人范锴辑录《吴兴藏书录》,为我国第一部专门论述藏书家事略的书,继有丁申《武林藏书录》,亦以地区为限。叶昌炽《藏书纪事诗》以七绝吟咏历代藏书家,是为藏书史之要籍。

民国以来有袁同礼《宋代私家藏书概略》,项士安《浙江藏书家考略》,吴晗《江浙藏书家史略》,杨立诚、金步瀛《中国藏书家考略》诸作问世。潘美月先生高屋建瓴,参据上述诸书加以补充订讹,复广征史传郡志、历代文集、笔记、杂说及公私簿录,辑为是书,反映了宋代私人藏书研究的最新成果。

本书共收录宋代藏书家 126 人,依时代先后分为五代入宋、北宋承平、南北宋之际、南宋中兴、南宋末期五个阶段,各叙其生卒年代、籍贯仕履、收藏情

---

① 潘美月著,学海出版社 1980 年版。

形、学术活动等。收录情况有三:第一,凡前人著述已记载者,不论其藏书多寡,但求其资料可考,皆予收录。第二,凡藏书在万卷以上,或数十年聚书,孜孜雠校者,虽前人著述不载,本文亦收录之。第三,凡有藏书目录流传于当世者,虽不详其收藏情形,亦加收录。

绪论部分对我国古代藏书概况及宋代总貌加以评述,并分别从图书之采访与雠校、分类编目、典藏、利用、存佚及藏书家之地区分布等方面予以综述,时有新识。论图书之利用,认为宋代无公共图书馆设施,私家藏书较之官家,不那么封锁严密,不似官家藏书被视为“皇室之私有财产,除近侍及大臣尚可得一窥外,不能公之大众,故其影响尚未甚大”。而私藏“奇文秘籍,不乏内府所无者”,“且私家藏书多精雠慎勘,着意丹黄,秘册借钞,奇书互赏,甚者建书院,买田市书,以待来者”,于学术传播与发展甚有益处。两宋学术昌明,与私人藏书之盛不无关系。但因私家庋藏,毕竟不易于流通,因而亡佚较多,又因兵燹火水之灾,子孙不肖,书禁等缘由,图书损失较众。又论及藏书之地区分布,借以考察各地学术文化的差异及演化,运用了社会学方法,颇具新意。

宋代私人藏书目留传至今的只有三种:即尤袤《遂初堂书目》,晁公武《郡斋读书志》,陈振孙《直斋书录解题》。本书绪论部分曾专门条举宋人藏书目录,已佚的占多数。仔细检览一过,尚觉有较多遗漏。诸如孙氏群书目录二卷、沈少卿书目一卷、荆州田氏总目三卷、叶石林书目(无卷数)、万卷楼书目一卷、沈氏万卷堂书目二卷等私人藏书目录,散在各书所记,潘氏似有未及,实为憾事。

此外,本书概括起来,尚有两个特色:一是新而全。作者充分利用前人已有的研究成果,并广征博稽宋人别集笔记杂著、诗词歌咏、墓志碑铭及有关的书目,收录人数多,引征材料丰富,考论富有新意。二是考订审慎。于每位传主,皆附加说明其他专书著录情况,对传主生平、地名、卷数、年历等书中讹误略加考订,以存其真。

藏书家的最大贡献在于为后人保存了丰富的文化遗产,而今人正是通过这些典籍来认识和领会传统的智慧与经验,反映了书籍与社会的对应关系。仅仅对文献进行内在的分析考证尚远远不够,还应从书籍版本研究、藏书与藏书家研究、出版技术研究、书籍影响研究等方面来揭示文化源流、思潮变迁与学派纷争,即对古代的各类藏书进行计量分析,统计出反映当时大众文化的书目、具体内容及其变迁,也可从中考察学术文化的流变。潘先生等老一代学者以严谨的考证提高了对典籍文化认识的精确度,拓展了史料的应用范围,但留给今人的工作仍然很多。这是笔者读《宋代藏书家考》后引发的一点思考。

（原载《古籍整理研究学刊》1991 年第 2 期）

谈"年谱丛刊"的整理出版

　　年谱是研究各类历史人物的重要参考资料。年谱作为一种体裁,肇始于宋代。魏晋南北朝特别是隋唐,重谱牒之学,郑樵《通志》录谱系凡六种一百七十部。谱系与士族的兴衰紧密相关,到了宋代则为年谱所取代。宋人推崇陶潜、杜甫的诗和韩愈、柳宗元的文章,因而研究与欣赏者按年系月排比其诗文,逐渐成为一种体例。此一体例虽以人物为中心,具有传记的性质,却仍以时间为纲。年谱有些是谱主生前口述或自订,或死后由门人弟子追录,因而较为真实。谱主多是名人,故而年谱的记载可以订补史传的讹误和缺略。年谱盛于明清,现存的年谱约有五千种之多。这类书籍有助于知人论世,它的整理出版有着重要的学术意义。

　　1984年4月中华书局为了落实国务院古籍整理出版规划(1982—1990),着手筹划"年谱丛刊"的出版。这套丛刊拟选收历代重要年谱六十种左右,包括宋元明清重要的刊本和有价值的稿本,但不包括今人编著的年谱,只在选定的旧谱中,兼收后人对该谱的补订之作。当时确定了三条选题原则:1.谱主须是在历史上较有影响或有代表性,年谱又有一定的学术资料价值;2.谱主虽不是历史上很著名的人物,但年谱资料丰富,有较高的参考价值;3.有些重要年谱因字数少,难以独立成书的,可根据"依类相从"的原则,将几个人所撰年谱合为一编;凡同一谱主有两种或两种以上年谱,而又各具特点、立论不同的,亦可选收。

　　丛刊所收年谱的整理稿一般分两个部分:一部分是正谱,另一部分是附录。附录内容又分两类:一是有关谱主的传记资料,如史书中的本传、墓志、行状、神道碑铭等;一是后人对该谱的专题考证文章、序跋题记等。这样丛刊便不仅仅是年谱的整理重印,更兼有研究资料汇编的性质,提高了丛刊的学术价值,得到了学术界的普遍认同。每种年谱的前言融入了整理者的研究心得,也有一定的参考价值。由于整理者本身各自的学养与知识结构的差异,使得每部年谱整理的侧重点也各有不同。下面略举几例。

《陶渊明年谱》(许逸民校辑,1986 年 4 月出版)为丛刊的第一部,整理者从十二种现存年谱中(陶谱共十三种,一种已佚),选出九种加以点校整理,其原则是宋谱全录,清人四种及近人梁启超所撰谱也予采录。前言除对陶氏在文学史上的地位作了概括的介绍,并针对九种年谱中有关谱主生平的不同记载参核考校,所作结论反映了整理者深入的研究心得。附录收有朱自清、宋云彬、赖义辉三位学者的专论,很有参考价值。

《黄丕烈年谱》(冯惠民整理,1988 年 2 月出版)将江标所撰年谱二卷与王大隆的补谱合为一编,附录史传及书目题跋中有关谱主的仕履,整理说明中并对黄氏版本学成就及其藏书的情况着重做了介绍,以便使读者了解一些古书的重要版本的鉴定和流传情况。

《司马光年谱》(1990 年 5 月出版)是冯惠民整理的另一部重要年谱。此书的整理,比《黄谱》更前进了一步。如在前言中对年谱这一体裁的渊源与发展做了简要而又谨严的考证,附录中收录了方志与碑铭中的有关资料,并订正了年谱中的一些讹误。现存的三种司马光年谱中,顾栋高所辑年谱采择比较丰富、考证比较精审、使用也较方便,因而作为主谱,而将根据北大图书馆提供的胶片整理的最早的马峦所撰年谱放在后面,并订正了马谱中的一些讹误。这种做法得到学术界的赞许。另有中州古籍 1987 年版《司马温公年谱》点校本,主要依据顾谱为底本整理,因为没有其他本子特别是马谱参核勘校,错误较多,不似中华整理本精审可读。

《韩愈年谱》(徐敏霞整理,1991 年 5 月出版)则是刚刚出版的新著。该书共收有七种年谱,其中宋人五种(为现存宋人所撰韩愈年谱的全部),另外精选了清人两种有代表性的年谱。前言中不仅罗列有关韩愈的研究资料,而且对所收各谱的撰写特色、史料价值及采择利用方面做出令人信服的比较与说明,相信会对学术研究起到一定的引导启迪作用。附录收有刘禹锡所撰《祭文》及李翱、皇甫湜等写的行状、墓志等。此书与吴文治所编《韩愈资料汇编》(中华书局 1983 年版)相辅相成,是韩愈研究的必读书。

王夫之(《王夫之年谱》,汪茂和整理,1989 年 4 月出版)和李塨均是清初著名的思想家。王氏最早有同治四年(1865 年)仪征刘毓崧编的《王船山年谱》二卷,但缺漏较多。光绪十八年(1892 年)王氏八世从孙王之春撰成年谱前后编,为比较完备之作。点校者对底本中明显的文字讹舛径予改正。附录中还收有王氏家谱世系表和同治衡阳县志中的有关记载。

《李塨年谱》(陈祖武整理,1988 年 9 月出版)共五卷,前四卷为冯辰撰,后一卷由刘调赞续成,中经其弟子刘廷直及李塨后人反复修订,历时一百二十余年始印行。此谱的特点在于李塨的这二位弟子继承颜元、李塨所倡导的实习、实行、实用的学风,撰谱时以"功过并录,一字不为锾饰"为宗旨,秉笔直书,尤为难能可贵。整理者陈祖武先生深究清代学术史有年,因而在《点校说明》中对颜李学派的学术思想以及年谱的史料价值和局限做了较为详悉的考论。

除了上举六种以外,还有范仲淹、王安石、朱熹、王士禛、陆陇其、鄂尔泰、颜元、黄道周、阮元等人的年谱也已发稿或在排印之中。但距离当初六十种的设想还相差甚远。由于众所周知的学术著作出版亏损的问题,建议能在力所能及的情况下先将一些重要谱主的年谱继续出下去,以满足学术界的需要。至于整理方法,笔者觉得尚有可以改进之处:如可否考虑增加人名索引和引书索引,前者可使人了解谱主的亲属关系和交游网络,后者则对今人以所引书籍为线索做进一步研究提供帮助。此外年谱中的纪年应当改用黑体字,则更为醒目,易于查找。附录中如再增加一些重要的研究论著目录,则更会提高其使用价值,使得中华版古籍真正能在书籍使用的延时性上体现学术文化积累的效能,保持中华版书籍的独有特色,为传统学术文化的发展做出自己的贡献。

(原载《书品》1991 年第 4 期)

读《笔祸史谈丛》断想

　　黄裳先生的文章,大都结集出版,诸如《翠墨集》、《榆下说书》等,黄先生的文笔洗练明快,其论柳如是、李香君诸文更是脍炙人口,传响于学林。人民日报出版社又将其论清代禁书与文字狱篇什荟萃成一本七万字的小书。黄先生作为《文汇报》的老记者,以报人之笔,状写清代世风,珠玑闪烁,掷地有声,很值得寻味。

　　清代文字狱以其规模之大、持续之久及手段之毒辣、诛杀之凶残而超过前朝。又因其"殷鉴"未远,时时警策着国人。当年鲁迅先生曾反复撰文谈及清代文字狱,提议"将其中的关于驾御汉人,批评文化,利用文艺之处,分别排比,辑成一书",以使后人明白遗留至今的"奴性的由来"。著者即属遵鲁迅的教诲,平日读书所及,随时记下一些零感断想,纂辑成文。另一方面,著者在文中以清代语言文字发论,时而远溯秦汉,时而又直逼现实。著者身受"文革"迫害之苦,对于那个荒唐岁月里发生的一些违戾常情之事记忆犹新;已构成生活记忆中一缕挥斩不去的轻烟,时时提醒着他做一些深刻的反思。恰如巴金的《随想录》,昭示知识分子的社会良知,只有这样我们才能真正避免历史悲剧的再次发生。

　　著者在书中胪列了文字狱的揭案方式、处置类型、社会反响诸多方面。文字简洁,落笔精详。短短七万言却包容广泛,其精义随处可见。本文条陈数则,作为读后的点滴思考:

　　一、雍正皇帝处理文字狱称得上是别出心裁,他抛下皇帝老子的金面,直接与案犯对质,写下了长篇的上谕——《大义觉迷录》,不厌其烦地为自己的政策与言行作辩护,这没有一点儿文字狡辩功夫是办不到的。在处理方式上,宽恕了活着的曾静而严惩已死多年的吕留良及其全家。因为吕氏在江南士子中颇具文名,编课塾教材,作为地方考官,门生故吏遍江南。雍正深悟出思想上的叛逆要比具体的行动者更具有摇撼政治统治的危险性,因而注重思想上的整肃也就成为清代办理文字狱的一个基本原则。雍正的另一项发明是让案犯到各地(特别是东南地区)去宣讲自己的罪过,采取"游斗"式的方式,口吟雍正御批的"认罪八股",身做伏首认罪状,以使士大夫们真正心悦诚服。可见雍正的政治敏感与魄力都是少见的。对于钱名世的处理更见其高明,除了亲书"名教罪人"四字匾额张于钱氏之宅外,又令各级在任官员,凡由举人进士出身的,都仿照诗人刺恶之意,各作诗文,记钱氏的劣绩,以使天下读书人知所激劝,这就是流传下来的汇编385人作品的《名教罪人诗》。这是发动群众搞大批判的发轫,我们从"文革"中"四人帮"之流的所作所为可以见其流风遗绪。

二、乾隆皇帝反其父道而行之,不像雍正那么隐晦婉转,而直接采取了专政的手段。这或许由于经过雍正的整饬,国力强盛,出现了"太平盛世",没有知识分子造反之虞的缘故,可以从容的处置。即位不久,即从民间缴回《大义觉迷录》,宣布为禁书。将父皇老子的书宣布为禁书,这也是中国古代的一个特例。同时杀掉那个因雍正的"优待"而苟活于世的曾静,无所顾忌地大兴文字狱。近代人所辑的九辑《清代文字狱档》中,差不多有八辑都是有关乾隆一朝的。乾隆的高明处在于将那些游移于朝政之外的文人士子齐聚于整理古代文献的大旗下,开始了《四库全书》的修纂。在编修这部大书的过程中,通过征集图书的正当名义,来达到收缴禁毁大批违碍图书的目的。这样消除异端思想,净化学术内容,引导学术导向,便借修《四库全书》得以完成。终清一朝,只剩下醉心于八股和沉潜于考据这两项最为保险而又辉煌的事业了。据黄爱平《四库全书纂修研究》统计,长达十九年的禁书活动,全部禁毁书籍达3100多种,15万部以上,销毁书板8万块以上。这个数字几乎与《四库全书》这部中国历史上最大的丛书收书3503种相接近了。对于乾隆这位"十全"老人来说,那些惨遭杀戮与迫害的文字狱主及其无辜的亲人们,和那些同样无法反抗的传统文化遗产和典籍,是否勾起了他的残缺的暮年遐想呢?

三、文字狱中的揭案,除了统治者为了镇压异族反抗、压制知识分子及广大民众的不满情绪,由皇帝亲自发动,或得力于鹰犬卖力诛求,或挟私恨报仇者外,还有大量的案例是怀有不同的卑微的个人目的,自献芹曝,欲求显达而反罹其祸的。鲁迅先生曾有专文"隔膜"以记其事,并提到过"冯起炎注解易诗二经欲行投呈案"。另有乾隆十六年王肇基献诗案更为典型,其供词称:"如今是尧舜之世,我何敢有一字讪谤,实系我一腔忠心,要求皇上用我,故此将心里想着的事,写成一篇来呈现的。"结果仍被乾隆判以疯人,而立毙于杖下。看来随意表忠心,撒娇卖好,也容易碰到刀刃上,欲普天之下人人皆如随侍左右善解君主的心意的宦竖一样毕竟不是历史的真实,但出现大量的"几乎无事的悲剧",又合乎当时历史实际的。

四、明代的文字狱多发生于明初,特别是多针对于朱洪武个人的文字涉讳,诸如僧、生、光、则、贼、秃等字样,朱棣以后便很少发生。清代则更多的是具有反清复明意识与民族思想的专案文字狱,以及触犯封建专制主义权威的政治性案件。清初,很多知识分子终生不仕新朝,并出现了黄宗羲、颜元等反对专制政体的学说。因而文字狱的发生便不仅仅是触怒龙鳞有违皇旨了,而且还包含有压制江南知识分子集团的反抗情绪、两个阶级与民族之间的对抗、关乎政权稳固等社会内容。清初的几位统治者,充分吸取了历史上政权统治的经验,努力将个人的恩怨与整个国纲朝政联系起来。雍正能够面对面地与案犯辩论,同时增加"透明度",多次表白心迹,标明诚实二字,乾隆也曾谦逊地说诽谤个人还说得过去,谤及本朝则是大逆不道了。这些都是有意识地将皇帝个人利益抽象为群体利益,即以皇帝个人代替群体,于是乎违反国家利益的文字狱主理所当然地激起义愤众怒,确应天下人人齐讨共诛了。此外依惯例每次案犯的处理是先由臣下审理定下严罪,然后皇帝予以减刑或从轻发落,以示皇恩浩荡。这种种虚伪的"宽容"与"仁慈"的闹剧经由黄先生犀利的笔锋予以剖析,读起来有畅快淋漓之感。

五、清朝诸帝在对文字狱的处理上,采取怀柔与镇压并举、恩威并用的手段,对那些有影响而又顽固不化的名士大儒不遗余力鞭笞批判,甚至杀一儆百,以达到长治久安的目的。另方面,特设博学鸿词科,对那些俯首帖耳者提供优厚待遇,作为统战对象,使全国上下充斥着醇正老实的读书人。龚定庵有诗以反语言道:"家家饭熟书还熟,羡杀承平好秀才。"又一语点破天机:"国家治定功成日,文士关门养气时。"清代文字狱出现大量的"几乎无事的悲剧",关键在于上边有皇帝,下边是一大群奴才。朝廷鼓励告密,一时泄私愤成风。一些文人士子寡廉鲜耻,失却社会责任心,或主动献媚邀赏,或挟私恨告发欲加罪而后快,如吴之荣告发庄史案、赵申乔告发戴南山案即是。知识界以逃避现实、醉心考据来寻找精神上的归宿,人格的独立一直没有成为古代知识分子一个倾心的话题。

长达九辑的《清代文字狱档》和大批的内阁府库档案,为今人认识清代文字狱的全貌提供了较为完整的原始资料。黄爱平《四库全书纂修研究》部分地揭示出文字狱的史实。近来陆续有金性尧《清代笔祸录》(香港中华书局版),郭成康、林铁均《清代文字狱》(群众出版社),紫禁城出版社的《清代文字狱案》和谢苍霖、万芳珍《三千年文祸》(江西高校出版社)的出版,相信对于人们了解以至研究数百年前发生的一系列文字祸狱起一定的中介作用。历史经验之重要即在于它对于后来者避免历史循环的认识价值。恰如黄先生所云,能够提醒人们多少记起往事,并从中得到启示,引起思考,有助于挖掉痼疾的根源。

(原载《博览群书》1992 年第 11 期)

"学术笔记丛刊"陆续出版

最近,大陆中华书局又出版了《艮斋杂说续说·看鉴偶评》、《野客丛书》等数种"学术笔记丛刊"精品,使中华书局整理出版的学术笔记数量达到了十六种。

50年代,中国曾有数家出版社分散地出版了十余种学术笔记。1984年,中华书局有计划有系统地开始出版学术笔记。将"清代学术笔记丛刊"划入"学术笔记丛刊"系列,并拟目四十八种。自1982年至今,中华书局已出版了清周寿昌《思益堂日札》、于鬯《香草续校书》、宋翔凤《过庭录》、孙诒让《礼迻》等学术笔记著作。

清代学术以乾嘉考据之学为代表,学者们对古代典籍的校勘、训诂、订误、辨伪、辑佚精审缜密,超过前人。在批判地继承这份宝贵学术遗产的进程中,前人已做了大量的工作。本世纪初,特别是1958年以来,已整理出版了大量的清人著作。梁启超《清代学术概论》、《中国近三百年学术史》,钱穆《中国近三百年学术史》等总结性著作对清代学术发展脉络作了总体的阐述。一些史学大家、文献学家与古籍整理出版界同仁一道发掘了这笔代表一个时代学术倾向的宝贵学术遗产。但仍有相当部分的内容尚未能得到充分的利用。

古人治学,常常看书思考时随笔札记,或记其心得,或标注要点,断以己意,留待日后条分缕析形成较有系统的著述。此外,中国学术传统中有轻演绎、重类比和归纳的特点。故而对学术笔记这种表述形式接受起来自然随意。晋朝崔豹的《古今注》是学术笔记的雏形。唐李匡乂《资暇集》、封演《封氏闻见记》亦属此类。宋代学术笔记渐众,沈括《梦溪笔谈》、王应麟《困学纪闻》、洪迈《容斋随笔》、程大昌《演繁露》为其荦荦大者。明代学术笔记较少，其中胡应麟《少室山房笔丛》、杨慎《丹铅总录》较为有名。到了清代，考据之风渐盛，学术笔记的数量相当多。清人治学的一个特点，即是由小学而经学、史学，一切考据从文字功夫始，着重通过文字，音韵以疏通经义，指摘前人的错误疏漏。清人的学术笔记大体上分作三类：一是综合性的丛考杂辨；二是偏重于经史训诂等方面的考证、札记；三是一般性的琐谈杂说。

这类考辨研究中，有许多的精辟见解，对于了解古代典章制度、考辨有关的史实及深研文字训诂、经学要旨，认识古代学术文化的一些方面，有着重要的参考价值。

中华书局已出版和将出版的数种学术笔记，为推动对唐宋以来，特别是清代学术史的研究起了有益的作用，也为专业古籍类的学术著作的出版作出了贡献。

（原载《瞭望周刊》海外版 1993 年第 28 期）

昭示传统与现代的结合

——读中华版《中华文化的过去现在和未来》

　　学者们的研究成果最初往往通过单篇的或一系列的文章表现出来,集腋成裘,最后形成较为系统的思想,写成专著。学术专著是个别学者的学术撰述,一般要体现一个主题或相近的思想脉络。纪念性的学术论文集也要体现一个主题,并依此组织文章。它主要有两种形式,一是为纪念某一位学术大师或著名学者而征集的该人的文章以及师友辈的怀念、回忆和纪念文字;另一类是为纪念某一团体、学术机构而组织的专题论文集。《中华文化的过去现在和未来》即属于后一种。

　　是书由北京、台北、香港、新加坡四家中华书局分别向本地区的学者约稿,共同编辑出版,作为向中华书局创立八十周年的献礼。共收有大陆学者26 篇,海外学者20 篇文章。其中有对中国传统思想文化的宏观描述,也有对古代和近现代文化现象和不同层面的微观探讨,不乏宏见与新论。像季羡林先生提出,评价中国文化必须把眼光放远,把全人类的历史发展放在眼中,重视人类文化交流的历史,并从中国文化西传的角度认为当代东方文化体系即将成为占主导地位的时代文化。张岱年先生的《中国文化发展的道路——论文化传统的综合与创新》是其参与东西方文化讨论的总结之作,他归纳出中国传统文化有四长四弊。四长是:1. 摆脱神学独断的生活信念;2. 重视相反相成的思维方法;3. 肯定道德自觉的人格观念;4. 爱国爱族的牺牲精神。四弊是:1. 尚通忽别的致思心习;2. 不重实际探求的学术方向;3. 忽视个性自由的人际观念;4. 尊尊亲亲的传统陋习。指出中国文化前进的惟一出路是综合中西文化之长以创造新文化。蔡尚思先生将数十年来中国传统文化研究的所得作一综述,认为传统文化有九大支柱或九大特色,即儒家、法家、墨家、道家、佛教、范缜反佛的神灭论、李贽的反孔教、黄宗羲的反君权、袁枚反礼教反理学的情感哲学。在《中国传统思想文化对人类未来可有的贡献》一文中,钱穆先生认为"天人合一观"是整个中国传统思想文化之归宿处,这是一代儒学大师总结大半生所思所学得出的结论,也是其绝笔之作。启功先生《比喻与用典》一文短小精悍,时见珠玑,体现启先生学问渊博烂熟于胸,巧妙驾驭文字的功力。何沛雄先生认为传统的儒道相反而相成,形成中国文学思想的主要特色。并认为"新文学运动"之前,中国文学思想无疑是以儒家学说为主体,但同时糅杂了道、佛的哲理。他指出,中西文化交流是未来文学发展的生命力。其他几十位学者大师的文章也都见仁见智,各有千秋,此不一一赘述。

从收入本论文集中的文章内容来看,大部分学者仍着笔于传统文化的估价和中西文化交流的体认上,这是在更高的层次上重复着新儒学研究的相关课题,在对中华文化的过去现在和未来做历史性的描述和分析的过程中,可以体会到这些学者们对于文化传统与现代结合的信心和自足。可以说,这本论文集的出版既昭示了当代学者们关切的课题与研究成果,同时也是对有着八十年历史的这一近代著名的文化出版机构的较好纪念。

（原载《广州日报》1993 年 7 月 14 日）

一部思想家编纂的清史资料集

——魏源编《清经世文编》附记

魏源是与龚自珍齐名的近代开眼看世界的先进中国人,他的《海国图志》、《圣武记》成为传响学林的名篇。《清经世文编》一书体现了他一以贯之的经世致用的思想。

《清经世文编》原名《皇朝经世文编》,一百二十卷。本书辑录清代顺治至道光以前官方文书、官员奏疏、学者论著书札中足备经济、关乎实用的篇章,计分学术、治体、吏政、户政、礼政、兵政、刑政、工政八类;下分六十三个小目。收入六百五十四位作者的二千二百三十六篇文章。时在道光五年(1825),贺长龄在江苏布政使任内倡议编辑,并延请魏源入幕司职其事。魏源依照审取、广存、条理、编校、未刻五项编选原则,以一己之力,用近两年时间,于道光六年十一月编就,次年梓行。

《清经世文编》的编纂,主要是参照了先出的《明经世文编》和《切问斋文钞》。“明编”为晚明松江陈子龙、徐孚远、宋征璧主编,收载有关军事、形势、时政、边防、赋役、刑法、海运、水利等文章、奏疏三千一百四十五篇,依人按年代先后编次。这为稍后的顾炎武、黄宗羲等人讲求经世致用之学开了先河。嘉庆、道光间的经世致用思想是明末清初经世实学思潮的发展,学者们的治学对象转向当时的社会政治经济实务。故而有“清编”的问梓。“数十年来风行海内,凡讲求经济者,无不奉此书为矩矱,几于家有其书”(俞樾《皇朝经世文新增续编序》),可见其影响。

在编纂体例上,“清编”更主要的是依循陆耀的《切问斋文钞》。“陆钞”分学术、风俗、教家、服官、选举、财赋、荒政、保甲、兵制、刑法、时宪、河防十二门,选录"质言而有文"的经世文章。"清编"即据此书分类加以归并裁汰,分作八类;又摒除"明编"依人编次不便检览的缺点,按类采文,搜罗广泛,深得体要。

《清经世文编》一书充分体现了魏源的经世致用思想。魏源早年曾入岳麓书院学习,与师友汤金钊、袁名曜、李克钿、何庆元等相往来,深受湖湘学派学风浸染,提倡经世致用。后又从姚学塽学宋学,从胡承珙治汉学,从刘逢禄学《公羊》大义,转益多师,声应气求,与董桂敷、陈沆、姚莹、汤鹏、黄爵滋、张际亮、陶澍、龚自珍、林则徐等相友善,奉常州学派庄存与为宗主,与龚自珍等人共同推动清代今文经学的发展。以龚魏为代表的嘉、道年间的经世致用思潮,在更高的层次上恢复了明末清初的经世实学思潮,学者们的注意力不再单纯是提倡通经致用,而是转向社会实务,转向针砭时弊,倡言变法,研讨漕运、海运、盐法、河工、农事等"大政",探究边疆史地之学以备边防,"谈瀛海故实"以谋御外,变一味考辨古史为"写当前的活的历史",为鸦片战争之后开眼看世界、向西方追求真理和从政治上改制维新的戊戌变法运动准备了历史条件。当时"不泥古而切于时务"的著作竞相涌现,《清经世文编》即是乾嘉到道咸间从闭门考据走向学以致用的代表作之一。

《清经世文编》收录道光以前清代学者有关探讨传统学术命题的篇章,尤以清初学者为多。对清代的吏政、君臣职分、用人政策等问题亦加以探讨。特别是对清代社会经济所面临的全部问题都予以重视,其中较多地收录了税收、漕运、盐法、币政、备荒、水利河防等事关清代经世实务的内容。此外对清代军事、刑法、礼俗制度、要籍序跋札记等方面亦有所涉及。对研究清代学术文化史,特别是清代经济史有着重要的参考价值,对当代经济政策的研究也不无借鉴作用。"清编"开启了经世致用的时代新风,影响到清末民初学风的嬗变和政治改良运动,也是研究魏源思想渊源流变的重要材料,从中可以看出他对清初以来学术思想的继承关系。

"清编"问世以后,影响较大,依例踵作较多,有二十多种。除张鹏飞《皇朝经世文补编》、饶玉成《皇朝经世文续集》、盛康《皇朝经世文续编》体例精严,价值较高外,其他多芜杂不精之作。同时,《清经世文编》比较真实地反映了魏源在鸦片战争前的思想水平和时代局限。就学术思想史而言,它是魏源的一部成名之作,就对近代改良思想和社会变革的推动作用来说,它与《圣武记》和《海国图志》还有所区别。

中华书局根据有关学术界的要求,在已出《明经世文编》的基础上,据光绪十二年思补楼重校本予以影印出版,精装三册。重新编制了著者索引,并对一些明显讹误加以厘正。相信此书对研治清史和经济史的专家学者与广大读者有所裨益。

（原载《博览群书》1993 年第 10 期）

商业气息与文化意味

——访台随笔

今年3月下旬到4月上旬,笔者有缘随团赴台参加1994年大陆图书展活动,在短短12天时间里,举办书展活动,游览阿里山、日月潭、阳明山森林公园,与台湾同仁广泛交流,真切地感到时轮在飞转。在挤出的时间里,信步忠孝东路,漫游重庆南路书店街,浏览台北市容,穿梭大街小巷,体味风土人情。除了山水同心的亲情直入脑海,使我毫无地域时空的阻隔感之外,我仍希望去寻找那些异样的感觉。

在香港启德机场,一俟踏上华航的班机,空姐热情的服务与温馨的笑意,即刻消解了两岸隔绝四十余年的时空疏离感,又没有任何的语言障碍,使我们可以自在地去观察、体味周围的一切。进入台北市区,映入眼帘的是高低林立的商业招牌。受多震带地形影响,楼虽然没有香港的高,但仍可感受到浓郁的商业气息。各种世界名牌的专销店专营店随处可见,比萨饼屋、牛排馆等各种风味的餐馆酒家遍布各主要街道。计程车、公车方便乘用。同时台湾私车拥有量也居世界前列。2100万人口中,私车有400多万辆,平均每5个人拥有一台车,使得道路更加拥挤,挤占着人们的活动空间,塞车已成为台北的一大景观。4月3日的阿里山、日月潭之旅,原本180公里3个小时的里程,却足足行驶了16个小时,使我们饱尝塞车之苦。

在中华路西门街一带,这里分布着8家影院、多家CD及视听场所、大大小小的食府酒廊、各类游戏及娱乐设施,是台北青年人聚集的地方,人称"青年人的天堂"。几处围栏内的捷运工程工地,是台北政府斥巨资的近期重大工程,也是最惹市民议论的所在。这反映出经济高速发展之后,交通设施明显跟进不足的情况。台北给人的第一观感,便是商业气息浓厚,物品丰富,生活指数高,物价总体水平也很高,人们的行动在很大程度上要受到商业社会的制约。

另一方面,从深一层的了解和观察看,在繁荣的商业经济背后,却弥漫着浓浓的文化意味。重庆南路的书店街,在一条近600米长的大街上,分布着30多家书店。有着40多家分号的金石堂成为台湾最有影响的连锁书店。台北最大的书店当属位于复兴北路的三民书局,号称陈列十万种书。它的营业面积比北京王府井书店略小一些,但图书布局合理,备有滚动电梯,购书环境优雅,读者可以坐在其中慢慢地品读。遍布台北街巷的超级市场,一般都放有一些应时的大众生活用书和热门书,以及少量的报章杂志,极为便利读者。台湾的书店中学生和青年读者居多,他们徜徉于书林,埋首阅读的情景历历在目,令人难忘。人们说,台湾与香港一样,是一个充满商业气息的社会,我却在其中发现了书卷飘香的文化意味。

台湾旅游业较发达,每年去那里的游客很多,旅游文化资源的开发利用也是匠心独运。一些旅游观光设施很少见到“严禁××”、“违者罚款”等生硬字样,倒是有一些温馨、贴切的广告用语。在阳明山森林公园,一些招贴画标注着一年四季阳明山的自然与人文景观结合所带来的拟人化特点,如春季的“语香”,夏季的“吟舞”,秋季的“鸣红”,冬季的“唱暖”。再如它的多媒体放映室放映的介绍阳明山活火山群演化过程的片子,片尾数行字写着“除了足迹,什么都不要留下;除了摄影,什么都不要取”,颇为耐人寻味,起到了告示文字无法取代的作用。一些豪华旅游车中可以播放录像,一般都备有旅游风光、风景览胜、民俗风情等像带,供游客游览之余的文化消闲。在我们经常乘坐的一辆车上,车的座椅套上都印有“让阳光普照　你所有的日子,让花朵开满　你人生的旅程”,很有温馨诗意,让人回味良久,印象深刻。

阿里山、日月潭、九族文化村、阳明山公园等自然风光景色宜人,与大陆上的名胜古迹、风景区相比,可谓各有千秋。使我们感受到这些智水仁山滋养着炎黄子孙在不同的地域上创造着共同的人类财富与文明。

短短12天的观感,毕竟只是浮光掠影。真正的深层体认,还需要不断的交流与沟通。我相信,在经济发达与商业繁荣的背后,两岸人民共同秉承的文化传统与理念是心脉相连,息息相通的。这种共同的文化传统将构筑一条海峡两岸人民沟通与联结的金桥。

（原载《人民日报》1994 年 6 月 10 日）

读书与读书目录

对于大多数人来说,读书是一种较高层次的精神需求。除了基本的生存需要,读书是人们打发闲暇时间、摆脱俗气、提升精神品级的较佳手段,当然也是人们品茗清谈、海阔天空的补益佐料。日本学者池田大作先生对此更有妙悟:"优秀的书籍给予我们的东西,不是单纯的知识,也不是瞬间即逝的刺激,而是生存的自信,做人必备的才智和勇气——书籍并不是把外在的东西轻易地交给我们,而是促使我们内在的东西喷涌出来。"这句充满禅学会通思想的读书箴言,与法国思想家笛卡尔所说"阅读好书就如同过去的智者交谈一般"的读书名言,都是学者与智者们读书万卷后对读书所获得的经验总结,他们看似轻松写出的一句话,内中却含蕴着多少代学人的智慧与思索。

但这并不是说,开卷皆有益,读书也可能有害,如黄色读物及宣扬迷信精神萎靡的作品。有人书读的多了,不免一身的酸腐气,逐渐地游离于现实。宋代大哲学家朱熹就说过:"读书愈多愈惑,审事机愈无识,办经济愈无力。"明代学者袁枚语出尖刻:"读书人,最不济。烂时文,烂如泥。国家本为求才计,谁知道变作了欺人技。"讥讽科考与八股误己害国,全无用处。

鲁迅先生将读书分为嗜好的读书和职业的读书,并提倡一种消闲的随便翻翻的读书方法。所谓的读书难,即在于把别人的思想历程重新走过一遍,不知不觉会成为别人思想的俘虏。于是怎样读书,读什么书,一向是饱读诗书的学者们不惮其烦、循循善诱的重要话题。其实如何读是取决于读者的人生态度、生活经历与知识结构等等因素的,读什么样的书以及怎样理解与接受是言人人殊,仁智互见,无法强求一致的。但是人类又总有一些共同的精神财富和最高价值的智慧结晶与人生体味的。开列出这些公认最好的书单是一个避开怎样读的两难境地而直取读什么的终南捷径的好办法。

我国学术界读书治学历来有一传统,即重视目录学,将其视为读书治学的津梁。到了近代,面对浩如烟海、汗牛充栋的古籍,出现了守约存精之势,几位方家学者相继推出了一些入门书目,被初学者奉为圭臬。张之洞著《𫐓轩语》开列了先秦至隋古籍六十七种,已略具入门书目的雏形。《书目答问》一书更在当时学术界产生较大影响,近代以来学者几乎无不奉之为案头清供。胡适以"青年导师"自命,曾分别于1920年、1922年和1923年三次拟定"最低限度的国学书目",少则三十一种,多达一百九十余种。鲁迅先生针对当时学术大师的"开目"之风,静观默想,认为指导后学读书的先生很难找得到,参考书目实在是不好开,并认为请教别人大抵是没有用的,只有自动的读书,随意浏览,然后才会有所选择。但他十分推崇永瑢等人的《四库全书简明目录》,它能造成一种"你好像看过许多书"的感觉。虽然如此,我们仍在《鲁迅全集》中找到了一份他为改学中文的许世瑛开列的偏重文学的书单(十二种)。前些年的《书林》杂志、《中国青年》等杂志便经常请一些学界名流开列一些最基本的读书目录,特别是思想史专家蔡尚思先生所列的最能代表中国传统文化的四十种书籍,曾传响一时,成为各出版社争抢的选题书目,影响颇为深远。一部宋人洪迈的《容斋随笔》,也因冠以"毛泽东终生喜爱的书",而成为畅销书。其实只要有心的读者细心寻绎,便可从名人们最喜欢读的书目中找出自己的最佳选择,或者从毛泽东、鲁迅等人一生的读书书目中把准他们一生思想脉络,都不失为一种好的读书方法。美国著名节目主持人、专栏作家费迪曼教授所著《一生的读书计划》,为十八岁到八十岁的读书人精选并评介了一百多种西欧古今名著,将这些名著与国内一些名家所开列的中国古今名著合并起来阅读,相信会对广大读者有较大的裨益。

而读书目录无疑是使人们登其堂奥的阶梯。

（原载《光明日报》1994年9月23日）

往事可待成追忆

——记顾颉刚先生与中华书局的交往

华东师范大学出版社 1997 年推出一套颇有创意的《往事与沉思》传记丛书,第一辑收有谭其骧、顾颉刚、傅振伦、何兹全、吕思勉五位史学大师的传记,这套书于出版社可能盈利无几,却可传之久远,令人们在对学术往事的沉思中记起出版社的功德。近日翻读顾潮著《历劫终教志不灰——我的父亲顾颉刚》,书中记述了顾先生与中华书局交往中的人和事,读来饶有意味,令人感怀。

"风雨飘摇九十年",这是顾颉刚先生在"文革"浩劫结束后行进到生命尽头时在笔记本上用颤抖的手迹留下的一个自传的题目;"历劫终教志不灰",是顾先生 1944 年 8 月 6 日挽朱希祖先生诗中的一句。这两句可视作顾先生学术生涯的真实写照。从顾先生 50 年代至 80 年代初与中华书局的学术交往与际遇的一个侧面可以折射出学术传统的承传与隆替,映现出一代学术大师孜孜以求、自强不息的人格感召力。

1954 年 8 月 22 日,顾先生怀着"专心治学"的期望,从上海迁居北京,任职中科院历史研究所第一所一级研究员。这与同年自沪迁京的中华书局相差仅三个月。物换星移,开始了与北京中华书局长达近三十年的往来。

1954 年 11 月,按照毛泽东同志的意见,成立了标点《资治通鉴》及改绘杨守敬地图工作委员会。范文澜、吴晗为召集人,翦伯赞、侯外庐、向达、尹达、刘大年、黎澍、金灿然、王崇武、顾颉刚等为委员。标点《资治通鉴》,以王崇武为召集人,顾颉刚为总校对。参加标点的有聂崇岐、齐思和、张政烺、周一良、邓广铭、贺昌群、容肇祖、何兹全。1955 年底,标点完成,古籍出版社于 1956

年6月出版。此后转由中华书局出版，成为今日流行的定本。

50、60年代顾先生曾有几部著作先后在中华书局出版。1954年9月曾接受中华书局的邀约，标点《史记》三家注，并加校勘。请其弟子贺次君协助整理，贺氏到北图遍校《史记》三十多种版本。1958年底校点完毕，1959年9月《史记》由中华书局出版。同时顾氏又应中华之邀，编校《辨伪丛刊》（后改名《古籍考辨丛刊》）。1958年又将三十年前标点的姚际恒《诗经通论》交中华出版。自1959年始，顾先生应历史所、中华书局要求，开始整理《尚书》。顾先生的学术笔记《浪口村随笔》先交上海人民社，后因专业分工转中华，改名《史林杂识》于1962年出版。

当时，顾先生与中华有一种特殊的密切关系，即"顾氏学习由民进领导，业务由中华领导，工资归历史所发给"。1962年7月曾议定秋后到中华书局办公。同年，应顾先生多次要求，刘起釪先生由南京调至北京，安排在中华书局帮助顾氏工作，此后几年中，顾氏加紧进行《大诰译证》工作，此项工作由中华副总编辑萧项平领导，他派人每周来看一次工作进度，二稿交中华后，又提出修改意见，始作三稿。

"文革"中顾先生未能幸免于祸，学术研究被迫中断。埋首七年的《尚书》工作未能结束，五十年之笔记未整理，记了四十年的日记也被取去审查。偶与叶圣陶、王伯祥、俞平伯、章元善几位老友相互探望，回忆往事，"奇文共欣赏，疑义相与析"。

1958年前后毛泽东指示标点"前四史"，后经吴晗、齐燕铭、金灿然等商量，扩大为全部"二十四史"。1971年4月，北京召开出版会议，由于毛泽东对历史的偏爱，姚文元再次提出标点"二十四史"建议（"文革"前只有"前四史"得以标点出版），以"作为研究批判历史的一种资料"。周恩来即在姚信上批示："二十四史中除已有标点者外，再加'清史稿'，都请中华书局负责加以组织，请人标点。由顾颉刚先生总其成。"4月7日国务院办公室主任吴庆彤及国务院出版口、中华书局领导并学部军宣队领导来顾氏家中传达指示。仿佛阴霾初散，顾先生又可堂堂正正地研究与工作了。顾先生根据自己了解的情况开列了工作者名单，顾先生可能不知道，名单中的陈寅恪、蒙文通等先生已辞世，他更不会想到，这一份经过中华书局增补、调整后的点校者名单，使得数十位史学名家云集北京、上海，从事新中国以来最大的文化出版工程。在当时特殊的情况下,在客观上也保护了这些学术名家免遭"批斗"与专政的厄运。"二十四史"点校整理得以延续,至1978年始全部出齐,成为"文革"中除儒法斗争资料外惟一得以持续进行的出版项目。4月29日召开"二十四史"及《清史稿》标点印行会议,5月中旬,毛泽东批准了此次会议所拟定的工作计划。因顾先生年高体弱,以后整个"二十四史"及《清史稿》的点校组由白寿彝先生任组长,赵守俨、吴树平先生任副组长,由唐长孺、王仲荦、翁独健、郑天挺、陈述、王毓铨、邓广铭等各史专家分工合作去完成。新增的《清史稿》由罗尔纲、启功、王锺翰、孙毓棠分任点校。经京、沪两地前后80多位专家学者共同努力,"二十四史"于1973年底校点完毕,至1978年全部出版。

"文革"结束后,顾先生工作环境大为改善,他在生命的最后阶段,以86岁高龄,仍然矻矻于学术,还为自己拟定了一个三年、五年和八年的工作规划,包括《尚书》整理,论文和笔记的撰写和编集,重编《崔东壁遗书》,续编《古籍考辨丛刊》,《春秋史事勘》、《战国史事勘》两书的加工,编集《姚际恒遗书》,《先秦地名汇考》的加工,《四百年来名著集录》的编集各项,1979年2月28日,顾先生在日记上列出准备编出的10种书,其中第一种便是《顾颉刚古史论文集》,日前已由中华书局整理出版四册,还有四册将于年内陆续出版。列入国家"九五"重点规划中的《尚书校释译论》(顾先生与刘起釪先生编著)也将于年内出版。江苏教育出版社即出顾先生全集。这些都是对顾先生最好的纪念。

顾潮女士书中提到,顾先生还留下近二千万字的遗稿,其中包括贯穿六十年,600万字的《颉刚日程》,这是一笔丰厚的学术文化遗产。特别是作为一代文化名人,其日记与口述实录的整理出版,将成为下一时段重要的选题出版资源。中华已出有《中国近代人物日记丛书》6种,所出《翁同龢日记》、《郑孝胥日记》、《胡适日记》等传响学林,当然这类出版物与该套《往事与沉思》丛书一样,需要学术文化界的倾心投注与关切,更需要出版界排除短期功效的困扰,注重学术文化积累的长远目标的追求。人们将像追忆顾先生等一代史学大师一样,在心中镌刻起那些出版社的雕像。

(原载《中华读书报》1999年2月24日)

学术传统的群体雕像

——小记《我与中华书局》

　　人类在创造历史的那一刻起就开始了以不同方式记录历史的历程。有了历史,才让我们洞悉自己的来处,明白自己的去处。出版社作为现代工业的产物,一开始即以记载、传播人类智慧文明为己任,中华书局即是其中成绩卓著者。从1912年建立至今,中华书局已走过了九十年的风雨历程,能让中华书局在这九十年的风风雨雨中屹然挺立的是一部部凝聚着无数人智慧和心血的书,《中华大字典》、《辞海》、《四部备要》、《古今图书集成》、《文苑英华》、《太平御览》、“二十四史”等等。这些经年的墨香也许会随着时间的流失慢慢地淡去,但书中蕴涵的情怀却依然浓郁,它积淀着读书人不绝如缕的文化乡愁,也折射着已逝的生活演进中的文化发展进程。《我与中华书局》就是一本捡拾回忆里依然鲜活的珠贝连缀成的小书,它让许多爱书人打开心扉,畅谈与中华书局有关的人和事,让今天的我们也来熟悉那一段不太遥远的历史。

　　《我与中华书局》从百余件征文中遴选出62篇文章,体现了编选者独到的眼光。这些文章大体上分为四大类:一、专家学者与中华书局的密切交往;二、作者与中华书局版图书的文字因缘;三、一般读者与中华书局的书缘;四、怀念逝去的中华书局同仁。附录还收录了有关中华书局历史和出版成就的5篇文章。这些文字记载了学者们以作者与读者的不同身份角度与中华书局的“绵延人书情”(吕坚)、“难忘的奇缘”(王树民)和饱含的“深情厚谊”(吴小如)。一本本书刊出版的故事,串起了一个个美好的回忆;一部部书的形成史,折射出那些可敬的编辑们的精神世界与人格风范(以赵守俨等先生为代表)。那些书人往事,那种浓郁情怀,因了这些回忆的文字而得以流播传衍,让人铭心感怀。

本书涉及了一些大家耳熟能详的书的形成过程,其中尤值一提的是傅璇琮先生的《〈万历十五年〉在中华书局的出版》。《万历十五年》是著名历史学家黄仁宇先生的早期著作,在今天看来仍是一本角度新颖、视野开阔的好书。但它出版于1982年,彼时条件下编辑能有眼光与胆量肯定这样一本书,是让今天的我们仍由衷敬佩的,这需要编辑者深厚的学养与纯正的学术情怀。

九十年的发展历程使得中华书局在实现教育与文化传播这一主要出版功能的同时,还形成了自己的出版个性:即以弘扬传统学术文化为己任,注重学术文化积累的长远目标的追求,以"精校精注精排"来完成文化使命与出版责任,中华书局出版物更多的是靠学术文化界长久以来的阅读与有效利用以及口碑相传而得到其学术价值的认同的。诚如书中王永兴先生所言:"一个出版机构,对民族国家在学术文化方面的贡献,绝不亚于拥有较高学术水平之教师队伍的大学文史学系的贡献。中华书局乃最真实之例证也。"来新夏先生写道:"它向社会呈现了大量为人们所公认有学术价值的优秀著作和读物,对作者的学术生活给予了帮助与推动,使学者的学术成果得以公诸于世而无名山之憾,同时更培养了一批学者型的编辑家与出版家。"这是对中华书局在近现代学术文化出版史上最为中肯的评价。

《我与中华书局》的结集出版,将为今日学界提供一份珍贵的史料,让我们不仅了解一些书的形成历程,还让我们洞见现代学术的生产过程。通过一个出版社,一段出版历程,通过一本本书来了解体认时代学术文化的演进过程,通过阅读史、书目史和出版机构史的研究来探究那一时代社会文化的丰富内涵,以及图书和有价值的出版活动对于提升一个民族精神品级的重要意义,从中体味书比人寿长的人生哲理。《我与中华书局》从这个意义上提供了一个观照视角,并由这一本书带出了一长串饱含学术意味的回忆。我们仿佛看到一代代学人们孜孜以求,在继承弘扬学术传统、推进学术进步过程中的群体雕像,令每一位读者在它面前驻足仰目,心生无限感慨。

(原载《读书时报》2002年10月2日)

附录　访谈存真

靠饱学　　也靠营销

——访中华书局总编辑李岩

刘蓓蓓

从颇受学界好评的重印优秀学术著作，到引领通俗历史读物销售热的"正说"系列，在近几年的图书市场上，中华书局亮点频现。而2005年，发货码洋首次过亿；来自开卷统计数据显示，市场占有率从2003年的141名，一跃上升到现在的前50强等这一连串的数据……中华书局这家老牌社顶住了压力与挑战，正在焕发出新的活力与朝气。个中关键原因，中华书局总编辑李岩一语道破：调整与创新选题结构。具体即表现为挺拔主业，保持品牌，突出重点，在坚持中华书局的学术传统、专业优势的基础上向相关、相近的领域拓展，形成适应市场和现代读者需求的多层次出书格局。

挺拔主业　　全盘营销

在李岩看来，中华书局要明确一个出版理念，就是"守正出新"——坚守住古籍整理和学术著作主业的基础上进行创新。中华书局践行此理念的重要一步，便是2003年11月，提出了一个让学术界惊喜不已的举措：重印优秀古籍整理、学术著作。

据李岩介绍，2003年，中华书局在进行现有图书资源清理的过程中，震惊地发现许多学术价值很高的好书已经断档十年以上，不少读者想买却买不到。以李岩为总编辑的新领导班子一致认为，合理利用和深度开发已有的图书资源，与新选题的策划和实施有着同样重要的意义。2003年底，中华书局旗帜鲜明地提出了出版学术大家文集的计划,从整理出版《岑仲勉著作集》、《张政烺文史论集》《何兹全文集》等,到陆续推出"现代史学家文丛",今明两年还将出版杨伯峻、唐长孺、王仲荦、阴法鲁、严耕望、屈万里等学术大家的著作集,如此大规模的学术文集的出版既是对相关学科学术成果、学术发展轨迹的回顾,又为学界提供了学术创新和发展的基础和参照系。而高水准的学术著作的出版,既是学界、业界对于中华书局的希望和要求,也是中华书局战略发展的原动力,是构建中华书局品牌的中坚。

"古籍整理"是中华书局的另一主业和优势,这从其承担"'十一五'全国古籍整理重点图书规划项目"的数量上便可窥见一斑:总项目数196个,中华书局承担了39个。那么,中华书局在"古籍整理"主业上该如何发挥优势?李岩提出,要创新认识"古籍整理"的概念,介入现代营销理念,用市场化的方式整理出版古籍学术;不能仅仅满足于古籍的粗加工,而是可以根据市场需求,利用已有的古籍整理成果和资源,提供介绍、挖掘优秀传统文化的梯次产品、延伸产品,丰富延展产品线,使之形成系列、规模。《史记》白文普及本的出版就体现了中华书局丰富延展产品线的思路。中华书局出过《史记》影印本、点校本,主要是为专门从事历史、文学研究的学者提供服务的。而历史、文学爱好者或关注中国古代文化的人,也非常希望阅读《史记》。为此,中华书局采用简体横排的形式,去除普通读者不感兴趣的古注,以普通读者能够接受的价位,推出白文普及本。

三大板块　渐近市场

在中华书局目前出版的图书中,除主业古籍整理和学术著作外,另外三大板块分别为:以介绍中国古代文化为主要内容的大众通俗普及读物、汉语工具书系列、面向大众的经典普及读物。

这三大板块的确立,缘于中华书局2004年初以"挺拔主业"为精神成立的三个轻装上阵的工作室:大众读物工作室、汉语工具书工作室、学生读物工作室(现改为文化读物编辑室)。这几个工作室的特点在于,相对独立运行,在选题、制作、成本结算上,有优先权。"成立这几个工作室的目的,则是为了离市场近些再近些。"李岩如是说,"因为中华发现,自身所拥有的传统文化的雄厚资源,不仅可以用于支撑出版高精尖古籍整理和学术著作,还可以将这一优势转化为有效生产力,进行选题的有效扩展,支持中华进入传统文化普及读物这一更加广阔的市场。"

2005 年,引领通俗历史读物的"正说"书系,是中华书局进入拐点时期的重要标志。这套近 3000 万元发货码洋的畅销书系,不仅满足了普通读者对于历史真相的探索欲,也让中华发现了市场的空间——传统文化的普及和延伸开发。此后相继面世的《国史十六讲》、《李国文说唐》、《万历十五年》(增订纪念本)、《明亡清兴六十年》(上)等通俗历史普及读物都名列畅销书榜,广受大众青睐。同时,这些书还成为了中华版权输出的主要项目,在台港地区也刮起了一股中华版通俗历史读物阅读热。

除了在大众历史通俗读物出版上下工夫外,中华书局今年将选题创新的另一重点放在了产品线的拓展上,文化读物编辑室就承担了这项工作。除了推出"白文普及本"系列之外,他们还推出了"中华经典藏书"书系的 8 种,明年将达到 30 种左右。

经营品牌　影响大众

"守正出新"的中华书局已在有自身特色的出版道路上稳健前行,下一步的发展目标将走向何方? 李岩的答案是"以精品群树立出版社的形象,形成出版社的风格和品牌"。

李岩认为,成功品牌的实现最重要的在于品牌组合与更新。出版社要有意识地将原生产品开发为成熟产品,也包括大众通俗品牌,可以有精装平装及开本形式的变化,也可以进行音像电子出版物的综合开发。未来制胜的关键在于占据线上线下互动媒体结合的立体化业务模式的制高点。特别是专业图书,读者简单的判断就是看作者和出版社。中华书局欲与手机、网络等新媒体合作,先做好中华传统文化内容准确的提供商,进而做一个产品线拓展的为大众服务的增值商,再进一步是与新技术手段结合的集成服务商。在此基础上,进一步发展成集成性服务商。

同时,品牌经营还要充分开发利用好自己的无形资产。对此,李岩的理解是,无形资产应包括:出版社的声誉、与作者的合同,作者群,同行间的关系,职工的素质,得到并掌握的版权,商标,企业生产经营管理上的秘密,选题、作者、读者网络,财务、促销策略与手段,企业名称、产品及出版人在社会上的知名度,在业界采用标准化产品的应用率等等。这些潜在的资源优势一旦用于经营环节中,便会产生极大的附加值,有很强的增值能力。而中华书局要建立清晰的、差异化的品牌识别体系,关键便在于全局上下都要树立品牌意识,提高品牌认知度。

"这些是'中华'未来的发展目标,我们将用一如既往的专业与执着精神,努力实践。从服务学术,拓展到传播文化,直至影响大众生活。"这是李岩对中华书局未来发展许下的美好愿景。对此,我们也满怀期待。

（原载《中国新闻出版报》2006 年 10 月 25 日）

论传统文化出版心得

——与中华书局总编辑李岩一席谈

京　玮

2006 年 11 月,《于丹〈论语〉心得》一书的畅销,使中华书局又一次成为业内热点话题。有人说,中华书局的"于丹"跟了"易中天"的风,其实,如果我们把目光拉回到 2004 年,便会理出中华书局已经出版的诸如《正说清朝十二帝》以及以此为龙头的"正说"历史系列、《国史十六讲》、《万历十五年》(增订纪念本)等等以传统文化为基础的大众化运作模式精品图书。在传统文化出版领域,中华书局为何总能给人们带来惊喜? 为此,本刊记者走访了中华书局总编辑李岩。

　　《出版广角》记者(以下简称"记"):中华书局是家百年老社,她的发展优势主要体现在哪几方面?

　　李岩　(以下简称"李"):中华书局有着九十五年的历史,不仅创下了"中华"这块金字招牌,也积累下了丰富的资源,包括作者资源、人才资源、消费群体等。

　　在作者资源方面,我们通过古籍整理和学术著作高水平的出版,聚拢了一批中国一流水平的学者,而且由于中华书局品牌的强大号召力,我们在文史哲传统文化普及出版方面也吸引了一大批优秀的作者;在人才资源方面,中华书局自古有着优良编辑风格的传承,对中青年编辑队伍的培训和锻炼,已经打造出一支呈现合理阶梯形态的人才队伍。他们都有能力承担自己业务范围内的选题策划、编辑、配合营销等工作。我们还对大众读物编辑室的年轻编辑提出了更高的要求,要求编辑参与到一本书的整体营销过程中,全面提升业务能力,增强对选题、市场的敏感度。百家讲坛和许多作者愿意和中华书局合作出版图书,也正是看中了中华书局品牌的含金量和号召力。

同时,中华书局拥有一大批忠实的读者,这是因为我们出版的图书能保证学术研究的高水平要求,也满足了喜爱中华传统文化读者的需求;此外,随着近年来社会对传统文化给予越来越多的关注,人们对于高质量、有创意的传统文化普及读物的需求越来越大,中华书局的读者群也在不断地扩大。

而在发行经营这块,中华书局不断地增强市场意识。首先,2003年底中华书局设立了市场部,市场部的首次动作——"重印书工程"就给学界和业界留下了深刻的印象,揭开了中华书局积极投身市场运作的序幕。通过这三年的探索、磨合,市场部和发行部在营销方面的配合已经初见成效,在对书店的信息服务、营销服务上都有较大的进步。明年,我们会继续以市场运作为中心,加大营销的整合力度,推动中华书局图书的整体市场表现。

记:您如何概括目前中华书局的发展模式? 中华书局推出的"传统文化的大众化运作"模式,是出于怎样的考虑呢?

李:简单地说,就是选题新、思路新、创意新,并由此打造传统文化大众化的图书精品。在九十五年的发展历程中,我们出版了大批优秀的古籍整理著作和研究性学术著作,在传统文化出版资源方面积累了非常深厚的底子。可以说,对传统文化的传承弘扬是中华书局的立身之本,九十五年积淀的品牌和传统文化整理出版的优势成为了中华书局的核心竞争力。

以前,由于一些客观因素的限制和制约,我们只是把精力放在古籍整理和学术著作的出版上,从2003年开始,我们开始关注传统文化在现代社会、大众生活中的影响以及变化,逐步调整我们的出版思路,使之契合更广大读者的文化产品需求。我们认为,优秀的传统文化类的大众化图书可以在传统文化和现代生活之间搭起一座可以来往、相互理解的虹桥。

对于传统文化的需求其实一直存在于现代人们的生活当中。这是我们从2004年底就开始强烈感受到的。"正说"是呼应了人们对于被戏说历史的关注,而《于丹〈论语〉心得》则唤起了人们对于生活中活生生存在的经典智慧的热情,引导人们关注经典自身,让经典可以以一种轻松亲切的形态走入人们的心中。因此,我们提出了"传统文化的大众化运作"模式。

记:"品三国"、"说《论语》"等图书的畅销,是否表明了现在出现了传统文化热现象?

李:现在是不是有传统文化热,这个问题还不好说。不能从一两本关于传统文化的图书热销,或出版业传统文化类图书热销就得出现在有传统文化热的结论。只有在全社会各层面都表现出对传统文化的热切关注,才能提出"传统文化热"的概念。但是《于丹〈论语〉心得》一书反季节营销成功的实例表明,或者至少可以说明出现了中华民族优秀文化复兴的一个信号和迹象,对此我们正在细心观察。当然,作为传统文化出版重镇,我们很希望看到传统文化热的出现,也愿意负起历史赋予我们的使命和重任。

目前,我们的国家正在处于一个高速发展的时期,在社会、经济、文化生活的各个方面都面临着与国际接轨的问题,越是在这样的时候,人们就越有回头看,寻找自己根基,发现自信之源的需求。一个民族的文化精神是一个民族自信健康发展的支柱。这样的条件下,对于中华传统文化的关注必然成为人们精神文化生活的重要内容。我们觉得,现在社会上对传统文化的热情渐趋升温是非常正常的。除了创新性的解读,对传统经典本身的普及解读也是大众化运作关注的重点。

记:在这种环境下,出版社该如何把握市场?如何在此领域创新?中华书局将有何作为?

李:在各出版社都开始关注传统文化类图书时,出版社长年积累下来的品牌资源和优势是开发和扩大这一市场非常有利的条件。中华书局这几年有意识地加大开发力度,取得了不错的成绩。去年推出的《史记》、《三国志》白文普及本、"中华经典藏书"都在激烈的市场竞争中占有了优势地位。

现在的图书出版市场,在传统文化出版方面同质化的现象十分普遍,在这方面的选题创新是有难度的,要求编辑极大地发挥自己的创新意识。当然了,把握这块市场的基本原则是了解人们的需求,提供优秀产品。目前这方面的优秀出版物不是太多了,而是太少了。我们非常看好这块市场,还将继续生产更多的精品。

记：在中华文化"走出去"方面，中华书局是如何思考和打算的？

李：目前，中华书局积极响应、参与外宣办、总署发起的"走出去"工程，承担了一部分项目。除了取得政府支持外，中华书局十分注重图书版权的输出工作。中华书局的一些图书在世界汉语圈内产生了一定影响。如我们的"正说"历史系列图书、《国史十六讲》等都引起了日韩出版商的注意，版权已经输出或正在洽谈。另外，中国的物质文化遗产和非物质文化遗产都是传统文化的丰富成果，对遗产的保护原本就是世界性的。中华书局的《中华遗产》杂志，关注遗产行业的发展和动态，是中国最权威的遗产期刊。

我们认为汉语的世界化并不能被理解为单向的、向外辐射的过程，国外对于中国的理解也是汉语世界化研究、探索课题中的应有之义。目前，中华书局在世界汉学的出版方面投入了很大的人力财力，我们专门设置有汉学编辑室，与国际汉学界保持密切的学术联系。只有更好地让国内了解世界对于中国文化的认识，才能让汉语以更加合适的形态世界化。

记：就目前来看，古籍的数字化也为大家所关注，中华书局是否作了一些尝试？

李：数字化出版是每个出版人都必须面对的问题，随着科技的进步，图书出版的形态必然会出现新的趋势。而古籍的数字化将极大地方便研究者的查询、检索工作，就相当于在浩如烟海的古籍中提供一艘能准确定位的快艇，能节省人力以及提高文献利用的准确性。中华书局从 2002 年开始设立专门的古籍资源开发部，这个部门的工作任务是接受了国家的古籍资源数字化的运作项目：中华古籍语料库。现在项目第一期已经验收，第二期也已经进入汇报阶段。我们拥有自主开发的古籍数字化系统后，在中国文化古籍的数字化出版方面将有比较大的举动。可以想见，在不久的将来，图书出版行业的革命会在数字化的领域里展开，这时候早行一步，就为把握将来的机会准备了更充分的条件。

记：您如何总结近几年来中华书局的发展？你们有什么新的打算？

李：近几年来，中华书局克服了专业出版社不适应市场经济发展的低迷状态，走出了一条有特色的产业创新之路，我称之为"守正出新"。守正就是坚守中华主业不动摇,进一步加大核心竞争力;出新就是守住主业的同时,不断地创新、发展中华品牌。守正和出新是中华发展的一体两面,也是我们规划中华书局发展方向的出发点。中华书局在"十一五规划"中提出的图书出版的基本思路是挺拔主业,保持品牌,突出重点,在坚持中华书局的学术传统、专业优势的基础上向相关、相近的领域拓展,形成适应市场和现代读者需求的多层次出书格局,使我社成为以传播中华优秀传统文化为主体的内容提供商。

　　发展过程中总是充满着各种风险和挑战。对我们来说,最具有挑战性的就是适应不断变化的市场环境,创造精品满足人们不断提高的精神需求。我局的"十一五规划"明确了中华书局的发展方向和发展战略,机构、机制也按照规划的要求作了相应调整,可以说中华书局已经具备了承受市场风险、迎接市场挑战的能力,我们有信心把中华书局这座传统文化出版重镇建设得更好。

(原载《出版广角》2007 年第 1 期)

文化创新发展　信步走向未来

——访十七大代表李岩

张春莉

在党的十七大胜利闭幕之际,在中直代表团驻地,记者采访了李岩——一位来自百年老社中华书局的党代表。

"文化的力量可以坚固一个民族的根基,文化的自觉可以提高民族的自信,文化的内涵可以洗礼民族的灵魂,而最为重要的是文化可以为一个民族带来持久的创新能力和鲜活的生命力,文化创新与文化吸引力决定着大国崛起的长度与宽度。"谈到参会的所思所感,李岩感触颇深:"报告有许多创新性提法,对前景规划十分鼓舞人心。报告中关于推动文化大发展大繁荣,可以说是站在一个新的起点,达到了一个新的高度,体现了中国共产党在新的历史时期对发展机遇与发展前景的把握能力。"

这位曾荣获"2004年度全国新闻出版业有突出贡献中青年专家"、"中国出版集团先进个人"等荣誉称号的年轻党代表在他的"代表手记"中这样表述:"十七大报告着意突出文化创新主题,激发全民族的创新活力,建设社会主义核心价值体系等提法非常关键,使得我们对十七大报告中规划的我国未来发展远景的实现更有信心,这份远景蓝图更为清晰可见,更有立体感。""报告新颖地指出,弘扬中华文化,建设中华民族共有精神家园。同时要加强各民族文化遗产的挖掘与保护,做好文化典籍整理工作。提法这么具体深入,让我们深感重任在肩。"

中华书局是一家拥有九十五年历史的老牌出版社。百年老社今后如何生发新枝,更好地贯彻落实十七大有关文化创新精神,促进文化创新发展,让人民共享文化发展成果?

"自从出版总印数超过 430 万册的畅销书《于丹〈论语〉心得》后,中华书局走向市场的步子骤然加快。全国重点城市轮回签售、大规模媒体宣传、开展传统文化演讲、开拓网络营销渠道……已有近百年历史的中华书局从一个'步履蹒跚的老人'摇身一变,成了'生龙活虎的青年'。而以《于丹〈论语〉心得》为代表的一系列传统文化普及读物,不但在国内引人注目,也引起了国际出版商的关注。中华书局正在把自己'面向世界的中国传统文化内容提供商'的角色定位变为现实。"李岩说。

放眼未来,激情满怀。李岩表示:作为中国出版集团的一个重要成员,中华书局有责任继续出版和传播中外优秀文化遗产成果,将中国传统典籍中的优秀精品呈现给广大读者,如《资治通鉴》、《中华大藏经》、《甲骨文合集》、《大中华文库》等。此外,还与中国民间文艺家协会合作出版了《中国木版年画集成》22 卷,编有《中华遗产》杂志等,力争使中外文化遗产能够让广大民众接受、阅读并使用,从而增强民族自信心,增强中华文化的国际影响力,早日实现中华民族的伟大复兴。

(原载《人民政协报》2007 年 10 月 22 日)

新知培养转深沉

——李岩谈国学热

王洪波

国学热的兴起，是近年来文化界最为引人瞩目的现象之一，也制造了近年来图书市场上的最大亮点，阎崇年《正说清朝十二帝》、易中天《品三国》、于丹《于丹〈论语〉心得》等图书都创下了令人咋舌的销售纪录，也刺激了更多的出版人闯入这一出版领域。不过，2008 年，国学普及图书的销售相比前几年却呈下行趋势，既没有涌现出新的学术明星，也没有出现《于丹〈论语〉心得》那样的超级畅销书。出版界的国学热是否有降温之势呢？

"作为一个现象，国学热当然不可能永远维持那样高的热度，但国人对传统文化的兴趣也不会倏忽而来，飘然而去。应该说，国学热在 2008 年体现出日益泛化、深化、拓展的特征。朱熹有一句诗，'旧学商量加邃密，新知培养转深沉'，是讲治学之道的，不妨拿来形容当下国学热的走势。特别是后半句更加贴切。广大读者通过这些文史畅销读物，获取了'新知'，对传统文化有了兴趣，有了往更深层次探知的需求。"中华书局总经理李岩先生这样回答记者的提问。

实际上，在近几年的传统文化图书出版热中，中华书局当是最引人瞩目的引领风潮者。李岩介绍说，2004 年秋，一个开始收获的时节，以阎崇年《正说清朝十二帝》的热销为标志，历史普及读物的出版热潮初步形成。到 2006 年，以易中天《品三国》、于丹《于丹〈论语〉心得》的畅销为标志，国学热达到了一个高潮。在这个过程中，中华书局依托其在古籍整理、古典学术出版方面的深厚积累，推出了一大批深受读者欢迎的国学普及读物，确立了其作为

"中国传统文化出版重镇"的地位。

对于 2008 年国学普及读物市场的略显平淡,李岩表示"是正常的趋势,不能期望年年都有销售过 500 万册的《于丹〈论语〉心得》那样的畅销书"。另外,"2008 年大事很多,国人关注的焦点不断转移,阅读需求更加多元化了"。

李岩介绍说,2008 年,中华书局的《于丹〈论语〉感悟》突破 100 万册、"马未都说收藏"系列的销量都达到了数十万册,在传统文化读物畅销榜上,中华书局始终处于领先位置。同时,他们加大了传统文化"中盘书"的出版力度,代表性的如"中华经典藏书"为传统文化经典(《论语》、《孟子》、《左传》、《史记》等)的普及读本,"中华经典随笔"精选历代笔记中的精品(如《世说新语》、《东坡志林》等),"中华经典史评"向现代人介绍古代史评名著(如《帝王略论》、《廿四史札记》等),颇受读者喜爱,不少品种已销售数万册,获得了不错的效益。

"以前,中华书局主要服务于高端读者,有一种'高高在上'的心态,经过这几年的磨练,我们能够放低身段,转换视角来善待读者,从而赢得了一批中、低端读者,这是我们这几年最突出的收获。"李岩总结说。

李岩将 2008 年归结为中华书局的"盘整年":"一方面是选题结构的调整优化,扩大了'总盘',增加了产品线,强化了拓展市场的能力;另一方面是内部体制和机制的调整。"

可以想见,作为出版界的一家百年老店,中华书局并不缺乏文化传统和品牌、人才,而应对市场竞争的活力则有可能存在不足。"在内部体制、机制的改革方面,相比兄弟出版单位,我们已经比较滞后,当下的情势要求我们,必须按照科学发展观的要求,解放思想,调整组织架构,以进一步适应发展的需要。"

他介绍说,中华书局 2008 年下半年进行的组织架构调整目前已基本完成,形成了三个分社(大众图书分社、基础图书分社、《中华活页文选》杂志社)、一个中心(古籍学术出版中心)、若干直管编辑部的格局。"总的考虑就是,将原有的资源进行整合,形成品牌集聚效应,进一步增强中华书局的市场竞争力。"李岩这样总结中华书局这次改革的总体思路。

外表平和、行事稳健、处变不惊但内里从不拒绝新鲜事物是李岩予人的印象。谈及当下金融危机的影响和图书零售市场不振的大背景时,这位在不长的几年内引领中华书局从窘迫中走出来的出版人说:"金融危机可能对某些图书板块的销售造成影响,但高品质的人文社科类图书会获得稳定的市场份额。在这个时候,能够给人们的心灵以抚慰,有助于读者陶冶性情,提高人文素养的传统文化读物,可能正好满足了相当一部分读者的心理需求和阅读期待。所以,我对 2009 年充满信心。"

（原载《中华读书报》2009 年 1 月 7 日）

直面困难 积极调整 寻求胜机

——访全国古籍出版社联合会会长、中华书局总经理李岩

孟 凡

2009年,中华书局将以积极态度应对挑战,继续发挥品牌优势,两条腿走路,即学术书与普及读物并重,常销书与畅销书并重,不仅将推出《康熙起居注》、《史语所集刊类编》、《中国古籍总目》等重磅图书,还将继续推出《马未都说收藏》(专业珍藏版)、《阎崇年说清史》(彩图珍藏版)(全3册)等"百家讲坛"图书,为广大读者提供优秀的传统文化精品图书。

突出产品线 多品牌集聚

在新书出版定位方面,今年中华书局将主要突出产品线,采取多品牌集聚的模式,在原有出版优势和产品线的基础上,围绕出版社的核心竞争力和主业,进行试探性的适度拓展。

李岩介绍,在古籍整理、学术著作方面,中华书局仍然会下大力气,保持出版规模和出版水平。今年,中华书局将有重量级产品推出,如学术界期待很久的《史语所集刊类编》将在4月全国书市上推出。由中华书局和上海古籍出版社承担出版的《中国古籍总目》也会在年内推出,该书由若干有代表性的图书馆推荐专家组成编纂委员会,成书后,可以使人们掌握各书现存版本及各种版本的主要收藏单位。此外,《于省吾著作集》(共9册)、《印顺法师佛学著作全集》、《顾颉刚全集》也已经进入制作阶段。

2008年下半年,中华书局对传统经典类普及读物进行了一定扩展,打造

了一系列品牌，形成了稳定的产品线。如"中华经典藏书"、"中华经典随笔"、"中华经典史评"，此外还出版了文白对照的经典史书、经书。出版社这一部分的图书已经形成了一定市场规模，销售情况良好。今年，他们将会继续扩大产品规模。

在大众出版方面，中华书局将会尝试拓展新领域，增加大众生活健康类图书选题。2008年，赵之心的《健康减肥五步走》和张国玺教授的《家常滋补一本通》，获得了市场认可。对于生活健康类图书的出版，中华书局采取谨慎态度，重点放在了名家和经得住市场检验的图书选题上，力图打造成小规模的系列产品。李岩说："从这两本书的市场反应来看，我们的大众出版的确取得了一定效果，因此今年还将会有产品推出，但数量不会太多。"

在传统国学普及读物方面，中华书局将在原有出版资源基础上进行整合及重新包装，采用新的出版形式推出名家谈国学等经典著作。如《中国古代史学名著选》(共6册)是中华书局上世纪60年代出版的老品牌图书，在学术界具有极大影响，属于深度普及国学的图书，今年出版社将对这套书重新进行校订出版。

系列开发重点图书

面对当前的经济形势，中华书局在选题上作出细微调整。一方面，继续保持传统古籍整理和学术著作的出版优势；另一方面，适度压缩市场销售不看好的产品，集中人力、物力，下力气出版系列图书，进行系列开发。

《阎崇年说清史》(彩图珍藏版)(全3册)已经出版，该书是同一作者的3种"百家讲坛"作品，即《正说清朝十二帝》、《明亡清兴六十年》、《康熙大帝》的彩图珍藏版。另外，《马未都说收藏》系列已经出版了5本，《马未都说收藏》(专业珍藏版)也会在今年下半年推出。

除了传统的出版优势，今年，中华书局增加了人物传记类图书的出版。为配合建国六十周年，出版社策划制作了"新中国伟人系列"——包括毛泽东、周恩来、邓小平等领导人的画传系列图书，该系列图书中所刊登的摄影作品大多数是难得一见的珍贵老照片。其中《情归周恩来》已经出版。国庆前，该系列的3本图书都将面市。

此外,中华书局已经出版的重点图书还有"一本书读懂中国史世界史"系列、"文物中国史"(共8册)、"问吧"(共9册)等。其中"文物中国史"(共8册)由中国国家博物馆资深历史和文物专家精心写作,同时选配2000余幅精美历史文物图片,从历史年代到出土地点,从形制到功能,对每件文物都有十分详尽准确的权威解说,荣获了首届中国出版政府奖提名奖。

2009年下半年,中华书局也有重点系列图书出版,如《康熙起居注》、《中国木版年画集成》等。《中国木版年画集成》由冯骥才先生主编,该书总共20余卷,印刷十分精美。其中,第1卷《中国木版年画集成·杨家埠卷》曾荣获"2005年度中国最美的书"称号。今年将推出6至7卷。《康熙起居注》是中华书局与台湾联经出版公司合作出版的,该书分为两部分,一部分在中国第一历史档案馆中收藏,而另一部分在台北"故宫博物院"收藏。此次,两地合作,将出版这部书的完整版。

转变观念　贴近市场

在市场经济条件下,中华书局从分类经营管理和分类营销入手,采取积极的应变措施。

为了更好地融入市场经济,使人员尽快树立起市场观念,2008年底,中华书局在组织架构上进行了战略调整,设置了一个中心、三个分社,进行分类经营管理。一个中心是指中华书局传统的古籍整理和学术著作出版,包括文、史、哲、语言文字、汉学等编辑室。中心统管这些编辑室选题的规划、论证、立项等。三个分社分别是大众图书分社、基础图书分社和《中华活页文选》杂志社。中华书局对他们采取"责任授予,分权经营"方式。此外,中华书局对于没有达到独立运营能力和出版规模较小的编辑室则设为直属编辑室。这样就在权力下放的同时,促使大家各自寻找适合的细分市场。

在营销上,中华书局采取分类营销方式,营销工作由发行部和直销部共同承担。发行部主要针对各省新华书店负责批发。中华书局专门成立了直销部,同时将读者服务部纳入直销部,一起负责专业读者、图书馆以及零售业务,其目的是扩大馆购和专业读者市场。针对一些读者反映在书店很难买到中华书局的专业类图书的情况,直销部的成立,就要负责将图书信息通过多种途径送到目标读者手中。李岩强调,即使是出版古籍整理学术著作的出版社,也要按照市场规律办事。无论什么样的图书,都要面对市场,找到目标读者,就算是印量极少的专业图书,只要找准读者群,同样会有经济效益。

彼此合作　资源互补

当前,古籍类出版社面临多种困难。造成这种局面的因素是多方面的。首先,从上游来讲,作者群体在减少。学术界的考评体系导致了真正能够做古籍整理的学者越来越少。现在,很多院校并不把古籍整理算作学术成果,使作者流失很大。作者减少后,导致出版社选题压缩,出版物品种相应减少。其次,古籍出版社中真正能够从事古籍整理的编辑队伍在逐渐萎缩。

党的十七大提出,要弘扬中华文化,建设中华民族共有精神家园,加强对各民族文化的挖掘和保护,做好文化典籍整理工作。确保大型文化工程的落实,需要在大环境上提高对古籍整理工作的重视。国家会加大对重点工程的投入,但这样的投入不可能落到每家古籍社,这就需要各出版社集中优势力量,彼此合作,形成资源互补。

各个古籍出版社之间是一种竞争与合作关系,既面临同样的市场,存在竞争,也面临同样的压力,需要彼此联合。单一的竞争,只能让古籍社之间形成两败俱伤的局面,只有在联合中,才能将事情做好。

面对市场竞争的逐渐加剧,有些出版社增加了选题类型,从事教材、教辅、畅销书等的出版。对于某一产品的出版,一家出版社可能没有优势,但几家社联合后就会将优势体现出来。特别是在作者资源减少,编辑队伍逐渐萎缩,出版社资金压力加大的情况下,更需要古籍出版社之间的合作。

近几年,中华书局与兄弟古籍出版社之间有很多联合。如与上海古籍社有两套大工程的合作,分别是《中国古籍总目》和通俗普及读物《文史中国》的出版。《文史中国》的首批40种图书将在4月出版。此外,中华书局与国家图书馆出版社合作出版了《续修四库全书总目提要》,与天津古籍社合作推出了《元典章校注》等。下一步,中华书局还将继续与其他出版社进行合作。

拓展古籍图书出版市场

从整体上看，各古籍社都有自己的生存之道，但还需要进一步拓展市场，只有古籍社整体实力强大了，才能将古籍整理出版事业发扬光大。

首先，在古籍整理方面，建国以来，新印古籍数量在 12000 到 13000 种。若干年后，主要古籍著作基本上就会整理完毕。目前众多的古籍出版物中，既有高水平著作，也有不符合当前学术要求的图书。这就要求古籍社集中优势兵力，将其重新整理，使它们符合时代要求，达到学术要求。

其次，在市场的开发上，要采取多种形式。不仅做好高端市场，也要打开中低端市场。例如，可以出版古籍的图文本和普及本，让一般读者也可以接受古籍，争取中青年读者的关注。

另外，数字化出版逐渐影响着人们的阅读习惯，网络出版和手机出版方兴未艾，出版社进入数字出版领域已是大势所趋。传统的古籍出版社占据了大量的内容资源，如何利用好内容资源，吸引数字开发商对这些资源进行有效开发，是需要所有古籍社共同思考的问题。

最后，海外人士对中国文化逐渐产生浓厚兴趣，有大量了解中国传统文化的需要，这给从事文史古籍出版的单位带来了契机。古籍社不仅要面对国内市场做好出版工作，还要着力拓展海外市场，出版大量外向型图书。这就要求在选题、形式、内容等方面要有所变化，装帧设计也要适应国际趋势。

（原载《新华书目报》2009 年 3 月 28 日）

古籍社:在数字化进程中寻求新发展

——访中华书局总经理、古联会会长李岩

白玉静

加强古籍社的合作与自律

谈到古联会近来的发展,会长李岩介绍,一是古籍社之间加强了联合合作。比如,中华书局与上海古籍出版社合作的"中国古籍总目"就是比较大型的一个项目,多卷本,总共收录了中国古籍18万种,现在已经出版了史部和丛书部,今年年底计划要全部出齐,这是对中国古籍的一个全面的梳理。同时,中华书局还与上海古籍出版社合作推出了中宣部交办的一个项目"文史中国"系列。此外,中华书局与国家图书馆出版社合作的"续修四库全书总目提要"也将陆续出版,与天津古籍出版社合作的"元典章校注"也正在进行中。其他古籍社之间也有合作,资源优势互补,可以说古籍社在联合策划、共同出版方面作了很多尝试,也取得了不错的效果。

第二,古联会也在内部制定了行业的标准,加强行业的自律,提高进入门槛。按照全国古籍整理出版规划领导小组办公室的要求,古联会正在编制古籍的编校规范手册和人员培训计划。人员培训工作在古籍办的指导下已经开展了7期,培训了大概将近300人的青年编辑队伍。2008年,中国版协古籍出版工作委员会也成立了,所以现在我们既是全国古籍出版社联合会,也是中国版协古籍出版工作委员会,因此更要在新闻出版总署和版协的领导下加强行业的自律。

数字化进程中坚守内容话语权

面对传统出版向数字出版的转型，古联会也提出了自己的应对措施，那就是在古籍数字化进程中，坚持做内容提供商。李岩介绍，古籍社在内容上有很大的优势，坚守内容提供商的地位，坚持古籍社在内容上的话语权，保证古籍社在古籍内容上的编校质量，才能便于古籍被社会广泛应用。

目前，提高古籍的数字化程度已经是各古籍社之间的一个共识，各个古籍社也在尝试，努力确保内容的高质量。但同时，古籍数字化也面临着一个版权问题。李岩说，重要的古籍编校成果、古籍整理成果被使用应该得到应有的尊重。有些人会误解，以为古籍就可以随便使用，不需要版权保护，但经过标点和校注的古籍是有版权的。古籍整理还有很强的学术、技术含量，这一工作也需要得到社会的尊重。一些信息技术提供商，电子阅读器的开发商如果要使用相关内容，应该先获得古籍社的授权，这是在社会建立一个尊重知识产权的规范行为。所以需要古籍社联合起来共同应对。

李岩介绍，中华书局也正在积极准备古籍的数字化。目前已经建成一个古籍语料库项目，把中华书局出版的以及其他的一些重要典籍收录到这个数据库里，现在已经达到2亿多字。另外，还有一个知识分析系统，比如《史记》知识分析系统，《资治通鉴》知识分析系统，目前这个深度的数据库还正在建设中。而其他地方出版社也有地方的相关文献，这些都是古籍社的特色资源，比如对晋商、徽商的研究，做得最好的肯定是三晋出版社和黄山书社，如何把各个地方丰厚的历史文化资源做到统一规划、整理与出版，是古联会下一步的目标。

作为一个整体向世界推介中国文化

随着中国经济的发展，中国传统文化也越来越受到世界的关注，而古籍社在中国传统文化出版方面具有先天的优势。以中华书局为例，该社拥有一支能力较强的编辑队伍，而古籍出版也在该社的整体出版工作中占有主体地位，每年中华书局有三分之一的出版物是古籍类图书。可以说，古籍出版是中华书局的核心优势,也是该社的一面旗帜,并且该社也力争成为传统文化出版的一个重镇。对此,李岩谈到,一个出版社就如一个人的成长,一定要有自己的定位和个性,有自己的定位才能有优势。中华书局的品牌形成,它在海内外成为知名的出版社,就在于它的出版优势,以及一批标志性的产品,如《二十四史》《中华大藏经》《甲骨文合集》等等。

可以说,古籍社集中了一大批介绍中国传统文化的优秀出版物,怎样让世界了解中国文化,如何向世界推介中国文化,这也成为古联会当仁不让的任务之一。对此,李岩也表示,要一如既往地继续推动中华传统文化走出去。而其途径一个是通过版权贸易,一个是实物出口,这两部分的核心点都是传统文化的内容。近年来,古联会以整体形象努力推介中国传统文化,在美国、日本、俄罗斯分别举办了中华优秀传统文化"走出去"的海外巡展,在海外产生了一定的影响。据了解,像这样的海外巡展每一两年举办一次,明年年初会在埃及开罗国际书展期间举办。

李岩介绍,古联会成立 10 年来,不断地发展壮大,独立承办了一些国际、国内的书展。除此之外,古联会还加大营销力度,每年 3、4 月份定期参加在美国举办的东亚图书馆年会,每年举办文史古籍订货会,同时也尽量统一参加年初的北京图书订货会和 9 月份的北京国际图书博览会。受古籍办的委托,古联会成功办起了"中华古籍网",同时古联会也在筹办一个全国古籍学术的专业网店。

人才与市场,古籍出版的两大挑战

谈到古籍出版面临的困境,最大的莫过于人才。李岩对此也感到任务艰巨,他说虽然古联会加强了人才培训,但是人才方面依然很紧缺,目前主要的问题就是人才短缺和后继人才的培养。做古籍学术是需要慢功夫的,需要积累,特别是编辑经验的积累。前几年就有这样的现象,假如各个出版社之间存在人员重新组合的话,古籍社的编辑肯定是最抢手的。各个地方出版社要想争抢重要的、学术价值高的一些出版项目,必须要有一些专业的人才,所以古籍社的编辑经常被别的社挖走。这两年国家也在加大对古籍学术类重大文化积累项目出版的支持力度,在这些项目的带动下,出版资金有了保障,古籍工作人员的待遇得到了改善,因此也吸引并留住了一些人才。同时,大的古籍整理项目的运行,需要很多的人才,就需要招聘新人充实古籍整理的队伍,这本身也是加快古籍整理人才培养的一个过程。

目前,出版单位纷纷转企改制,对于古籍社来说既是机遇也是挑战。对于中华书局这样一个将近百年的老社来讲,它的成功经验更值得其他古籍出版社学习与借鉴。在中华书局已经工作了二十三年的李岩说,一个出版社的出版工作要围绕其核心产品、核心竞争力来展开。真正的学术精品是既有学术价值和社会价值,而且也有市场价值的。比如中华书局刚刚出版的《琴曲集成》,这部书从1960年1月开始计划到现在刚刚完成,用了五十年的时间。《琴曲集成》出版一个多月就销售一空,足以说明它是双效俱佳的。即使是做传统古籍学术类出版物也要考虑市场,这个市场有两方面,一方面是有国家的支持,真正的重大项目有国家出版基金等古籍补贴;另一方面是通过市场的运作把书做成精品,即使是印几百套或者几十套的书,也要把它送达到需求者手中。

改制后的中华书局不仅强化了自己的优势出版资源,而且也适应市场需求拓展了出版领域。"理性务实,透明高效"的企业文化理念,也让中华书局的员工有了更强的归属感、公平感。对于即将迎来百年诞辰的中华书局,作为掌门人的李岩说,荣誉感和责任感让他每走一步都如履薄冰,做出版不仅要有激情,更要使出版物真正传之久远。李岩说,希望中华书局的出版物能在100年后还有人愿意去看,去读,"要使书比人长寿",这是他身为出版人的一个梦想,也是中华书局努力的一个方向。

（原载《图书馆报》2010年9月10日）

对话李岩

——中国硬派出版人的梦想

唐荣尧

"局训"问世，突破困境

　　记者：中华书局给国人的印象是历史久远、积淀厚重，其出版的书籍在近百年来中国发展史上影响了一代代人，到今日，在文化学者的评判视野中还有"考学上北大清华，出书找中华书局"的说法。据我了解，中华书局已创建近百年，能够在中国延续百年的出版社屈指可数，能谈谈中华书局的发展历史及它的传承吗？你们的出版主旨有过中断或破坏吗？

　　李岩：在出版业内确实有"考学之人以北大清华为梦想，出版人以在中华书局出书为荣耀"的说法，这不是一两天内冒出的口号或广告词，是中华书局经过近百年、几代人艰苦努力打造出的品牌。中华书局创办于1912年1月1日，是中国近代史上仅晚于商务印书馆的第二家出版社。中华书局成立之初就奉行"开启民智"的宗旨，目前以"弘扬传统，服务学术，传承文明，优化生活"为主旨。这个主旨在"抗战"与"文革"时期受到影响。但和别的出版社不同的是，我们在中国现代出版史上留下了"文革"时期还出版《二十四史》的奇迹，这个奇迹归功于周恩来总理，在他的主持下才得以出版。

　　记者：中国出版业在上个世纪90年代遭遇了市场经济的冲击，给出版社带来机遇的同时，也带来了挑战，那场大浪淘沙式的机遇，对中华书局意味着什么？

李岩：确实如你所言，上个世纪 90 年代，中国的出版业面临着前所未有的困境，我们中华书局也不例外。甚至在市场化、文化体制改革进程中出现了偏差，造成书局的举步维艰。2003 年，在北京大学教授袁行霈先生"守正出新"的点拨下，中华书局完成了一次重大的革新。现在，"守正出新"作为中华书局的"局训"，被更多书局的年轻人所记住。2007 年，中华书局荣获"首届中国政府出版奖"，其图书市场占有率也逐年增加。"守正出新"是我们快速发展的一个"法宝"，也是经营上最好的突破口，我们还邀请了很多著名的文人学者为我们题写这句"局训"，包括季羡林老先生临终前的最后一幅墨宝，也是这幅"局训"。

做稳"大家"，走近"大众"

记者：我注意到中华书局发展史上一个重要的年份：2003 年。也就是您刚才说的"局训"问世之年，这一年，中华书局在全国图书市场的占有率是第 141 名，但业界也注意到了，你们到 2007 年 1 月份就跃升至第 3 名，这和今天许多人很熟悉的《于丹〈论语〉心得》、《正说清朝十二帝》等引领国学热的书籍问世有关吗？

李岩：近几年，人们在"百家讲坛"中重新开始认识传统文化。在"国学潮"的契机下，中华书局作为整理出版中国古代和近代文学、历史、哲学、语言文字及相关的学术著作、通俗读物的专业出版社，出版了《于丹〈论语〉心得》等一批"叫好又叫座"的图书，使民众对传统文化的认识达到一个新的层面。这也是中华书局的责任所在。

记者：在读者眼中，中华书局一直站在引领时代品位阅读的高端。提到中华书局，许多人会很自然地想到《资治通鉴》、《册府元龟》等古代名著，但更多的人会记起《于丹〈论语〉心得》、《正说清朝十二帝》等。这是不是说，随着中华书局出版大量的图书，中华书局悄然间实现了从"大家"走向"大众"的转身？

李岩：蕴含着中华传统文化内涵的书籍，在当下对于大多数人来说，太古奥和专业，人们无法更深层次地阅读。2003 年底，中华书局推出了"重印书"工程，出版了一批断档一二十年的学界急需的古籍整理和学术著作，同时推出《近出殷周金文集录》、《陶渊明集笺注》、《全明词》等14种国家和中华书局重点图书规划项目图书和古籍整理重点图书规划项目图书,重新树立了学术界对中华书局的信心。同时,我们也注意到在快节奏的现代生活中,读者需要的是能够为他提供准确历史知识的读物,而这些读物又不是枯燥的、一本正经的解说。以平视的眼光、图文并茂的表现手法等将历史重现,对读者来说会更容易接受。

成就有个性、有良心的硬派出版社

记者:70后、80后的读者知道中华书局更多是通过你们出的"国学"书籍,但这些书籍又少了些传统的书斋气,许多书一出就成了畅销书。您认为这种将历史传播和市场营销结合成功的核心是什么?这也是其他出版界的同仁们想了解的。

李岩:成功的核心我觉得还是我们注重构建品牌的影响力。很多读者逐渐认可你的出版社、出版物是有内在品质的,也就是你出的书让读者看完后信服你的说法,信服你传播的信息和内容。而且由于品牌的影响,培育了读者的忠诚度。我们再借助品牌影响力来做营销和推广,从而拥有了更多的青年读者,这样就巩固了老读者,吸引了新读者,形成了立体的读者群。就像《于丹〈论语〉心得》出版了460万册,应该说确实达到了一般的畅销书没有达到的境地,就是说确实普通的读者都关注这样的现象。

记者:您本身是学历史的,那么现在做管理,您怎样去平衡二者的关系?

李岩:我上大学和研究生时都是学历史的,主要研究盛唐文化。目前作为一名管理人员,但我骨子里热爱学术,我最享受的是周末的个人时间,只要不是在出差,每个周末我都会坐在5楼的办公室去读书。读书是我生活中的一部分,虽然没有时间去做研究,但是通过书籍能让我静下来思考。阅读,在某种程度上是在与智者进行交流,让我能够"宁静下来,沉潜下去"。

记者:中华书局能持续这么多年出好书,与领导的决策有关,但也和编辑团队有关,你们的编辑团队是怎样的?

李岩:中华书局有120多个编辑,每年都会招收中国传统的文史哲专业的人员,大多数人都是研究生、博士。在选拔初期除了学历要求外,我们还会组织很严格的基础考试和专业考试,了解新人的国学功底和文字修养。此外,中华书局在指导新人方面还推出了导师制,由资深编辑来带领新人,从各个方面全方位指导,并且要求新人分析市场,了解读者群,使我们的书目能够有效地送达消费者手中。

我们立足做有个性、有良心的硬派出版社。连一向以态度严谨著称、号称其书一个字也不能改的当代作家冯骥才也说:"把书交到中华书局,我放心。"这是对我们学术地位的认可。把自己出版的书做到像历史一样源远流长也是我们出版人的梦想。

（原载《银川晚报》2010 年 4 月 24—25 日）

立足品牌　做中国传统文化的内容提供商

——访中华书局总经理李岩

刘玉萍

"古籍整理工作繁琐而辛苦,但总要有出版社来承担这项历史使命。"48岁的李岩话里话外透出对古籍出版的责任感和自豪感。1987年东北师大古籍所历史文献学专业研究生毕业的他,从中华书局的编辑做起,二十年先后历任副主任、主任、总经理助理、副总经理兼副总编辑、总编辑,2007年任中华书局总经理。

当被问到有没有"偏爱"的一本中华书局的古籍类图书时,李岩在"难以取舍"的情况下,按照不同的层次,为记者列举了专深的《中华大藏经》,《甲骨文合集》,《全唐诗》,钱锺书的《管锥编》和《谈艺录》,偏重实用性的《古典名著译注丛书》,"前四史",《历代史料笔记》等每类多本著作。作为全国古籍出版社联合会会长,历史文献学专业出身的他对古籍类图书出版有着深厚的感情及独到的见解。

创新　选题适应现代读者需求

古籍出版是中华文化传承的重要载体,中华书局在坚守发扬传统文化的职责中,更强调创新,用李岩的话来说,是"从内容和形式上都要适应现代读者的需求"。为了适应现代读者的文化品位,中华书局在全文逐字译介《论语》、《孟子》、《老子》、《庄子》等古籍的同时,也开展了专辑性的出版工作,如《中华生活经典》,将围棋、诗词歌赋、茶经等方面的内容进行再次挖掘,整理成集。在重温古人高雅生活情趣的同时,全面展现古人已有经验,兼具艺术性与实用性。在这一点上李岩更加强调"选题的创新",开拓思路,找准市场需求。

不仅如此,中华书局在操作选题时注重通俗化。"我们提倡'大专家写小文章',行文浅白易懂。"古籍整理及点校译注如何能突破高深艰涩,让更多的读者读懂受益,这是古籍出版必须解决的问题。中华书局用浅白通俗的语言,介绍古代典章制度和文化,逐字翻译《论语》等古代经典读本,已经成为规范性的传统文化读本,至今仍被学者引用。同时,古籍出版的形式上也开始重视增加附加值,如增加古代典章制度图解、链接小知识以及辞书工具书的注解等,版式上的变化满足了读者对通俗化阅读的需求。

延伸　经典文本解读与历史文化普及读物并行

随着近年来"国学热"的不断升温,古典文学及古籍研究也进入了高峰时期,不仅爱好者和研究者众多,相关论著也层出不穷,一些出版社开始抓住市场契机开拓新的市场。在围绕传统古籍出版这一品牌优势,选择经典篇章进行再开发的同时,中华书局进行了历史文化普及的选题拓展。从国外成熟的图书市场来看,既要不放弃任何机会,随时随地准备做畅销书,也要重视原生产品的再开发或者系列开发,充分利用丰厚的出版资源,做长销书。对于基础性读物与历史文化普及读物各自占的比例,李岩坦言,"在传统古籍学术的出版基础上进行了产品线的延伸和拓展,两条腿平行共进,但主要的精力会放在基础性读物的出版上"。

"请现代学人、作者解读经典,出版物本身已经超越了文本的阅读,增加的知识性内容体现了传统历史文化的普及。"李岩认为,这样的出版物是对经典的个性化解读,与现代人的个性化追求密切相关。网络、电视等现代媒介的宣传交相呼应也带动了古籍图书的热销,彰显了大众媒介与古典文化的结合。包括基础性读物和历史文化普及读物在内的古籍类图书的网络销售成了近几年古籍类图书销售新的增长点,中华书局、国家图书馆出版社等多家出版社近几年来网络销售古籍专业书的增长速度很快。"要做到有效销售,而不是漫天发给书店。"李岩说。

探索　数据库是传统文化资源的表现形式

传统出版主要集中在三大领域：教育出版、专业出版和大众出版。电子阅读器首先冲击的是适应学生和年轻读者阅读需要的大众出版。专业出版的数字出版可以通过数据库包括信息服务的方式，国外已经有成功经验和成熟的产品，如里德·爱斯维尔的数据库，中华书局在这方面同样有探索。"对于专业古籍出版来说，数据库是传统文化资源的较好表现形式。"李岩介绍，中华书局将历年来积累下来的古籍整理点校、校勘的成果进行数字化整理，形成中华古籍语料库，供高校、研究机构、图书馆来使用。在此基础上，中华书局将数字化的传统文化资源做成一些小型的产品，如电子书等，同时与搜索引擎及网站合作，推广到读者的手中。

在李岩看来，尽管电子阅读器对纸质图书产生了冲击，但电子阅读器只是阶段性的产品，随着三网联合，数字出版物会逐渐统一到一种屏幕终端介质上。并且，由于"书本阅读需要心沉静下来进行带有思考的阅读，不同的阅读方式对智力的影响不同"，目前来看，电子阅读不会替代传统阅读，而将与传统阅读长期并存。

坚持　做影响一代人或几代人的文化典籍

胡锦涛总书记在党的十七大报告中特别强调，"做好文化典籍的整理工作"，推动社会主义文化大发展大繁荣。新闻出版总署署长柳斌杰曾说，几千年来，中华民族之所以历经磨难而绵延不绝，一个重要的原因就是有着深厚的文化传统和文化认同。正因如此，党和国家历来十分重视古籍整理出版工作。对于如何做好文化典籍的整理工作，李岩认为，从事文化典籍出版的单位要抓住历史契机，做影响一代人或几代人的图书，立足品牌，内容质量和形式美感都要有追求，保证出版物的文化内涵和出版质量。从这一点上来说，需要编辑有很强的辨别能力和认真负责的态度，也需要建立完整的社会评价体系，保证古籍类图书的内容价值，避免重复出版，"力争做中国传统文化的内容提供商和中国历史文献整理出版的中坚力量"。

　　李岩在强调中华书局的发展目标的同时,也提出了古籍出版面临的人才培养和队伍建设问题。一方面古籍出版的专业性对编辑的要求很高,另一方面古籍整理出版投入大、时间长,使得从事古籍整理出版的编辑待遇较之大众图书编辑要低,古籍整理出版专业人才青黄不接和流失现象较为严重,而仅靠事业心来稳定专业编辑队伍不能解决根本问题。他介绍了中华书局在人才培养和队伍建设方面的经验,在不断完善薪酬制度的同时,把培养古籍出版编辑的专业能力作为重点,在培养人才方面采取了导师制,把新编辑指派给成熟的老编审进行一对一的培养,并通过大项目的编纂出版,进一步培养专业编辑,使他们逐步成长,做好古籍整理出版的人才储备。

（原载《中国社会科学报》2010 年 12 月 9 日）

李岩:愿为推动全民阅读贡献一点力量

王洪波

"这一两年来,我一直很热心于全民阅读的事情,为推动全民阅读做点事情一直是我心底的一个愿望。"中华书局总经理李岩先生接受记者采访时说。

2010年,是中宣部、新闻出版总署等部门开展全民阅读活动的第五个年头。为了促进社会的读书风气,一些中央和地方政府部门、领导同志以及新闻媒体都做了很多呼吁和很多实实在在的工作,也起到了一些效果,但总的来说,"阅读的危机"仍然存在。"由于'屏幕阅读'占据了人们更多时间,'纸本阅读'的空间被压缩了,这是另一重危机。'屏幕阅读'可能会导致人们的阅读日益浅表化、娱乐化,也有让人忧虑之处。所以,我们不但要倡导大家多读书,还要引导大家读好书。"李岩说。

李岩向记者描述了他的两个想法:第一,倡议设立一个"阅读奖",以鼓励人们特别是青少年阅读中外文化经典;第二,联合有关部门发布一个面向青少年的"基础书目",鼓励中小学生通过课外阅读提高人文素养、综合素质。"我的想法还不是很成熟,所以很希望有机会和关心这一问题的人士一起来探讨和推动这个事情,也希望和有关部门与单位开展合作。"李岩告诉记者。

谈及中华书局2010年的发展形势,李岩表示他自己是比较满意的。前几年,中华书局出版的图书中连续涌现出了阎崇年《正说清朝十二帝》、于丹《于丹〈论语〉心得》等超级畅销书,助推出版社经济规模上了一个台阶。而这两年,中华书局并没有涌现出同一量级的畅销品种,但销售收入没有跌落,而是继续保持了稳步增长。

李岩认为,这一成绩的获得主要源于两点。第一,出版社虽然没有新的重量级畅销书，但却有一个中量级、轻量级的畅销书群体，销售数万册、十余万册的图书达到了一定规模。例如，像"中华经典藏书"系列中的《三字经·百家姓·千字文·弟子规》，看上去很不起眼，一年下来却能卖出近10万册。另外，像四大古典名著的大字本，由于适应了老年读者的需求，并借助中华书局的品牌影响力，也能在趋于饱和的图书市场上脱颖而出，取得不错的销售成绩。

第二，已经实施了两年的分社运行机制收到了很好的效果，激发了编辑们的创新与活力。2008年，中华书局对组织架构做了比较大的调整，形成了一个中心（古籍学术出版中心）、三个分社（大众图书分社、基础图书分社、《中华活页文选》杂志社）和若干直管编辑部的格局。这一改革实现了权力下放、分类管理，很大程度上激发了各个部门和编辑人员的活力，增强了出版社应对市场变化的灵活性，成为了出版社发展的重要助推力量。2010年，中华书局的大众图书分社、基础图书分社发货码洋都超过了6000万，达到了一个小型出版社的规模，发展势头让李岩很满意。

李岩告诉记者，他们会继续推进分社体制的改革，在一些编辑部达到一定条件后转为分社运行。此外，与一些民营图书公司的合作亦已提上日程，"据有的统计，目前市场上60%以上的畅销书是由民营公司策划的，说明他们有很好的选题策划、市场营销能力，我们可以和他们进行合作，实现借力发展"。

2012年，中华书局将迎来自己的百岁生日，而在2011年，相关的纪念活动就将全面展开。李岩介绍说，2011年，他们将推出一系列与局史有关的图书，包括《陆费逵文集》、《陆费逵年谱》、《中华书局百年大事纪要》等。一系列重大文化出版项目也将在2011年完成，继《顾颉刚全集》的出版，《马王堆汉墓文献集成》、《文献通考》、《中华地域文化通览》、《中华民国史》（30卷）等重头图书都将陆续与读者见面，此外，"二十四史"及《清史稿》修订工程也将进入后期流程，"我想，这些具有很高学术文化含量的图书的出版，是对中华书局百年局庆最好的献礼，也是对陆费逵等先贤最好的纪念"。

（原载《中华读书报》2011年1月5日）

李岩：我向总理献"三策"

王坤宁

2月7日,对中华书局总经理李岩来说,是一个难忘的日子。这一天,他作为文化界代表之一走进中南海,参加了国务院召开的教育、科技、文化、卫生、体育界代表座谈会。温家宝总理主持会议,听取了10位代表对今年政府工作报告(征求意见稿)的意见和建议。

"欣逢中华书局100周年庆,能有机会当面向总理建言献策,深感荣幸和振奋,并充满期待。"李岩告诉《中国新闻出版报》记者,1月底得知自己要参加政府工作报告座谈会时,对于能够代表出版界当面向总理反映行业呼声和建议,感到十分兴奋和自豪,同时深感责任重大。

"一进会场,总理和蔼真诚、平易近人的作风,很快消除了大家的紧张情绪。会议从9点一直开到了12点,3个多小时里,总理始终面带微笑,仔细倾听。"李岩说。发言中,他结合在德国考察出版业时的一些思考和认识,引用相关数据,围绕"提倡阅读风尚、加大对书业界扶持力度、大力支持中国出版企业走出去"等问题,向总理提出了三点建议。总理听完后,对李岩说,建议很好,可以请有关部门研究采用,并对中国出版企业走出去的建议表示了极大兴趣。

李岩告诉记者,他的第一条建议是,"开展'书香中国'活动,提倡阅读风尚,提升全民族人文素养"。建议提升全民阅读活动指导委员会的地位,由国家和部委领导人亲自倡导全民阅读,通过活动恢复重建中华民族重人文、尚读书的传统。

"加大对书业界扶持力度,促进新闻出版产业繁荣发展",是李岩的第二条建议。他向温总理建议，在支持书业发展上，要有配套的金融财税扶持政策，希望能逐步施行对出版发行业减征增值税或先征后退的优惠政策。特别是对于实体书店应采取特殊优惠政策，使之成为一个城市的文化地标和市民的精神乐园。同时，在推进文化体制改革进程中抓大放小，通过兼并重组，壮大大型传媒集团实力，形成几个大的核心企业，进而实现产业结构布局的优化。

李岩的第三条建议是，"大力支持中国出版企业走出去，建立分支机构，落地生根"。他认为，中国文化海外传播，需要扎下根去做。目前已有出版集团和出版社设立了海外分支机构，但规模小、实力弱，亟须政府支持。建议政府在政策上要鼓励大型出版集团或海内外有影响力的品牌出版社，如商务印书馆、中华书局、三联书店等，走出去开办分支机构，以企业的经营行为和文化传播方式来打造更多文化品牌产品，策划针对欧美图书市场的外向型图书。

当知道李岩是在中华书局工作时，总理评价道，中华书局出书严谨，走正路。"总理对中华书局很有感情。"李岩回忆说。

"总理对方方面面的情况都很熟悉。3个多小时的座谈，大家发言踊跃，总理频频与大家互动。对每一个人12分钟的发言，总理都听得很认真，有总结、有呼应，对一些细节、数据都了解得很清楚。"能够与总理这样近距离地进行交流、提建议，亲身感受总理对中华书局以及出版业的厚爱和支持，令李岩十分激动，他表示，将以此为动力，继续踏实做好出版工作。

（原载《中国新闻出版报》2012年2月10日）

"中华"百年基业的声名不能辱

——专访中华书局总经理李岩

李　菁

再出发

三联生活周刊：你最初是怎么和中华书局工作"结缘"的？你刚到中华书局时，它在出版界和学界处于什么样的地位？

李岩：我当年从东北师大研究生毕业后到"中华"，我的专业是隋唐历史文献。毕业时最初的梦想，一是到国家图书馆，一是到中华书局。国家图书馆也接受了我——那时候的想法很简单，就是为了看书方便。但是比较之下，还是觉得中华书局在学界中的地位比较特殊，它是一个带有学术意味的出版机构，而且这里有很多前辈，他们既是著名的编辑，又是著名的学者，我想到这里可以和他们有一些深度的交往。

我加入中华书局之后也确实没有失望。其实我最初对自己的人生设计也是这样：做一个学者型的编辑。那时候，一个编辑的角色就是半个学者。

三联生活周刊：我们在回顾这段历史时发现，建国后，中华书局对很多经典古籍的整理工作都是在国家最高领导人直接过问下进行的。这种特殊地位对"中华"的发展有什么影响？

李岩：从1958年到改革开放之初，中华书局的发展带有那个时代计划经济的特征：国家会规定出书范围，会给书局制定规划，另外，国家最高领导人非常重视文治和修史。以毛泽东主席为代表，他直接指导了我们具体的选题和出版工作,包括他当时提出整理"二十四史"中的前四史(《史记》、《汉书》、《后汉书》、《三国志》),后来吴晗将其拓展到"二十四史";到"文革"后期又加了《清史稿》——这个工程到现在为止仍是新中国成立以来最大的古籍出版工程。正因为有了毛泽东主席的指示、周恩来总理的贯彻,所以当时才可能在全国用红头文件调动了100多位专家到中华书局工作,这是现在不会再出现的现象,它有国家意志在里面,从而间接地提升了中华书局的地位。

改革开放以后,国家出版的整个计划性特征越来越少。应该说从大的背景上来说,"中华"和其他出版社一样面临一些走上市场的困境,在这个过程中,我们几任领导都在做一些探讨、实践与尝试,有的成功,有的遗憾地不成功。

三联生活周刊:众所周知,中华书局在90年代曾一度跌入低谷,最低点是一个什么样的状况?

李岩:最低点时期我们是负债经营,可以说是举步维艰。我们账上资金很少,主要靠银行贷款,但在那种情况下,银行又在同等利息上追加30%的利息,让我们更是雪上加霜。

那时候业界对中华书局的现状也有许多微词和不理解。在上世纪50年代,全国承担古籍规划任务的只有三家,包括中华书局、中华书局上海编辑所及人民文学出版社古典文学编辑室,我们同时又是全国古籍小组的办事机构,有它的特殊性。"文革"后,即1978—1980年前后,各个地方人民出版社里相关文史编辑室分出来成立了古籍出版社,这样全国才有18家,中华书局曾是他们的旗帜。经营上遇到困难时,我们在学界也遭遇到了"信任危机"。

三联生活周刊:回过头看,怎么理解中华书局当时遭遇到的困境?

李岩:回过头看,主要原因是经营者的经营理念影响到了企业发展,客观来说,这实际上也是出版实践中必然经历的一个阶段。一个出版企业想要尽快地做大产业规模,这和采取什么路径有关,比如有的走的是差异化战略——我后来比较信服"差异化":就是强调你的出版个性,在这个过程中能体现你的独特的品牌价值与核心竞争能力。

翻身仗

三联生活周刊:很多分析中华书局的文章,都把2003年视作一个转折点,为什么这么理解?

李岩:之所以说是转折点,应该是中国出版集团在2002年组建,推进文化体制改革试点,并调整了我们的人员组织结构,新的领导班子由此产生。我当时并没有提出什么新政和主张,最主要工作是稳定军心、稳定大局。

三联生活周刊:那时候领导层对中华书局的整体战略进行了哪些调整?

李岩:第一个举措是在北大召开了一个小型座谈会,北大学者袁行霈给我们提出了一个"守正出新"的口号,现在是我们的局训。应该说,从北大开始,我们做的还是利用我们旧有的资源。很多业界人士都知道,以"中华"这么多年的出书品种为依靠,它是不会倒下去的,业内人士也都说"你们'中华'务努力,把库底再挖一挖就可以翻身了"。我们找了多年没有印的书让北大的教授出主意,这些举措就是使大家看到"中华"在恢复传统。

我当时提出的口号是"不求最大,但求唯一",要做出出版业的独特性,强调提升我们企业的核心竞争能力,就是凸显我们的品牌。在内部,也提出"集中做减法",就是将原有的14个板块缩减为4个板块。以前的摊子太大了,而且每条产品线都需要很多人力,这样人力、资源、财力都不能满足。我说做了减法以后再做加法、乘法,战略方针明晰了以后逐渐开始机构调整。

当时也有一些老学者向我们建议,寻求国家支持。过去计划体制是这样,但现在我们不能再走这样的路了,我们要走向市场。所以我们当时成立的第一个部门是市场部,后来内部搞编辑的特区,2004年3月份成立了3个工作室,慢慢发展成了编辑室和分社,逐渐发展起来,到同年10月份,地坛书市上开始出现转机,就是我们的《正说清朝十二帝》。

三联生活周刊:《正说清朝十二帝》在此过程中起了关键作用?

李岩:坦率地说,这本书的出版非常偶然,其实当时我们都没有看到后面的"国学热",是我们分社社长宋志军——他当时是一个工作室负责人,偶然在电视上看到阎崇年在"百家讲坛"上的讲座,那时候叫"清宫十二朝疑案",他觉得很不错,于是便主动联系了阎崇年。当然最后书名是我来确定的,叫"正说"——就是为了和当时电视里流行播放的"戏说"乾隆、纪晓岚等作品相区别。对于中华书局来讲,我们还是要"正说",要严肃的历史著作,不过虽然说是"正说",但最终做出来还是通俗类,让大家都认可,走的是这样一个路径。

三联生活周刊：阎崇年的书从市场收到良好的反馈后，你们开始看到商机，所以后来才有了于丹、马未都等人的书？

李岩：是这样一个逻辑。因为阎崇年的那本书我们最初首印只有 5000 册，只是尝试一下。没想到在"十一"的地坛书市上，短短 5 天内就发完了，我们在节后才补印上去。我们接着做了一系列的"正说历史"书系，就是正说汉朝、唐朝、宋朝、元明等，做了一些规划，约了一批相对年轻的作者做了 12 本书，这 12 本书形成了一定的出版规模，也给我们带来了很大的信心。于是，在传统历史化普及方面，我们的路越走越宽。

三联生活周刊：从经济指标上讲，中华书局何时打赢了"翻身仗"？

李岩：正是由于"正说"图书系列的热销，给我们带来了信心，也使业界开始更多关注"中华"。实际上到 2004 年 8 月份，我们的财务负责人突然打电话给我说："李总，告诉你一个好消息，这个月开始我们的现金流变成正的了。"那时候我真的很激动。

2004 和 2005 年，中华书局开始出现了转机，一是学界对我们认可，二是我们的发货量首次突破了 1 亿码洋。那一年《图书商报》做了一个出版业的经济实力排名，"中华"也在那次排名中进入了前列。当然我们现在依然在走适度的多元化拓展，但这个多元化在我们内部叫同心多元化。

值得一说的是，在那种艰难的情况下，我们也一直没有放弃我们应担负的神圣使命和文化责任。曾经有一段时间学者不来找我们，我们也不敢出那样的书了，后来我们觉得我们应该承担起责任。所以我们也出版了一些在我们看来肯定不可能赚钱，但是"中华"在传统历史意义上应该出版的书。那时候国家出版基金还没有健全，古籍补贴项目的数量也没有那么大，做这些书，客观而言，也是比较艰难的。

最典型的例子就是《顾颉刚全集》。2004 年，顾颉刚先生的女儿顾潮马上要去南京和一家出版社签约，走之前她给我们打了一个电话，请示她父亲的书能否出版的问题。那时候我们是下了很大的决心，因为知道是要赔钱的，2000 多万字的学术著作，那时候我们也没有那个经济实力，但我们还是出版了，这是为了我们的品牌。我们跟顾先生也有特殊的渊源，"二十四史"是他主持点校的。巧的是，后来顾潮在整理父亲日记的过程中发现了这样一句话："我的书悉交中华书局出版。"他女儿把这段话拿给我们看时我们真的很感慨,这是顾先生的遗愿,这在学界也已经成为一段佳话。

"国学热"

三联生活周刊:2004 年阎崇年《正说清朝十二帝》的热销带动了 2006 年《易中天品三国》、《于丹〈论语〉心得》,将"国学热"推向了一个高潮,中华书局在这股热潮中扮演了重要角色。回到当时,你们意识到后来的连锁效应了吗?

李岩:我们当时完全没有意识到。那时候对我们来说,最重要的是生存,是谋求发展,改变我们的经济状况。事后再总结,"中华"在某种情况下引领了当时的出版风尚,但在最初我们没有这么强的出版意识。于丹跟我们的合作更是"名正言顺",因为她父亲就是我们"中华"的老领导,有一些特殊的渊源。

三联生活周刊:一些学者认为于丹的书里有不少硬伤,你有没有听过这方面的一些争议?

李岩:有一部分学者有,但大部分学者都是认可的。我们和一些学者深度交往的时候,他们也会问:你们出这个书会不会对你们有一些影响? 我说我们会保证文字质量,内容没有问题,我们也做了大量的编辑加工。另外"中华"也要生存发展,大多数学者对此是可以理解的。像已经过世的金开诚,我们陪于丹到他家里,他紧握着于丹的手不放说:"你做了一件我们都做不到的事。从事我们这个行业的人,我的书卖 5000 册就已经很不容易了,你让更多的人了解了《论语》,了解了中国的传统文化,这就是你的意义。"

三联生活周刊:出版倪萍《姥姥语录》是什么考虑?

李岩:我和倪萍是在一个会上认识的,非常偶然。后来是倪萍主动给我发短信说:你把于丹的书出得那么好,能不能把我的书也出了? 这样才接触的。这种出版要看内容:如果她写的是演艺界的事情我们就要慎重考虑,但她写的是中国民间的智慧,写得很朴实,感情也很真挚,这样的书"中华"应该出。我们不是一味单纯地迎合市场,我觉得这种中国古代朴实的民间智慧严格说也是我们的选题范围,我们把这叫拓展。

三联生活周刊:以往提到中华书局的出版物,都是与"专业"、"小众"或

"文化精英"这样的词联系在一起的。现在中华书局走的是历史与市场结合的路,将目标读者的范围大大拓宽了,这在商业上固然很成功,但也引起了一些争议。有些学者认为这种"大众"、"通俗"之路,会对"中华"的品牌有一些负面影响,你怎么看待这个问题?

　　李岩:我们过去的口号是"弘扬传统,服务学术",现在加了一句是"传承文明,创新生活"。"服务学术"是我们最根本的,但学术反过来也要服务大众,也要向大众推广中国的传统文化,在这点上我们走的路是由高端变为中端,但低端的我们没有做。

　　我们过去出版的书有着鲜明的计划经济体制特点:我们要写上读者对象,诸如有高中以上文化程度的读者,它面对的对象是比较窄的,在这一点上我们有了拓展,但这个拓展我们也是有目的、有层次来推进的,并不是盲目扩大。我们现在讲究的是产品的梯次开发,跨度并不是很大。

　　这是有一个过程的。围棋类的书我们也出过,但我们并没有更多地出;我们出了《当湖十局》,这是一个棋谱,中国棋院原院长陈祖德整理的,后来我们也出版了陈祖德的传记《穿越生命》。相声类我们也出,但这需要一定的态度。比如郭德纲刚出名的时候,编辑们也会问我他的书我们能不能出。我们的定位很清楚:先不出,如果出就先出侯宝林的书,就是这样的道理,我们要先从相声的源头开始做起。在读者认可中华书局相声的出版有一定规模的情况下,再考虑郭德纲,这也是对他的一个观察时间,我们在这方面的思路还是比较清晰的。

百年基业

　　三联生活周刊:在过去的计划时期,国家为每个出版社指定了出版范围。现在这种传统领域都被打破了,对中华书局来说,挑战多还是机遇更多?

　　李岩:还是挑战多一些吧。我们还是沿着我们的路径走,这是近百年出版实践证明的,要做你最擅长的事情。以往我们最擅长的是古籍,现在很多出版社也在出古籍,对我们也形成一定的挑战。但是他们专业的编辑队伍是欠缺的,我们有庞大的编辑队伍,在这方面我们还是有信心作为行业的领头人,我们是传统古籍出版的重镇,这点中华书局是可以坚守住的。

三联生活周刊:那中华书局如何保住这个"传统文化出版重镇"的地位？

李岩:我们有一支稳定的专做古籍的编辑和校对队伍,我们给他们的待遇是很优厚的,他们也没有更多的经营指标压力,这样可以保证他们安心做这样的工作。现在是有很多出版社也想做古籍,但是苦于没有人力,他们做过之后也要找我们校对,有时候他们的书出来后,还要特别提到这本书经过中华书局的编辑校对或审核,这就是"中华"形成的品牌,我是很自豪的。

三联生活周刊:现在的中华书局早已解决了生存问题,那么下一步该如何重新给自己定位？以往的中华书局出了很多经典之作,现在的中华书局会给未来留下什么样的经典作品？

李岩:典籍是要接着出的。我们现在是双重定位:一个是我们面对市场冲击做的努力;还有一个是新技术的发展,大量的数字出版,或者是手机、视频等终端阅读给我们带来的冲击。基于这两点考虑,我们将自己重新定位在"中国传统文化的内容提供商",这个定位也在不断调整。最初我们是做一些中国传统文化的优秀读本,现在我们的定位放宽到有关传统文化内容的范围上。

这里也分两个层面:一个是坚持出版在高校研究艰深学问的一部分学者的著作,这样的著作我们肯定是要赔钱的,全国的读者也就几百人,太小众了,但是他们的研究、他们的学问需要有人知道、有人传承,这是"中华"的使命担当。另一主线是做文化普及,要把一般的读者需要的文化知识传播给他们。我们现在通过内部结构调整,有两个分社在做,一个是基础图书分社,做传统的注释,如做《论语》选注、《论语》白话本、"中华经典藏书"、"中华生活经典"、"古代养生经典"等文本类普及;还有一类是传统历史文化知识的普及,主要由大众读物分社承担,像于丹、马未都和阎崇年的书,他们对传统文化有一个体昧后,用自己的语言、心得去写,是传统文化的一个再普及,读者面更广,应该收效也比较好。

三联生活周刊:现在你们领导团队对中华书局的核心竞争力是如何界定的？

李岩:我的界定是:做中国传统文化的优秀读本。一方面我们坚持传统古籍学术的出版,另一方面在大众历史普及读物上我们要形成品牌,比如说我们做了一个系列《一本书读懂中国史》,其实这是很市场化的书名,一本书怎么可能会读懂？学者会不看好，但是读者很有兴趣，我们请的是业内能够撰写这类内容最主要的学者。

三联生活周刊：中华书局已经走过了一百年的历史，那么它留下的精神遗产是什么？

李岩：这个问题比较重要，我们在做百年展的时候也提到这个问题，我也一直在想，"中华"走过一百年，它留下的精神遗产是什么？我想还是用我们创始人陆费逵的话来总结比较好。陆先生是一位非常有眼光的出版家，他说过这句话："坚守，执着，专一，强毅。"这句话，我想还是坚守和执着，沿着你的出版方向走。

我曾经在报纸上看到过这样一句话，说"商务"、"中华"、"三联"这三家出版企业有一个共同点，就是以一种民间姿态来承担一个民族文化积累和传承的职责。我觉得中华书局对中国传统文化的建构和民族精神的弘扬起了不可磨灭的贡献。余英时曾经写给我们一句话："清末以来，中华文化传统之所以危而未倾，中华书局在以往百年中之努力与有功焉。"这个评价非常高，在中国传统文化建设上，我们以一个出版单位的坚守和努力实现了我们的理想——或者说是人文理想，或者说是出版情怀。

我到中华书局工作已经二十五年，作为一个企业的主事者，我的内心充满了自豪感。在日常经营上，我还是比较自信和从容的。但从另一方面，坦率地说，我内心经常有如履薄冰的感觉。有时候我特别怕哪个读者对我们的图书提出异议、错误及明显的硬伤，因为"中华"的品牌是几代"中华"人共同努力的结果，它的百年基业的声名绝不能被我们辱没。

（原载《三联生活周刊》2012年第10期）

编后赘语

承这套文库组织策划者的美意,选定为我自己编定一个集子,并由我工作了二十五年的中华书局来出版,心生无限感慨。无论是作为一名编辑,还是作为一名主事者和出版人,我时时目睹着中华书局成就了无数莘莘学子们的著书立说梦想,他们也以在中华书局出书为无尚的荣耀。"旧学商量加邃密,新知培养转深沉",我和我的同仁们一样不同程度地在与一些国学大师和专家学者们的交往切磋中慢慢地成长。那些记忆和回忆都成为我们生命中无可替代的精神财富。百年芳华,中华书局以其坚守执着专一的文化理想和使命担当赢得世人的尊崇与挚爱。终于有一天,当我踏上新的旅途与这家百年名企作短暂的分别时,不由得让人生发出要用一生去回报它的誓愿。我愿意保持距离,以维护着记忆的潮湿;我愿意短暂分别,以感动着这份甜蜜的忧伤。

这本集子收录从 1986 年到 2012 年二十七年间撰写的 54 篇文章,多少反映了本人的思绪演变与思考路向。另外遴选了 11 篇访谈,应当由衷感谢访谈者启人心智的发问和引导,让我有更多层面的思考。这毕竟是一部迹近真实的思考记录,聊以存真,可待后来补益增进,并希冀多少有益于愿意为之奋斗终生的出版事业。

与中华书局同龄的启功先生有诗云"文字平生信凤缘,毫锥旧业每留连",我始终为能从事这一富有情趣的行业而自豪,也愿以此凤愿与书业同仁共勉,在这"秋菊残花烂漫黄"的醉人时节,我们依然有梦,奋然前行。

2012 年 10 月 31 日